Progetto d'amore

(Titolo originale: *Love by Design*)

Lilac Lake Inn - Libro 1

Judith Keim

Wild Quail Publishing

Traduzione di Geena Manfrè

Wild Quail Publishing
PO Box 171332
Boise, ID 83717-1332

ISBN#: 978-1-965622-37-7
Copyright ©2023, 2025 Judith Keim
(Titolo originale: *Love by Design*)
Tutti i diritti riservati.

Traduzione dall'inglese: Geena Manfrè

Dedica

Con amore, in memoria di mia nonna

PROLOGO

GG

Eugenia Wittner aveva sempre odiato il proprio nome, finché, un giorno, il padre, che stravedeva per lei, non le aveva dato un suggerimento. «Be', allora perché non ti fai chiamare Genie?»

«Come il personaggio magico che vive nella bottiglia, quello che esaudisce i desideri?» Un brivido di eccitazione l'aveva percorsa da capo a piedi. Aveva cinque anni e adorava l'idea della magia.

«Non vedo perché no.» Il padre, un noto filantropo che la amava alla follia, la strinse sull'ampio petto. «Vedrai che bella soddisfazione sarà.»

Da quel momento, la vita di Genie aveva assunto un senso tutto nuovo.

A ottantadue anni, le piaceva ancora esaudire i desideri delle persone. Il denaro per farlo non le era mai mancato, finché, di recente, il suo consulente finanziario di Boston non era scappato con la maggior parte dei soldi suoi e di altri. Sul momento era andata nel panico, ma alla fine il suo acuto senso degli affari aveva prevalso, come sempre, e si era data da fare per trovare il modo di non tradire le volontà del padre e salvare la proprietà di famiglia nella Regione dei Laghi, nel New Hampshire centrale.

Per generazioni, la famiglia Wittner aveva posseduto un terreno di poco più di quattro ettari sulla sponda del lago

Lilac, nonché la casa che vi sorgeva, che negli anni era stata ampliata e trasformata in una graziosa locanda, e infine un piccolo cottage sulla punta più a sud della proprietà, proprio dove una grossa lastra di granito, perfetta per stendersi a prendere il sole, emergeva dall'acqua come un dono della costa rocciosa.

Genie, o GG come la chiamavano le sue nipoti, sapeva di non poter più continuare a occuparsi della manutenzione della proprietà, pagarci le tasse e gestire la locanda. Oltre a questo, le serviva un luogo in cui poter vivere il resto dei suoi giorni.

Aveva trovato degli acquirenti per la locanda e la maggior parte del terreno circostante, ma era riuscita a tenersi per la famiglia una porzione della proprietà, con il cottage annesso. Ma... c'era un ma. Se, dopo la ristrutturazione, il cottage fosse rimasto inutilizzato per più di sei mesi all'anno, i nuovi proprietari avrebbero potuto acquistarlo a un prezzo equo, con tutto il terreno attorno. Genie li capiva; il cottage e il terreno valevano troppo per restare inutilizzati o trascurati. Non era l'ideale, ma il suo piano avrebbe potuto funzionare, sempre che le sue nipoti fossero disposte ad aiutarla a mantenere la promessa fatta al padre di tenersi stretta quella proprietà, per la quale la loro madre non aveva mai mostrato alcun interesse. Genie poteva solo sperare che sarebbe andata così, perché era quasi certa che quella sarebbe stata la sua ultima opportunità di offrire un regalo così generoso.

Stava per fare una richiesta importante alle sue amate nipoti, tre donne forti e indipendenti. Sperava che quella richiesta avrebbe esaudito uno dei loro desideri, quello di poter continuare a venire al lago, e al contempo fosse di stimolo per apportare qualche cambiamento nelle loro vite.

Voleva che il suo dono andasse al di là della semplice proprietà. Le amava così tanto!

Whitney, la maggiore, era una vera bellezza, bionda e con gli occhi azzurri, adorata da tutti gli spettatori della serie televisiva in cui recitava. La serie, *The Hopefuls*, aveva come protagonista una giovane donna di nome Hope che lottava per farsi strada nel mondo dello spettacolo, insieme a un gruppo di altri ragazzi. Aveva dato a Whitney la possibilità di dimostrare il suo talento nel canto e nella danza, passioni che coltivava fin da bambina. Gli spettatori facevano tutti il tifo per lei. Delle sue nipoti, Whitney era quella che le somigliava di meno, il che forse era il motivo per cui GG la adorava.

Danielle, o meglio Dani, come le piaceva farsi chiamare, era la più estroversa delle tre, aveva un carattere aperto che metteva a loro agio le persone. Aveva i capelli color miele e gli occhi azzurri, non era per niente portata per la musica, al contrario di Whitney, ma aveva un gran talento per il disegno. Questo, e l'aver aiutato il padre adottivo a costruire una casa sull'albero, da bambina, l'avevano spinta a interessarsi di architettura. L'indipendenza e la determinazione di Dani erano pari a quelle di GG. Sia Whitney che Dani erano state adottate dal secondo marito della madre, il padre di Taylor, che tutte adoravano.

Taylor era la più giovane, aveva venticinque anni ed era la più tranquilla delle tre. Molto carina, con lunghi capelli neri e occhi scuri, a volte si sentiva esclusa dalle sorellastre più grandi che non le somigliavano per niente, avendo padri biologici diversi. I libri erano da sempre la sua strategia per affrontare le difficoltà. Sotto lo pseudonimo di Taylor Castle, era diventata una scrittrice di romanzi rosa ed era molto brava. GG li aveva letti tutti e ne aveva adorato ogni pagina;

era deliziata che Taylor condividesse la sua vena romantica.

Indipendentemente dai loro impegni, GG sperava che le ragazze avrebbero onorato i suoi desideri e che l'avrebbero aiutata a rispettare quella promessa, a cui lei stessa non era riuscita a tenere fede come avrebbe voluto. Non aveva mai considerato l'invecchiamento un problema. Ma da che aveva iniziato a soffrire di insufficienza cardiaca congestizia, aveva dovuto per forza riconoscere che la vita, in effetti, era un grande cerchio.

DANI

Danielle "Dani" Gilford stava guidando verso Lilac Lake da Boston, dove abitava in un appartamento in centro, chiedendosi come mai sua nonna avesse insistito tanto perché andasse a trovarla proprio quello specifico fine settimana. In ogni caso, non era un viaggio lungo, ed era felice di poterlo fare a fine maggio, prima che la folla estiva si riversasse in massa nella Regione dei Laghi del New Hampshire. Sentiva il bisogno di una pausa. Aveva lottato duramente per laurearsi in Architettura al MIT e, fino a poco tempo prima, le piaceva il suo lavoro presso un rinomato studio di Boston. Negli ultimi tempi, però, aveva iniziato a rendersi conto che non si sarebbe mai liberata dalla discriminazione silente a cui veniva sottoposta in quanto donna. Oh, gli uomini ormai erano abbastanza ben addestrati da stare attenti a come parlavano. Gli incarichi, all'inizio, erano stati assegnati in modo equo, ma le cose stavano cambiando e questo non le piaceva. Senza dubbio, avevano cominciato a pensare che a quell'ora avrebbe già dovuto essere sposata ed essersi tolta di mezzo.

Durante il viaggio, il pensiero tornò alla nonna. Alcuni la

ritenevano un'eccentrica per aver conservato il cognome da nubile anche dopo il matrimonio e una volta rimasta vedova, dopo la morte del marito nella guerra del Vietnam, molti anni prima. Ma GG era sempre stata uno spirito libero. La gente le diceva spesso che le somigliava e la cosa le faceva piacere. Dani l'aveva sempre vista come una fata madrina che in qualche maniera sapeva sempre quando aveva bisogno di parlare o di sentirsi amata. Sua madre, Laura, non era una persona molto affettuosa e spesso erano in disaccordo. Le estati trascorse nel New Hampshire con GG, o al campeggio estivo, erano state una tregua dalla sua vita ad Atlanta, a cui Dani aveva fatto fatica a adattarsi. Per quanto sua madre insistesse, non si era mai interessata alla vita sociale locale. Preferiva starsene chiusa in un laboratorio artigianale a dedicarsi a qualche progetto. La sensazione di un pezzo di legno liscio sotto le dita le dava più piacere di un abito nuovo o, per carità, di un'acconciatura elaborata.

GG le aveva detto molte volte che le piaceva che fosse diversa da molte giovani donne della sua età. Era orgogliosa che Dani facesse le cose a modo suo. L'aver conseguito un master in architettura era la prova che aveva inseguito i propri sogni.

Sua madre temeva che, con tutto quello studio, Dani non avrebbe mai avuto tempo di incontrare un bravo ragazzo. Al solo pensiero, Dani ridacchiò. Lavorava al fianco di uomini tutto il tempo, ma a trent'anni, era sempre più stanca di dover competere con loro per ottenere lo stesso riconoscimento e le stesse opportunità. Sperava che una visita a Lilac Lake l'avrebbe aiutata a rimettere le cose nella giusta prospettiva. Se fosse riuscita ad assicurarsi un ultimo progetto importante nello studio, per dimostrare il proprio valore, dopo averlo realizzato avrebbe potuto anche andarsene.

TAYLOR

Taylor Gilford si fece strada nel traffico attorno all'aeroporto internazionale Logan di Boston, nel tunnel Sumner sotto il porto e infine sulla I-93 per dirigersi a nord, verso il New Hampshire. Il viaggio fino a Lilac Lake avrebbe richiesto poco più di due ore e mezza, tempo che intendeva usare per provare a pianificare una scena del prossimo libro. A venticinque anni, aveva un pubblico di lettori in crescita, che pretendeva da lei sempre più storie d'amore. Quando le persone avevano apprezzato la sua opera prima era rimasta sorpresa. Ma, d'altronde, era stata una lettrice e una romantica fin da bambina, trovando nei libri quella compagnia che le mancava nella vita. Nel suo ruolo di sorellastra minore di due ragazze bellissime, forti e indipendenti, non sempre si era sentita a proprio agio. Whitney, la diva piena di amici, e Dani, il maschiaccio che amava lo sport, non erano crudeli con lei; a volte semplicemente si dimenticavano della sua presenza.

Per Taylor, non c'era niente di peggio che sentire sua madre invitare le altre due a non trascurarla, o a includerla nelle loro attività. Piuttosto che dar fastidio alle sorelle, Taylor preferiva perdersi in un libro. GG aveva sempre compreso il bisogno di Taylor di essere indipendente alla sua maniera, differente e silenziosa, e l'aveva incoraggiata fin da piccola a scrivere. Taylor gliene sarebbe stata per sempre riconoscente. In quella fase della sua vita, se solo avesse avuto il coraggio di mettersi a caccia dell'amore, come le eroine dei suoi libri, sarebbe stata davvero felice.

Ma, più di tutto, aveva bisogno di credere di poter scrivere un altro libro. Non che non sapesse cosa scrivere; aveva un sacco di idee, ma come altri scrittori, temeva di non riuscire a superare il noioso processo richiesto per portare un altro libro dall'inizio a una fine soddisfacente. Intrappolata in quel momento di incertezza, temeva che tutti pensassero che i successi precedenti erano stati solo colpi di fortuna, e che lei non aveva talento. Strinse il volante fino a farsi sbiancare le nocche. *Pensa che è solo un libro come un altro, con un inizio, una parte centrale e una fine,* si rimproverò, con un crescente peso sul petto.

WHITNEY

Whitney Gilford non vedeva l'ora di arrivare in aeroporto. La notizia della sua rottura con il suo co-protagonista, Zane Blanchard, si era diffusa, e ovunque andasse c'erano paparazzi urlanti che volevano sapere cosa fosse successo. Adoravano Zane e già cominciavano a definirla una ragazza difficile, sleale e viziata. Non aveva idea di come avrebbe dovuto reagire alla rottura, dopo che la sua agente aveva deciso di dare la notizia sui social senza avvertirla, ma sapeva per certo di aver fatto un grosso sbaglio a lasciarsi invischiare in un casino simile. Il New Hampshire in passato era stato il suo rifugio e pregava che potesse esserlo di nuovo.

Le lacrime le riempirono gli occhi, mentre l'autista Uber si faceva strada nel traffico diretto all'aeroporto di Los Angeles, dove l'attendeva un volo notturno per Boston. GG le aveva sempre detto di essere forte, di ignorare le cose offensive che altri avrebbero potuto dire di lei, ma in quel momento sembrava che le fossero tutti contro. Circolavano voci su quanto lei fosse difficile, su come Zane avesse detto a tutti che non la sopportava più e altre storielle del genere. E faceva male. Ma il pubblico non conosceva i dettagli e lei non aveva alcuna intenzione di rivelarli.

Forse era arrivato il momento di vivere una vita normale, lontana da Hollywood. Aveva amato la propria carriera e apprezzava tutto quello che le aveva dato, era una professione che così tanti le invidiavano. Ma stava accadendo qualcosa, a lei e a quanti le stavano intorno; qualcosa che non le piaceva. Aveva bisogno di prendere le distanze e riflettere. Solo il tempo le avrebbe detto se aveva ragione. Ultimamente, pensava sempre più spesso a GG. Non vedeva l'ora di rilassarsi e non fare altro che respirare l'aria fresca del New Hampshire.

CAPITOLO 1
DANI

La Regione dei Laghi, nel New Hampshire, era il luogo perfetto per le famiglie e per la pesca, un ambiente naturale unico, di rara bellezza. Situata nell'area centro-orientale dello Stato, a sud delle White Mountains e a circa centossessanta chilometri a nord di Boston, era un paradiso ricoperto di foreste e costellato da più di duecento laghi di ogni dimensione, incluso quello da cui tutti gli altri avevano avuto origine, il lago Winnipesaukee.

Se pensava a quella regione così amata, nella mente di Dani si affacciavano tanti ricordi in ordine sparso. Sapeva che il fringuello viola era l'uccello simbolo dello Stato e ne ricordava uno in particolare, che GG amava nutrire con semi di girasole e cardo, alla locanda. Il fiore dello Stato, invece, era il lillà. Ogni volta che ci andavano in primavera o inizio estate, l'aria era satura del profumo inconfondibile delle lunghe infiorescenze viola. Dani aveva cercato di catturarne la bellezza, dipingendole. Ma, come spesso accadeva, i colori riprodotti non riuscivano a eguagliare l'opera di Madre Natura.

In prossimità del lago Lilac, uno dei laghi più piccoli della regione, Dani aprì il finestrino e inspirò il profumo dei sempreverdi e l'inafferrabile fragranza del lago. I muretti di pietra che costeggiavano le strade di campagna, si ritrovavano persino nel fitto delle vicine foreste ricordavano la vita rurale del New England nel XIX secolo. Sul profilo della sponda meridionale del lago, le apparve un'enorme lastra di granito affiorante dall'acqua e le sue pulsazioni accelerarono. Era quasi arrivata. Nel corso degli anni, lei e le sue sorelle avevano trascorso ore a prendere il sole e ad arrampicarsi su quella superficie liscia. Anche negli ultimi tempi, Dani non aveva perso il piacere di farlo, ogni volta che veniva in visita. Ricordava ore e ore, negli anni, stesa lì a cercare figure nelle nuvole che attraversavano il cielo solitamente limpido e azzurro sopra la sua testa.

Il Lilac Lake Inn apparteneva alla sua famiglia da sempre. All'inizio, per i suoi antenati era una residenza estiva, una sorta di rifugio dalla città. Poi, quando GG era diventata una giovane madre vedova, si era trasferita nella proprietà e l'aveva ampliata, aggiungendo due ali di camere per gli ospiti e trasformandola in una piccola locanda, aperta alle famiglie da maggio al Labor Day. Dato il successo, GG aveva esteso il periodo di apertura, aggiungendo le prime settimane di primavera alla stagione estiva per le famiglie e rimanendo aperta anche in autunno, a beneficio dei cacciatori e degli "appassionati di foliage" che venivano a vedere le bellissime sfumature autunnali che coloravano le colline e i boschi come una tavolozza. Dani non avrebbe saputo dire quale fosse la sua stagione preferita. Non che ci venisse così spesso, ormai.

Si fermò di fronte all'edificio principale, con la sua facciata di legno bianco, e scese dall'auto. Lasciò uscire un sospiro di gioia, inspirò l'aria pulita e fece per recuperare la valigia dal sedile posteriore, quando un giovane uomo biondo venne verso di lei con passo deciso.

«Sei una delle ragazze Gilford, vero?» le chiese, avanzando sul tappeto di soffici aghi di pino.

Dani studiò quel volto dai lineamenti marcati, fissò i suoi occhi verde scuro, dello stesso colore del bosco, e annuì. «Sì. Perché?»

«Tua nonna mi ha chiesto di dirti di andare in città, al Lilac Lake B&B. Immagino che tu sappia dove si trova.»

«Sì, ma come mai questo cambio di programma?»

L'uomo le fece un sorriso amichevole. «Perché la locanda è stata venduta e io sono il costruttore che si occuperà della ristrutturazione. Mi trovo qui solo per dare un'occhiata, per conto dei nuovi proprietari.»

«Davvero? Per quale impresa edile lavori?» chiese Dani, sentendo una stretta al cuore al pensiero che la locanda avesse dei nuovi proprietari.

L'uomo rise. «Non lavoro per una grossa impresa. Mio fratello e io siamo i titolari della Collister Construction, qui a Lilac Lake.» Le tese la mano. «A proposito, io sono Brad Collister.»

Gli strinse la mano con decisione, anche se quello sguardo che la attirava come una calamita la fece sentire per un attimo un po' malferma. «Dani Gilford, sono una nipote di Genie Wittner.»

«È un piacere conoscerti. Credo che ci incontreremo spesso» rispose lui. Si tolse il berretto da baseball dei Red Sox e se ne andò, lasciandola a chiedersi se GG le avesse chiesto di venire per parlarle della vendita.

Risalì in macchina e tornò in città verso il Lilac Lake B&B, un edificio in stile coloniale a due piani dipinto di un viola tenue, proprio sulla via principale. Gestito dai proprietari, una coppia sulla sessantina, il B&B era aperto da quasi vent'anni ed era ancora un posto piacevole in cui soggiornare. Con solo dieci stanze disponibili, Dani pensò che lei e la nonna avrebbero occupato due di quelle al piano terra perché, a ottantadue anni, GG non aveva più l'agilità di una volta.

Prese la valigia e si avviò verso l'ingresso. Aveva fatto solo pochi passi quando il rumore di un'auto che accostava la fece voltare.

Un autista Uber si fermò e attese che una donna scendesse e recuperasse dal baule due grosse valigie. Le ci volle un attimo per rendersi conto che la donna che si nascondeva dietro grandi occhiali da sole e un cappellino da baseball dei LA Dodgers calato sulla fronte era sua sorella.

«Whitney, che ci fai qui?» le chiese, correndo ad abbracciarla.

«Mi nascondo. Ho preso un volo notturno per lasciare Los Angeles il più in fretta possibile. Quando finalmente sono arrivata, sono andata diretta alla locanda, ma un tipo sexy mi ha detto che era stata venduta.»

Poi diede la mancia all'autista e abbracciò Dani. «E tu, che ci fai qui?»

«GG mi ha invitato per il weekend» disse Dani. «Forza. Lei dev'essere dentro.»

«Sta bene?» chiese Whitney, afferrando la maniglia di una delle sue valigie, mentre Dani l'aiutava con l'altra e portava anche la propria.

Furono accolte sulla porta da Cynthia Anders, una donna robusta e dal viso piacevole. «Ecco, sono arrivate anche le altre due. Ciao, è passato un po' di tempo. Whitney, povera cara, ho visto la notizia su Internet. Tu e Zane Blanchard vi siete lasciati? Che peccato.»

Dani si voltò verso la sorella. «Sul serio?»

Whitney si lasciò sfuggire un gemito. «È solo una parte della storia.» Notò che Cynthia si allungava per cogliere altre notizie e richiuse la bocca.

«GG è qui?» chiese Dani a Cynthia.

«No, ma c'è Taylor. Ora che siete arrivate tutte e tre, ho delle istruzioni per voi. Entrate e sistematevi intanto, poi ve le darò.»

«Cosa sta succedendo?» chiese Dani. Non le piaceva essere tenuta all'oscuro.

«Ogni cosa a suo tempo» disse Cynthia in tono rassicurante. «Come ho detto, sistematevi nelle vostre stanze, prendetevi qualcosa da bere e poi vi lascerò andare. Dani, tu sei nella stanza 4, mentre la tua, Whitney, è quella accanto, la 5.»

Dani portò la valigia su per le scale, fino alla camera che conteneva un letto king size a baldacchino, un piccolo bagno e un balcone affacciato sul cortile e sul giardino sottostante, a cui si accedeva tramite vetrate scorrevoli. Appese la gonna e il maglione che si era portata per la cena e lasciò il resto dei vestiti piegati nella valigia. Lilac Lake era una graziosa località turistica, ma l'atmosfera era informale.

Qualcuno bussò alla porta. L'aprì per trovare la sorella minore, Taylor, che le sorrideva.

«Ciao, Dani. Sono così felice di vederti. Cynthia mi ha detto che eri qui.» Le due si abbracciarono di slancio.

«Quando sei arrivata?» chiese poi Dani. «Non avevo capito che ci saremmo state tutte e tre, altrimenti avremmo potuto viaggiare assieme, magari. Sai qualcosa delle istruzioni di GG?»

Taylor scosse la testa. «No, e sono curiosa anch'io. A volte vengo a trovarla per parlarle della mia carriera. Pensavo che la sua richiesta c'entrasse con quello.»

Whitney le raggiunse. Gli occhi cerchiati di rosso e l'aspetto spento parlavano dei guai che stava passando. Dani sentì una stretta al cuore.

«Posso fare qualcosa per aiutarti?» le chiese.

«Scava una fossa profonda e buttamici dentro» rispose Whitney, tentando di fare dell'umorismo nero. «Ho davvero fatto un casino. Una volta, io e Zane eravamo davvero una coppia, ma poi abbiamo continuato a recitare, solo per il bene della serie. Adesso però è andato tutto in frantumi.»

«Ti va di raccontarcelo?» chiese Taylor, cingendole le spalle.

«Grazie, ma non posso parlarne adesso. Aspettate un attimo. Io lo so perché sono qui, ma voi, che ci fate a Lilac Lake?»

«Non hai ricevuto una chiamata da GG?» chiese Dani.

Whitney si strinse nelle spalle. «Non lo so. Ho spento il telefono.» Enfatizzò un brivido. «Tutti quei disgustosi paparazzi e i pettegolezzi sulla separazione erano troppo per me.»

«Okay» disse Dani. «Le cose stanno così, per quanto ne so. GG mi ha chiesto di venire a Lilac Lake questo fine settimana, e ha specificato che doveva essere proprio questo.»

«E ha chiamato anche me, chiedendomi di vederci qui, come facciamo di tanto in tanto per discutere di libri» aggiunse Taylor. «Ma non capisco perché non ci abbia detto che aveva venduto la locanda. Cosa sta succedendo?»

«Scopriamolo» propose Dani. «Non so nemmeno dove sia.»

Le tre scesero insieme nella hall, dove trovarono ad attenderle Cynthia. «Pronte per le prossime istruzioni?»

Sforzandosi di non fissare Whitney, che aveva indossato di nuovo gli occhiali da sole e il cappellino da baseball, Cynthia porse a Dani un biglietto.

Dani gli diede un'occhiata e lesse ad alta voce: *Mie care nipoti, vi prego di unirvi a me per il tè nella sala da pranzo di Woodlands. Cynthia mi farà sapere quando dovrò farmi trovare pronta. Con tutto il mio amore. GG.*

«Cosa ci fa a Woodlands? È la nuova residenza per anziani» disse Taylor. «Non è il posto per lei, ancora.»

«Ha ottantadue anni» ricordò Cynthia.

Dani guardò le sue sorelle con occhi appannati. «Meglio che andiamo a vedere. Guido io.»

CAPITOLO 2
DANI

Dani si mise al volante del suo SUV e aspettò che le altre due salissero. Si sorprese quando Whitney cedette a Taylor il solito posto davanti, poi si rese conto che non voleva farsi vedere.

«Di norma, GG non ci nasconde le cose» disse. «Spero che questo non abbia nulla a che fare con il recente scandalo finanziario di Boston.»

«Quale scandalo?» chiese Whitney, raddrizzandosi sul sedile.

«Parlacene dopo» intervenne Taylor. «Magari la ragione non è quella.»

Dani alzò gli occhi al cielo. Taylor aveva sempre avuto troppa immaginazione. «Va bene, aspettiamo di sentire cos'ha da dirci GG.»

Si fermò davanti a un elegante edificio a un piano, con la facciata di legno grigio e modanature bianco brillante, attorniato dal bosco. La città aveva accolto con favore l'annuncio di Woodlands di voler costruire lì la sua struttura. Una nuova proprietà tassabile poteva contribuire a mantenere gli standard di Lilac Lake, nota per essere una delle cittadine più pittoresche dello Stato. In cambio di alcune agevolazioni fiscali, la società proprietaria della residenza per anziani autosufficienti aveva utilizzato imprese locali per la costruzione e l'aveva resa gradevole come promesso.

Dani e le sorelle si registrarono alla reception e poi

seguirono le indicazioni per la sala da pranzo. Sulla soglia, Dani si fermò a scrutare la donna che amava con tutto il cuore.

Minuscola ma ancora energica, GG alzò lo sguardo verso di loro e le sue labbra si curvarono, ammorbidendo i tratti del volto segnato dall'età. Dani studiò quegli occhi azzurri, identici ai suoi, ma non trovò traccia di tristezza, solo gioia nel rivederle.

GG le invitò con un cenno a raggiungerla al tavolo quadrato dov'era seduta. Un vaso a centro tavola ospitava fiori freschi, mentre graziose tovagliette verdi, con tovaglioli coordinati, erano state apparecchiate davanti a tutte e quattro le sedie.

Dani aspettò che Taylor salutasse GG con un bacio, seguita da Whitney, che fece del suo meglio per non piangere. Poi fu il suo turno di abbracciarla e stamparle un bacio sulla guancia.

«È così meraviglioso vedere le mie tre ragazze insieme. Sedetevi, tutte quante, così possiamo parlare» disse GG con un sorriso luminoso.

Una volta che si furono tutte accomodate, iniziò a parlare. «Prima di rilassarci con tè e dolcetti, devo dirvi una cosa. A questo punto, sapete già che ho venduto la locanda. Anche se apparteneva alla nostra famiglia da tre generazioni, sono stata costretta a farlo, dopo aver saputo che il mio consulente finanziario mi aveva fatto investire i soldi in uno schema fraudolento. Ho perso quasi tutto, tranne quello che ho ricevuto dalla vendita della locanda.» Il tono di GG faceva male al cuore.

Dani vide gli occhi della nonna diventare lucidi e strinse i pugni. «È orribile. Non possiamo permettere a quel bastardo di farla franca.»

GG alzò la mano per fermarla. «Quel che è fatto è fatto. Le autorità stanno cercando di recuperare il denaro, ma sarà un processo lungo e io non avevo tutto quel tempo. Ecco l'accordo che ho fatto con i nuovi proprietari, rappresentati da un simpatico ragazzo ambizioso: ho venduto loro la locanda e la maggior parte della superficie, ma ho tenuto più di un ettaro di terreno e il cottage del custode per voi tre. Finché una di voi, o tutte e tre, ci abiterete per almeno sei mesi l'anno, quella proprietà continuerà a essere vostra. Se invece la casa dovesse restare disabitata, i nuovi proprietari l'acquisteranno e la useranno come vorranno. Ma, mie care nipoti, dobbiamo mantenere una promessa fatta a mio padre e a suo padre prima di lui, cioè quella di non perdere la proprietà. Ho fatto del mio meglio per tenerne il più possibile, ma non potevo più permettermi di mantenere e gestire la locanda e avevo bisogno di un posto dove andare a vivere. Questa era la soluzione migliore che potevo trovare per non essere di peso a nessuno.»

Il silenzio attorno al tavolo era assordante. Dani e le sue sorelle stavano cercando di assorbire la notizia.

«Vuoi dire che dobbiamo vivere nel cottage del custode?» domandò Taylor. «Ma è infestato.»

«So che è quello che si racconta in giro, ma sono voci partite da ragazzini che non avrebbero dovuto essere lì, tanto per cominciare. È fatiscente e ha bisogno di essere ristrutturato, ma ci ho già pensato. Ho aperto un conto in banca per aiutarvi a finanziare le opere. Non è una cifra enorme, ma dovrebbe coprire la maggior parte di ciò di cui avrete bisogno.»

«Quindi, dovremmo occuparcene tutte e tre?» Whitney aggrottò la fronte.

«Non necessariamente. Immagino che Dani potrebbe avviare il progetto e, con il passare del tempo, ognuna di voi potrebbe aggiungere il proprio contributo.»

«E se non volessimo andarci a vivere? Io... ho visto un fantasma lì. Lo giuro» disse Taylor con un tremito nella voce.

«La storia del fantasma è solo una diceria messa in giro anni fa. Come gestirete la vostra parte dell'accordo dipenderà da voi» tagliò corto GG. «Io ho fatto quel che potevo per onorare la storia della nostra famiglia. Ora sta a voi continuare a farlo.»

La mente di Dani stava già correndo avanti. «Chi ci aiuterà a ristrutturarlo?»

«Un'impresa edile locale, la stessa che ha costruito questa struttura. Hanno una squadra di uomini di talento che possono aiutarvi.»

Dani si acciglò. «Stai parlando della Collister Construction?»

Il volto di GG si illuminò. «Esatto. I proprietari sono due giovani, Brad e Aaron Collister. Mi devono un favore per averli aiutati a ottenere il contratto per Woodlands. Saranno ben felici di darvi una mano.»

«E se fossero necessarie modifiche strutturali?» chiese Dani, pur sapendo già la risposta.

«Speravo che potessi occupartene tu. Il tuo talento è sottovalutato, nello studio per cui lavori. Vorrei vederti impiegare le tue competenze in questo progetto.»

«Potrebbe essere la manna dal cielo che stavo aspettando» disse Whitney. Prese la mano di GG. «Ho combinato un bel guaio.»

«Ho visto qualcosa al riguardo, in uno di quei programmi di intrattenimento del pomeriggio. Possiamo parlarne più tardi. Nessuno ti rovinerà la carriera per aver rotto con il tuo co-protagonista.» Il tono deciso di GG fece affiorare un moto di sollievo sul volto di Whitney, con gioia di Dani.

GG si rivolse poi a Taylor. «Pensavo che tutto questo progetto potrebbe diventare l'argomento di uno dei tuoi libri. Non c'è niente di meglio di un nuovo inizio per far decollare una storia d'amore per tutte voi.»

«Una storia d'amore?» obiettò Dani. «L'ultima cosa di cui ho bisogno è una relazione. Ho appena superato la rottura con Jeremy, ed è successo diciotto mesi fa. Non ho il minimo interesse a imbarcarmi in qualcosa di nuovo. Sono stanca di uomini che pensano di potermi comandare a bacchetta.» Jeremy, assunto di recente nello studio di architettura, aveva lavorato con Dani a un progetto e lei l'aveva visto trasformarsi da una persona con cui era facile andare d'accordo a un uomo insicuro che voleva controllarla.

«Vedremo.» GG le rivolse un sorriso angelico.

«Cos'altro c'è da fare?» chiese Whitney.

«Ho solo pochi giorni per portare via dalla locanda tutte le cose di famiglia» spiegò GG. «L'arredamento fa parte dell'accordo di vendita, ma bisogna recuperare gli oggetti personali. Speravo che riusciste a occuparvene voi tre. Ho fatto recapitare alla locanda degli scatoloni che potrebbero servirvi.»

Dani guardò le sorelle e annuì. «Posso farlo io.»

«Se una di noi dovesse rimanere qui in città per lavorare al progetto, può stare alla locanda?» si informò Taylor.

«Dovrai chiedere ai proprietari. Se non fosse possibile, Cynthia ha detto che potrete soggiornare al B&B a mie spese, se glielo dite con un preavviso sufficiente» disse GG. «Sto cercando di rendervi le cose più facili possibili.»

«Oh, GG, quanto dev'essere dura per te» sospirò Whitney.

«Ho avuto una vita piena, un sacco di amici e voi tre.

Quante altre persone sarebbero in grado di essere all'altezza del loro nome e di esaudire i desideri degli altri? Ora vi sto offrendo l'opportunità di un nuovo inizio. Questo è il mio regalo per voi. Un nuovo inizio.»

«Io di certo ne ho bisogno» gemette Whitney.

Dani ripensò a quanto era infelice sul lavoro e decise che GG aveva ragione. Un nuovo inizio era ciò di cui aveva bisogno.

Taylor guardava GG con il volto illuminato di affetto.

Una cameriera si avvicinò al loro tavolo. «Siamo pronte per il tè adesso?»

GG le sorrise. «Credo di sì.»

Erano quasi le tre, e molti altri residenti stavano occupando i tavoli vicini.

GG sussurrò: «Non c'è bisogno di discutere dei nostri affari qui. Dani, mi farai sapere, dopo che avrete visitato il cottage e avrete iniziato a portare via le cose di famiglia dalla locanda. Se hai dei dubbi su qualche oggetto, chiamami o mandami un messaggio. Ho portato via tutte le mie cose, ma voglio essere sicura di avere tutto quello che dovrebbe rimanere in famiglia. Ho già parlato con vostra madre, e lei non è interessata a niente.»

Dani rimase in silenzio pensando a sua madre, mentre la cameriera prendeva il loro ordine. Laura Gilford, donna molto amata nelle cerchie sociali di Atlanta, era una madre distratta e un po' fredda, in privato. Il primo matrimonio era stato un disastro; il padre di Dani e Whitney era un alcolizzato ed era morto in un incidente in cui guidava ubriaco, ma lei aveva stretto i denti e cresciuto le figlie da sola, finché non aveva trovato la sua vera anima gemella, il padre di Taylor, Gavin. Lui era la pecora nera della sua ricca famiglia, il figlio che si era rifiutato di entrare nella loro azienda per diventare invece un assistente sociale che lavorava nei tribunali. Era l'uomo perfetto per lei.

«Limone o latte?» chiese la cameriera, riportandola al presente.

«Limone, grazie.» Dani riportò i pensieri sulla questione del cottage del custode.

«Ve lo ricordate? Whitney, tu e Dani mi avete raccontato che il cottage era infestato e poi un giorno mi avete lasciata lì dentro da sola» disse Taylor. «Non credo che riuscirò mai a viverci.»

Dani si sporse a stringerle la mano. «Quello è stato uno scherzo di cattivo gusto, da sorelle maggiori. Mi dispiace. Ti stavamo solo prendendo in giro, senza pensare alle conseguenze.»

«Da bambine, al lago, cercavamo di spaventarci a vicenda tutto il tempo» provò a spiegare Whitney. «Pensavo sapessi che era solo uno scherzo.»

«Questa volta, resteremo lì con te» la rassicurò Dani. «Daremo solo un'occhiata veloce in giro. Tutto qui.»

Taylor la guardò con espressione preoccupata. «Okay.»

«Badate di non farle altri scherzi» disse GG. «Diventerà una seconda casa per tutte voi, spero. Un posto dove rilassarvi e sentirvi al riparo dai problemi di tutti i giorni.»

Finirono di sorseggiare il tè e di mangiare i tramezzini che lo accompagnavano. Dani si accorse che la nonna sembrava stanca e si alzò. «Grazie, GG, per aver pensato a noi e per esserti assicurata che saremmo state in grado di ristrutturare il cottage. Sono la prima a dirti che proverò a soddisfare la tua richiesta, te lo prometto.»

Gli occhi di GG mandarono uno scintillio. «Grazie, Dani.

Vi voglio così bene, a tutte e tre.» Le porse una chiave. «È quella del cottage.»

Dani le diede un bacio e l'abbracciò, di colpo consapevole di quanto la nonna fosse diventata fragile. Si fece da parte, affinché Whitney e Taylor la salutassero a loro volta, e poi tornarono insieme verso l'uscita. Nella hall, Dani si fermò e si voltò indietro.

GG le fece un cenno di saluto e le mandò un bacio sulla punta delle dita.

Un po' meno in ansia per lei, Dani riprese a camminare verso l'auto, determinata a fare quello che GG le aveva chiesto.

In macchina, l'atmosfera era solenne.

«Che cosa orribile è successa a GG. Come può uno semplicemente scappare con i tuoi soldi?» sbottò Whitney.

«Capita,» commentò Dani «quando ti fidi di qualcuno e questa persona, invece, in spregio a ogni senso morale, fa una cosa come quella che ha fatto il consulente finanziario di GG, a lei e agli altri. Conosco altre persone a Boston che sono state imbrogliate dalle sue carte false. È orribile che si portino via soldi ad anziani che li hanno risparmiati per godersi gli anni della pensione.»

«Ricordo di aver visto la notizia al telegiornale» intervenne Taylor. «Ma poi non ne hanno più parlato, ci sono sempre fatti peggiori di cui occuparsi. Conoscendo GG, sono sicura che ha pensato che era meglio occuparsi delle cose a modo suo.»

«È stata sicuramente intelligente» disse Whitney. «Per quanto l'amassimo, per mantenere la locanda ci sarebbero voluti un sacco di soldi.»

«Ed è stata saggia a stabilirsi a Woodlands, prima che la

mamma provasse a costringerla a trasferirsi nel Sud, dove non conosce nessuno» riconobbe Taylor.

«È stato un bel gesto da parte sua assicurarsi che avremmo avuto un posto tutto nostro, al lago» aggiunse Dani. «Il cottage e il terreno che lo circonda hanno un grande valore. E, ancora più importante, la locanda custodisce ricordi preziosi per tutte noi. Anche per te, Taylor, anche se mi dispiace di averti fatto venire la paura del cottage.»

«Ah sì? Be', ricorda che sei tu quella che dovrà passare più tempo là dentro, per rimetterlo a posto.» Taylor inarcò un sopracciglio.

Dani rise. «Penso che andrà tutto bene. Il fantasma ormai dovrebbe essersene andato. Non se ne stanno in giro per sempre. Oltretutto, abbiamo il dovere di tenercelo in famiglia.»

«I fantasmi non possono andarsene finché non hanno risolto le questioni che li tengono bloccati sulla terra» replicò seria Taylor.

«Be', questo ha avuto un sacco di tempo per risolverle» replicò Dani. Non aveva intenzione di farsi tirare in mezzo con sciocchezze come i fantasmi.

«La signora Maynard non è morta lì da sola, una sera d'inverno?» chiese Whitney. «Ricordo che è morta congelata.»

«Sì, e nessuno sa per quanto tempo sia rimasta lì nella neve, fuori dal cottage. Hanno detto che il suo corpo era proprio un pezzo di ghiaccio» disse Dani.

«Giusto» disse Whitney. «Ora ricordo. È così triste, a pensarci.»

«Mi fa venire i brividi» commentò Taylor.

Dani proseguì oltre i cancelli della locanda e svoltò

bruscamente a destra verso il cottage.

Una catena con un cartello di metallo che diceva "Vietato l'accesso" bloccava il vialetto sterrato.

«Me ne occupo io» si offrì Taylor. Scese dalla macchina e sganciò la catena da uno dei pali di legno piantati lungo la strada.

Poi tornò di corsa alla macchina e Dani continuò lungo il vialetto. Sembrava strano pensare a tutti i cambiamenti che sarebbero intervenuti nella proprietà di famiglia.

Si fermò davanti a un box singolo bianco, accanto a una casa a due piani, con il tetto a punta e un ampio portico sul davanti. Le due strutture fatiscenti si trovavano in fondo a una salita, sopra il lago. La vernice bianca si stava scrostando dalle assi di entrambi gli edifici. La vegetazione, che un tempo aveva ammorbidito gli spigoli della casa, era da tempo diventata troppo invasiva.

Dani guardò le altre con espressione sorpresa. «È in condizioni peggiori di quanto pensassi. Mi chiedo come sia l'interno.»

«Perché GG non l'ha tenuto più in ordine?» chiese Taylor.

«Probabilmente non poteva permetterselo» disse Dani. «Con tutto quel terreno attorno alla locanda, le tasse dovevano essere salate. Forse non ha avuto altra scelta che cercare di curare al meglio l'aspetto della locanda e lasciare a se stesso questo edificio inutilizzato.»

«O magari non voleva disturbare il fantasma della signora Maynard» scherzò Whitney.

«Va bene, entriamo. Ho io la chiave. Chi mi segue?» Dani rivolse uno sguardo fermo alle sorelle. «Non è corretto da parte vostra farmi entrare lì da sola. Dai, tutte le Gilford Girls o nessuna, e dobbiamo farlo per GG.»

Whitney e Taylor gemettero in coro, ma scesero dall'auto e seguirono Dani.

Davanti alla casa, Taylor esclamò: «Guardate! La pietra piatta dove prendevamo il sole. Quante ore abbiamo trascorso lì d'estate?»

«Troppe per contarle» sorrise Whitney.

Dani si incantò a guardare la scena che avevano davanti. Una lieve brezza increspava la superficie del lago, creando riflessi sull'acqua. Alcuni germani reali nuotavano vicino alla riva, mentre altri si erano spostati sul terreno soffice, per lisciarsi le piume o riposarsi. I maschi dalla testa verde e le femmine dalle piume marrone chiaro erano tra i soggetti preferiti di Dani. In mezzo al lago, più a monte, una coppia pagaiava su una canoa. Un senso di pace la pervase.

«È bello essere di nuovo qui, vero?» sussurrò, facendo strada verso la casa.

Sulla porta, era stato affisso un cartello che avvertiva che si trattava di una proprietà privata e che gli intrusi sarebbero stati perseguiti.

Dani infilò con qualche difficoltà la chiave nella serratura e girò.

La porta si spalancò all'improvviso e tutte e tre fecero un balzo all'indietro.

«Okay, è aperta. Ora guardatevi intorno e prendete nota mentalmente di ciò che ha bisogno di essere riparato» disse Dani. Tirò fuori dalla borsa un blocco di carta e una penna ed entrò nel soggiorno, a destra del corridoio.

Sul muro perimetrale c'era un camino di pietra fiancheggiato da librerie. Due finestre, sul lato dell'ingresso, offrivano una bella vista sul lago. C'era un divano, dove sembrava che avessero fatto il nido i topi e Dani si ripromise di liberarsene il prima possibile.

Sull'altro lato del corridoio, la sala da pranzo ospitava ancora un lungo tavolo di legno e otto sedie abbinate. Sebbene fossero polverose e sporche, Dani notò la qualità della quercia e decise che valeva la pena conservarli. Come il soggiorno, anche quella stanza aveva bisogno di essere ridipinta e il controsoffitto a buccia d'arancia avrebbe dovuto essere rimosso.

Dalla cucina provenne un forte squittio.

Dani corse a vedere, ma non poté fare a meno di scoppiare a ridere, quando trovò Whitney in piedi sopra una vecchia sedia di legno accanto alla stufa.

«Non è divertente. C'è un'intera famiglia di topi che vive qui. Aiutami!»

«Salta giù e batti i piedi, così scappano via» Nemmeno a Dani piaceva l'idea dei topi.

Dopo aver dato un'occhiata alla cucina, si segnò che la stanza andava totalmente rifatta. Gli elettrodomestici erano datati, roba degli anni Cinquanta o Sessanta. Il pavimento, i mobili, tutto avrebbe dovuto essere sostituito. Al piano di sopra, trovarono tre camere da letto che condividevano un bagno di buone dimensioni e una camera da letto più grande con un bagno privato. I bagni, in particolare, avrebbero avuto bisogno di una ristrutturazione totale.

«Okay, ora è il momento di controllare la soffitta» disse Dani. «Con quelle grandi vetrate che si affacciano sul lago, non dev'essere niente male. In realtà, potrebbe diventare il mio posto preferito.»

Taylor scosse la testa. «Mi dispiace, non importa cosa dite, ma io non ci vado.»

Dani si rivolse a Whitney. «Sei pronta?»

«Devo proprio?» piagnucolò la sorella.

«Devi proprio.» Non lo avrebbe mai ammesso, ma anche lei aveva paura. Aveva creduto di cogliere un'ombra o qualcosa di simile, in una delle camere da letto, ma quando aveva guardato di nuovo quella era sparita.

«Vengo con te, ma fai strada tu» si decise Whitney.

Alla fine del corridoio, una porta si apriva su una scala di legno che portava alla soffitta.

Dani salì un gradino per volta, ripetendosi di non preoccuparsi, che il fantasma della signora Maynard era solo una vecchia storia da falò.

In cima alle scale, si bloccò per un'istante. La luce proveniente dalle vetrate inondava l'ambiente permettendole di farsi un'idea delle potenzialità del locale; sarebbe diventato bellissimo. Sentì un movimento dietro di sé e si voltò pensando fosse Whitney, ma si rese conto che lei era già quasi in fondo alle scale.

Dani deglutì a fatica e sussurrò: «Nessuno ti farà del male.»

Poi corse giù in fretta dalla sorella.

«Stai bene?» Whitney la strinse tra le braccia. «Sembra che tu abbia appena visto un fantasma.»

La stava prendendo in giro e Dani si sforzò con poco successo di sorridere. «Sto benissimo.» Voleva uscire da quella casa il prima possibile.

CAPITOLO 3
WHITNEY

Tornata al B&B, Whitney si ritirò in camera sua perché sentiva il bisogno di starsene un po' da sola. Aveva molto su cui riflettere. Gettò sul letto gli occhiali da sole, il cappello e il giubbino di jeans e andò a sedersi sulla poltrona accanto alla finestra che dava sul giardino sul retro.

Fuori erano sbocciati diversi tulipani, come per offrire al mondo un'ultima visione della loro bellezza. I cespugli di rose stavano iniziando a fiorire, insieme alle peonie e ad altri fiori primaverili. I lillà erano ancora in fiore, anche se il loro spettacolo stava per finire. Whitney ne amava il profumo dolce e la varietà di colori.

Era grata per la possibilità di nascondersi a Lilac Lake, ma sapeva che il suo soggiorno non sarebbe potuto durare in eterno. Non poteva deludere gli altri membri del cast. Avrebbe dovuto affrontare la situazione, ma l'avrebbe fatto a tempo debito.

Lo shock per aver trovato Zane, strafatto di coca, a letto con due donne sarebbe stato difficile da superare. Le dava la misura di quanto fosse caduto in basso, dal giovane che un tempo aveva amato al tossicodipendente che era diventato. Decise che era stanca di Hollywood, della falsità della gente, delle lotte intestine, della difficoltà di trovare persone che avrebbe voluto come amici. Lei e Zane erano stati accoppiati a tavolino, per promuovere lo show, quando erano abbastanza giovani ed entusiasti da accettare di stare insieme in pubblico per finta, ma poi si erano innamorati sul serio. Ormai, però, la droga era diventata più importante di ogni altra cosa per Zane, e Whitney ne aveva abbastanza, al punto che era pronta a mettere in discussione tutte le proprie scelte di vita.

Quando gli aveva comunicato che era finita, Zane le aveva urlato contro, le aveva detto che era una bambina che non riusciva ad affrontare la vita reale, che era cresciuta sotto una campana di vetro e che non aveva idea di come fossero davvero la maggior parte delle persone, sotto le loro false apparenze. L'aveva minacciata di rovinarle la carriera, se lei avesse mandato a rotoli la sua. Le sue parole l'avevano distrutta. Whitney aveva sperato che sapesse che lei non avrebbe mai messo a rischio la sua reputazione e la sua carriera legando il suo nome all'ambiente della droga o a perversi triangoli amorosi, con donne che lui stesso aveva ammesso essere prostitute.

Le sfuggì un lungo sospiro. Il suo mondo, quello che aveva amato, ormai era contaminato.

Bussarono alla porta e un secondo dopo Dani fece capolino.

«Taylor e io abbiamo deciso che andremo domani alla locanda a cercare gli oggetti personali e di famiglia. Ormai è quasi ora di cena e abbiamo pensato che fosse meglio fare una pausa e ricominciare domani a mente fresca.»

«Mi sembra saggio» replicò Whitney, sollevata di non dover affrontare subito anche quella situazione. Avevano già molto a cui pensare, con l'annuncio a sorpresa di GG.

«Stai bene?» le chiese Dani.

Whitney sospirò di nuovo e gli occhi le si riempirono di lacrime. La gente le diceva che aveva la tendenza a drammatizzare, ma per una volta si trattava di un vero dramma. Si era appena resa conto che la sua vita era stata tutta una recita dopo l'altra. Non era reale, e non era quello che voleva.

«Ho deciso di mollare Hollywood. Mi sta mangiando viva, con tutte quelle bugie, pettegolezzi e allusioni, per non parlare della droga e della competizione. Ora, gira voce che sono incinta del bambino di Zane. Come se...» Un tempo avrebbe potuto accogliere con gioia una notizia del genere, ma Zane non era più l'uomo di cui si era innamorata. Era diventato uno sconosciuto che detestava.

«Come farai ad andartene? E la serie?» Dani non poteva crederci.

«Dovrò tornare in California per finire di girare la stagione. Poi, voglio tornare qui per l'estate. Dopodiché, deciderò.»

«Va bene, sorellona. Finché non torni in California, non dire a nessuno che sei qui. Non vogliamo trasformare Lilac Lake in un circo per colpa delle riviste scandalistiche.»

Whitney si alzò e la fissò in modo solenne. «Hai ragione. Se Lilac Lake diventerà il mio nascondiglio, non voglio che finisca sotto i riflettori.»

«E cosa farai per le voci secondo cui sei incinta del bambino di Zane?» Dani era concreta come sempre.

«Potrei aspettare qualche mese e presto sarebbe ovvio che non è vero, oppure potrei adottare un cane e dire a tutti che è l'unico bambino di cui dovrebbero parlare. Ultimamente pensavo di prendermi un cucciolo e questo sarebbe il momento perfetto per farlo.»

«Mmh, non è una cattiva idea. Dove lo trovi un cane?»

«Qui, pensavo. Magari c'è un rifugio per animali, in zona.»

«Okay. Vedremo di occuparcene. Ho sempre desiderato un

cane, ma con tutti i miei impegni non sarebbe giusto per lui. Però sto pensando di chiedere allo studio un periodo di aspettativa, per poter dare una mano qui con la ristrutturazione. Avere un cane nella proprietà sarebbe rassicurante. Forse me ne cercherò uno anch'io.»

Sentirono un colpo alla porta e Taylor si affacciò. «Che ne dite di andare a cena?»

«Entra» disse Whitney. «Sono quasi pronta.»

Poco dopo, uscirono tutte e tre.

Whitney camminò lungo Main Street insieme alle sorelle, e per l'ennesima volta si innamorò di Lilac Lake. Con le graziose vetrine, i lampioni decorativi e i campanili bianchi delle chiese che si protendevano verso il cielo e sembravano usciti da una cartolina, la pittoresca cittadina era diventata una delle comunità turistiche più note del New England.

La maggior parte dei negozi era in chiusura, ma il *Jake's Bar* e i tre ristoranti eleganti della città erano in piena attività. Residenti e vacanzieri che alloggiavano nei dintorni venivano a Lilac Lake per il buon cibo e per comprare oggetti unici.

Decisero di andare da *Fins*, un rinomato ristorante di pesce che apparteneva a una famiglia che conoscevano fin da bambine. Jack e Susan Hendrickson erano una coppia ben assortita e avevano fatto della loro attività un successo, grazie alla cucina eccellente di lui e ai modi piacevoli e disinvolti di lei, che riusciva sempre a mettere a proprio agio i clienti, anche quando la situazione in cucina era tesa. La figlia, Melissa, aveva l'età di Whitney, ma lei pensava che una specie di invidia avesse sempre impedito loro di diventare buone amiche.

Entrarono nel ristorante. Le pareti azzurro chiaro e le boiserie scure erano perfettamente a tono con lo stile marinaro. Le tovaglie di lino blu abbinate restavano fedeli al tema, così come i centrotavola in simil corallo rosa e le candele.

Susan accorse a salutarle. «Che gioia rivedervi tutte. Avevo sentito che forse sareste tornate in città. Genie è venuta a cena la settimana scorsa, con un amico. Mi dispiace che abbia venduto la locanda, ma quando i tempi sono duri si deve fare tutto il necessario per sopravvivere.»

Dani e Taylor annuirono senza commentare.

Whitney si fece avanti. «Ciao, Susan. Non abbiamo prenotato, ma ci chiedevamo se riuscissi a trovarci un tavolo.»

«Ma certo. Siamo pieni, ma siete arrivate appena in tempo. Melissa è di là che lavora in cucina. Sono sicura che vorrà venire a salutarvi.»

«Con piacere.» Whitney acconsentì, in tono garbato.

Susan le accompagnò a un tavolo accanto a una vetrina. «Va bene qui?»

«Potremmo sederci da qualche altra parte?» chiese Whitney. «Preferirei non essere vista.»

«Oh, certo, povera cara» tubò Susan. «Con tutto quel trambusto su di te e Zane e la rottura.» Le rivolse uno sguardo compassionevole.

Whitney si sforzò di sorridere, anche se avrebbe voluto scappare. Se la gente di Lilac Lake era già al corrente di tutti i suoi guai, poteva solo immaginare cosa si stesse dicendo di lei a Los Angeles.

Susan assegnò loro un tavolo sul retro e poi si allontanò. «Vado a dire a Melissa che siete qui.»

Poco dopo, una cameriera si avvicinò a consegnare i menu

e poi versò dell'acqua minerale nei loro calici di cristallo. «Posso portarvi da bere? Stasera abbiamo dei vini in offerta al calice.»

«Io prenderò uno Chardonnay» disse Taylor.

«Per me, un calice del vostro miglior Pinot Noir» disse Dani.

«Una Perrier con una fettina di lime» intervenne Whitney, in tono più allegro possibile. Finché non avesse terminato di girare la serie, doveva stare attenta alla linea.

«Il prezzo da pagare per essere una star» la stuzzicò Dani.

Whitney sapeva che stava solo cercando di metterla a suo agio e le rivolse uno sguardo riconoscente.

Scorse il menù augurandosi di trovare qualcosa di idoneo. Alla fine, si decise per lo sgombro alla griglia accompagnato da semplice insalata verde.

Dani ordinò i gamberi al vino bianco e Taylor la zuppa di crostacei, senza preoccuparsi del conteggio delle calorie. Whitney si chiese se sarebbe mai arrivato il giorno in cui avrebbe potuto mangiare così.

Dani le diede di gomito. «Forza, sorridi. Arriva Melissa.»

Una giovane donna dai capelli castani, con indosso una giacca bianca da chef, stava venendo verso di loro. «Benvenute da Fins» disse. «Spero che abbiate ordinato un assaggio di tutto. Abbiamo aggiornato il menù, da quando sono venuta a dare una mano a mio padre in cucina.»

«È bello rivederti» la accolse Taylor. «Congratulazioni per il diploma da chef. Tua madre me l'ha raccontato, l'ultima volta che sono stata qui.»

«Grazie. Ne è valsa la pena. Le cose stanno girando bene» rispose Melissa. Poi si concentrò su Whitney. «Mi dispiace per quel che ti è successo. Dev'essere dura perdere un ragazzo come Zane Blanchard.»

Whitney annuì imperturbabile. Se la gente avesse saputo la verità, sarebbe rimasta a bocca aperta. Ma non aveva intenzione di danneggiare la carriera di Zane, anche se lui aveva minacciato di rovinare la sua.

Dani le venne in soccorso di nuovo. «Allora, Melissa, tu che ci racconti? Come va qui con i ragazzi? Qualcuno di interessante all'orizzonte?»

Sul volto di Melissa si aprì un sorriso. «Allora...Aaron e Brad Collister sono entrambi su piazza. E Nick Woodruff ha divorziato, e ora è capo della polizia. Molti di quelli con cui uscivamo hanno ancora case di vacanza qui. Quindi ritroverete parecchi della vecchia banda, in giro. E ho sentito che uno dei nuovi proprietari della locanda è Ross Roberts. Lui è un gran figo.»

«Ross Roberts, l'ex star del baseball?» chiese Taylor. «GG non ha fatto il suo nome.»

«Fa parte del terzetto che ha comprato. Un socio finanziatore, immagino» rispose Melissa. «L'ho visto solo da lontano, ma quel che posso dirvi è "wow". Crystal, alla caffetteria, mi ha detto che è stato molto gentile, quando è passato a prendersi un caffè.»

«Come sta Crystal?» si informò Whitney, con sincero interesse. Crystal Owens aveva un paio d'anni più di lei e nel corso delle estati della loro infanzia avevano legato molto, grazie all'interesse condiviso per moda, cinema e ogni cosa legata al teatro. Le avevano anche riferito che Crystal era riuscita a ottenere qualche ruolo minore nelle produzioni teatrali estive dell'Ogunquit Playhouse, sulla costa del Maine, non molto lontano da lì.

«Sta bene» rispose Melissa. «Lei e Nick non sono riusciti a

salvare il loro matrimonio, ma sono rimasti amici. Lei dice che si sono sposati troppo presto e poi si sono semplicemente allontanati.» Si guardò attorno, nella sala che si stava riempiendo. «Devo andare, ora, ma spero di vedervi in giro. Grazie per essere venute.»

Dopo che si fu allontanata, Taylor si voltò verso Whitney. «Melissa è cambiata un sacco. Sembra molto più tranquilla.»

Whitney annuì pensierosa. «Siamo cambiate tutte. Magari io e lei possiamo superare quei suoi brutti scherzi di quando eravamo ragazzine. Raccontava terribili bugie su di me.»

«Me lo ricordo» disse Dani. «Penso che essersene andata per un po', aver vissuto e lavorato a New York, le abbia fatto capire che i problemi nella vita sono altri.»

«Vivere a New York senza grandi risorse rende tutti più umili» intervenne Taylor. «Io lo so bene.»

«Una volta, magari. Ora sei una scrittrice famosa» la prese in giro Dani.

Taylor rise. «Sono una laboriosa artigiana della parola. Tutto qui.»

«Un'artigiana di grande successo» ribadì Whitney, facendole l'occhiolino. Era orgogliosa di entrambe le sorelle. Taylor aveva un seguito impressionante e Dani era molto rispettata tra gli architetti. Per quanto brontolasse su quanto fosse dura competere con i colleghi maschi, aveva fatto strada.

Le loro ordinazioni arrivarono e tutte e tre attaccarono con gusto quel cibo caldo e profumato. Whitney si concentrò sul suo piatto più semplice, cercando di ignorare l'allettante profumo di aglio, burro e spezie che saliva dalle altre due portate.

Avevano quasi finito quando nella sala entrò Nick Woodruff, che si guardò intorno per poi avvicinarsi al loro tavolo.

Whitney lo osservò. Con quei pantaloni blu scuro e la camicia azzurra che non riuscivano a celare il fisico atletico, impersonava alla perfezione la fantasia femminile dell'eroe. Notò qualche filo grigio tra i capelli scuri, sulle tempie, e anche come la camicia richiamava il colore dei suoi occhi.

«Buonasera, signore.» Il sorriso disegnò qualche ruga attorno a quegli occhi intriganti. «È fantastico riavere le ragazze Gilford in città.» Cercò lo sguardo di Whitney. «Voglio che tu sappia che se qualche giornalista o altri dovessero darti fastidio, puoi contare su di me. Capisco quanto possa essere problematica la pubblicità per te, come per altre celebrità che vengono in vacanza da queste parti.»

«Grazie, Nick» rispose Whitney, augurandosi che non si fosse accorto del modo in cui lo stava fissando. «Come stai? È da un po' che non ci vediamo.»

«Sto bene, grazie. Crystal e io ci siamo lasciati qualche anno fa, ma siamo ancora amici, il che è una buona cosa, considerato che viviamo e lavoriamo entrambi qui. A parte questo, gioco ancora a calcio con i ragazzi e ho un lavoro che mi tiene impegnato.» Il suo sguardo si fermò su di lei. «Mi è spiaciuto sentire che stai attraversando un periodo difficile.»

«Grazie» mormorò lei. Nick passò a Dani e Taylor.

«Ti vedo in giro di tanto in tanto, Taylor, quando vieni a trovare tua nonna. Dani, noi invece non ci incontriamo da un po'.»

«Le cose stanno per cambiare» replicò Dani. «Mi occuperò della ristrutturazione del cottage del custode, nella proprietà della locanda. Penso che non mi muoverò di qui per gran parte dell'estate.»

«Mi fa piacere» disse Nick. «Non vedo l'ora di vederti in giro.»

Poi si accomiatò con un cenno della testa.

«Wow» commentò Dani. «È una mia impressione o quel ragazzo diventa sempre più sexy?»

«Non è una tua impressione» confermò Whitney. Lo ricordava dai tempi del liceo. Anche allora, era una calamita per le ragazze. Dopo aver lavorato con gli attori di Hollywood, pensò che lui appariva molto più gentile, e più autentico.

CAPITOLO 4
TAYLOR

Sulla strada del ritorno al B&B, Taylor, in silenzio, stava trasformando Nick in uno dei suoi futuri personaggi. La gente le chiedeva spesso da dove prendesse le idee per i libri, e lei rispondeva sempre che erano tutti circondati da storie. Quella serata gliel'aveva dimostrato, ancora una volta. Le piccole città avevano un loro modo particolare di regalare un sacco di spunti, e Lilac Lake non faceva eccezione. Forse, trascorrendo l'estate lì, avrebbe ritrovato il suo ritmo.

Whitney e Dani camminavano davanti a lei chiacchierando. Una fiammella di risentimento si accese e scomparve dentro di lei, alla velocità di un lampo. Le sue due sorelle maggiori erano più vicine di età ed erano state molto unite per cinque anni, prima della sua nascita. Quella distanza era sempre stata un problema per lei. Era qualcosa contro cui aveva combattuto, ma non poteva farci niente.

Come se Dani avesse udito i suoi pensieri, si voltò e le tese una mano. «Forza, sorellina. Unisciti a noi.»

Le tre riuscirono a tornare al B&B camminando fianco a fianco sull'ampio marciapiede. Una volta dentro, Whitney si fermò in mezzo al corridoio e le guardò con aria mortificata. «Non so voi, ma io vado a letto. Sono esausta. Non ho dormito quasi per niente la scorsa notte, in volo.»

«Non c'è problema» disse Dani. «Domani, dopo colazione, andremo alla locanda a caccia di effetti personali, come ci ha chiesto GG.»

«Va bene, ci sarò. 'Notte, ragazze. Vi voglio bene.» Whitney le abbracciò e scomparve nella sua stanza.

Rimaste sole, Dani si voltò verso di lei. «E tu, Taylor? Vuoi andare a letto o ti va di guardare un film insieme?»

«Vada per il film. Vieni nella mia stanza. Preparo dei popcorn.»

«Okay. Mi metto il pigiama e ti raggiungo.» Dani le sorrise. «Mi sono mancate le serate cinema con le mie sorelle.»

«Anche a me. Siamo state tutte troppo occupate con le nostre faccende, e non l'abbiamo fatto abbastanza spesso.»

Taylor andò in cucina e preparò dei popcorn al microonde. Pensò ai mesi a venire. GG era una persona generosa, ma si chiedeva se l'impegno che avevano accettato insieme al cottage fosse qualcosa di attuabile a lungo termine, con loro tre che vivevano sparse per il Paese. Sospettava che ognuna di loro avesse una buona ragione per voler restare a Lilac Lake quell'estate e sperava che sarebbe andata così anche in seguito, in modo da onorare il desiderio di GG, che aveva immaginato il cottage come il loro rifugio.

CAPITOLO 5
DANI

Dani si svegliò con un piacevole brivido di aspettativa. Era rimasta sveglia a letto, la notte prima, a riflettere sull'opportunità che GG le aveva offerto, chiedendole di occuparsi della ristrutturazione del cottage. Con il permesso delle sue sorelle, avrebbe disegnato dei progetti per trasformarlo in una bella casa, migliorandone gli interni, aprendo gli spazi. Era il tipo di lavoro che stava cercando. Dopo aver chiesto un primo periodo di aspettativa, avrebbe preso delle decisioni sul proprio futuro.

Scacciò dalla mente lo spiacevole presentimento che avrebbero potuto avere a che fare con un fantasma, che forse vi abitava o forse no. Sapeva che Taylor credeva nei fantasmi, ma, malgrado quel momento inquietante in soffitta, Dani era convinta che non esistessero.

Andò alla finestra a scostare la tenda e sorrise alla vista del cielo azzurro e della luce dorata. Una mattina di sole era un inizio promettente.

Si fece la doccia e si vestì, impaziente di gustare la famosa colazione del B&B. Quando arrivò in sala da pranzo, trovò Taylor già seduta a conversare con una coppia di anziani. Dani andò al buffet e si versò una tazza di caffè.

Strinse le dita attorno alla tazza spessa e la portò al tavolo, assaporando il vapore caldo che le solleticava il naso.

Taylor la presentò alla coppia seduta con lei e poi disse:

«Abbiamo notizie di nostra sorella?»

Dani scosse la testa. «Ho pensato di darle un po' più di tempo prima di svegliarla.» Lei e Taylor avevano deciso di non usare il nome di Whitney di fronte a estranei.

Cynthia le raggiunse in sala da pranzo. «Stamattina abbiamo omelette, muffin fatti in casa e frutta fresca. Ditemi come preferite le omelette. Nel frattempo, servitevi pure con i succhi, il caffè e il tè al buffet.»

Dani ordinò una omelette con pomodoro, cipolla e pancetta e prese un altro sorso di caffè. Di solito, la sua colazione consisteva in caffè e una fetta di pane tostato. Quell'abbondante colazione le sarebbe tornata utile, quando avrebbe dovuto esaminare attentamente tutto quello che era rimasto nella locanda. Magari avrebbe potuto esporre le antiche foto di famiglia nel cottage, una volta rimesso a nuovo. Era una possibilità.

Insieme alle omelette, apparve anche Whitney. «Spero di non essere troppo in ritardo. Sono affamata.»

Cynthia le lanciò un'occhiata. «Ti va una omelette? Le serviamo con frutta e muffin.»

«Grazie. Mi piacerebbe un po' di frutta e una piccola omelette.» Intanto si versò una tazza di caffè.

La donna che faceva colazione con loro fissò Whitney. «Somiglia molto a quella star della TV, quella della serie sui giovani attori.»

Whitney scosse la testa. «Me lo dicono spesso. Sono solo venuta a trovare mia nonna.»

«Oh. Era solo per dire» disse la donna, affondando di nuovo la forchetta nella sua omelette.

Finirono il pasto in silenzio e poi Dani si alzò. «Coraggio, sorelle. Meglio andare. Ci aspetta una giornata impegnativa.»

Si versò del caffè in una tazza da asporto, gridò un "grazie!" in direzione della cucina e tornò in camera, al piano di sopra, a prepararsi.

Poco dopo, le sue sorelle si presentarono alla sua porta e scesero insieme, tutte e tre in jeans, maglia leggera e scarpe comode. Whitney aveva sostituito il berretto da baseball dei Dodgers con uno con il logo della locanda, per dare meno nell'occhio.

Dani guidò per i quindici minuti di strada fino alla locanda e si fermò nel vialetto. Come promesso, trovarono ad attenderle un pickup argentato con la scritta Collister Construction dipinta sulle portiere.

Parcheggiò accanto al veicolo e scese, mentre un uomo dai capelli scuri veniva verso di loro.

«Immagino che siate le nipoti di Genie Wittner. Io sono Aaron Collister.» Il suo sorriso illuminò i lineamenti regolari. «Mi è stato detto che vi è consentito esaminare gli oggetti all'interno della locanda e portarvi via quelli personali e di famiglia.»

«Sì» confermò Dani. «GG ci ha detto di aver fatto consegnare qui degli scatoloni.»

«Sono dentro, vicino alla reception» rispose lui e le studiò tutte con occhi così scuri da sembrare neri. Non diede segno di aver riconosciuto Whitney.

Dani le lanciò un'occhiata ed entrambe tirarono un sospiro di sollievo.

All'interno della locanda, Dani studiò la hall. Anche se il tappeto orientale era consumato e i divani e le sedie avrebbero avuto bisogno di una rinfrescata, l'enorme camino in pietra conferiva un'atmosfera accogliente alla sala. Doveva essere un posto dove potersi rilassare, in una fredda sera autunnale, come in una torrida giornata estiva. Un enorme schermo televisivo troneggiava su una parete e librerie su entrambi i lati del camino erano piene di libri, giochi da tavolo e altri oggetti per tenere occupate persone di tutte le età.

Travi di legno attraversavano la stanza sotto il soffitto a cattedrale e si univano ai pannelli di legno delle pareti. A quello spazio così suggestivo mancava solo un grosso cane sdraiato davanti al camino.

Dani si voltò verso Whitney. «Ricordati che oggi volevamo fare un salto al rifugio per animali. Ce n'è uno a Pine Ridge, non lontano da qui.»

«Rifugio per animali? Cosa state combinando, voi due?» domandò Taylor.

Dani le raccontò i loro piani.

«Ottima idea» approvò lei. «In questo modo, Dani, avrai qualcuno che ti aiuta a scacciare il fantasma della signora Maynard.»

«Fantasma? Ho sentito parlare di un fantasma?» Aaron venne verso di loro con una pila di scatoloni tra le braccia.

Taylor si strinse nelle spalle. «È una leggenda legata al cottage del custode, dove andremo a vivere.»

«Davvero? Mi hanno detto che gestirete il cottage tra voi» disse Aaron. «In passato, l'ho guardato spesso, sognavo di riuscire a comprarlo io. La costruzione ha un'ottima struttura.»

«La nonna mi ha assegnato il compito di supervisionare la ristrutturazione della casa» disse Dani. «Sono architetto e ho già qualche idea per renderla speciale. Mi è stato detto che tu e tuo fratello sareste disponibili per farci lavorare la vostra squadra.»

Aaron la studiò. «In effetti, la signora Wittner ci ha parlato dei suoi progetti e abbiamo accettato di aiutarla.» Si spostò da un piede all'altro. «Ho fatto delle ricerche su di te, Danielle. Il tuo lavoro è impressionante. Ho pensato che se ti troverai bene a lavorare con noi su questo progetto, magari potresti continuare a collaborare con noi anche per altri.»

«Sembra interessante.» Dani ne era lusingata, ma temeva che qualsiasi progetto le avessero proposto sarebbe stato troppo piccolo per permetterle di lasciare lo studio con il botto, come desiderava.

«Cominciamo, dai,» intervenne Whitney «così ci resterà tempo per andare al rifugio per animali, questo pomeriggio.»

«Stai cercando un cane?» chiese Aaron. «Ne ho uno che potrebbe piacerti. Ha poco più di un anno, è l'ultimo della sua cucciolata. La mamma è mia.»

«Come mai il cane non è stato adottato?» Dani gli rivolse uno sguardo sospettoso.

«È cieco da un occhio. I cacciatori non lo vogliono.»

«Che tipo di cane è?» chiese Whitney.

«Un labrador nero. Sua madre è una vera bellezza, e anche lui, tranne per il problema agli occhi. Ma non lo darò al primo che passa. È lui che dovrà decidere con chi vuole vivere.»

«Mi piacerebbe vederlo» disse Dani. «Mi farebbe compagnia al cottage. È il posto perfetto per un cane, avrebbe un sacco di spazio in cui gironzolare.»

Il volto di Aaron si illuminò. «Più tardi te lo porto» sorrise. «Potrebbe funzionare.»

«Hai anche dei cani di piccola taglia, per caso?» chiese Whitney. «Io ne vorrei uno molto piccolo.»

Aaron scosse la testa. «No, ma chiederò in giro. Oppure potete chiedere a Crystal, alla caffetteria. Lei lo saprà di sicuro.»

«Be', iniziamo qui intanto, o non finiremo mai.» Taylor prese uno degli scatoloni. «Da dove cominciamo?»

«Suggerisco di partire da qui, per poi passare agli uffici e infine ai magazzini» disse Dani.

«Okay, facciamolo» rispose Taylor. «Io parto dalle librerie.»

«Ti aiuto» si offrì Whitney.

«Io controllerò in reception e andrò a dare un'occhiata ai quadri» dichiarò Dani. «GG ha detto di chiedere a lei se avevamo dubbi, quindi, se necessario, la chiamerò per qualsiasi dipinto che lei o noi potremmo desiderare.»

Nel piccolo ufficio dietro la reception, Dani prese nota di un paio di fotografie di membri della famiglia. Studiò un uomo dalla pancia rotonda con i baffi, che le fece pensare alle foto del presidente Theodore Roosevelt. Sapeva, dalle storie che le aveva raccontato GG, che il suo bisnonno, Charles Wittner, era un appassionato di attività all'aria aperta, che amava venire nel New Hampshire da New York, per andare a caccia e pescare.

L'altra fotografia nell'ufficio ritraeva una giovane GG. Era in piedi davanti alla locanda, con indosso pantaloni e una camicia a quadri di lana e sorrideva all'obiettivo. Era stata una donna di notevole bellezza.

Dani perlustrò i cassetti di una scrivania e trovò le solite penne, graffette e altri articoli per ufficio, poi notò una chiave appesa a uno sporco nastro rosa, in fondo al cassetto. La sollevò e la studiò. La chiave era antica e sembrava potesse aprire un baule o una cassetta di sicurezza. Se la infilò nella tasca dei jeans, prese le fotografie dal muro e le portò da Whitney e Taylor.

«Cos'hai trovato?» Taylor, inginocchiata davanti a una

libreria, si rimise in piedi.

Dani mostrò loro le fotografie. «Penso che potremmo appenderle nel cottage, una specie di omaggio alla storia della famiglia e della locanda.»

«L'idea mi piace.» Whitney la guardò con gli occhi lucidi. «È importante per me, forse ora più che mai.»

«Ci vuole un abbraccio di gruppo» propose Taylor.

Dani pensò che era bello che fossero così unite e le strinse forte. «Si sistemerà tutto, Whitney.»

«Lo spero» rispose lei. Prese un respiro profondo e fece un passo indietro. «Andiamo avanti. Ci sono così tante cose da esaminare che ci vorrà un'eternità.»

«Ho messo via alcuni libri per la mia collezione» disse Taylor. «Non credo che ai nuovi proprietari importi.»

«Non penso proprio» replicò Dani. «Passerò in rassegna le pareti dei corridoi, alla ricerca di dipinti o fotografie significative.»

Uscì dalla hall ed entrò in una delle ali. Non c'era motivo di controllare le camere, ma pensò che nei corridoi o nella sala da pranzo potessero essere appesi ricordi della famiglia. Ne ricordava alcuni, dagli anni passati.

Si fermò davanti a un dipinto di una bella ragazza e si rese conto che era un ritratto di sua madre da giovanissima. Mentre cercava di staccarlo dal muro, l'uomo che aveva incontrato il giorno prima, Brad Collister, uscì all'improvviso da una delle camere.

«Cosa stai facendo?» le chiese.

«Sto cercando di staccare questo ritratto di mia madre dal muro. Puoi aiutarmi?»

Brad prese un cacciavite dalla sua cintura portautensili. «Te lo tiro giù io. Meglio che tu lo dica a me se ce ne sono altri, perché non voglio che danneggi né il dipinto né il muro.»

«Certo. Capisco.» Dani si fece da parte mentre lui armeggiava con la staffa dietro il dipinto e, pochi minuti dopo, glielo porgeva.

«Bella donna» commentò Brad. «Vuoi che ne cerchiamo altri insieme? Possiamo lasciare questo qui e tornare a prenderlo quando avremo finito con quest'ala.»

«D'accordo. Non credo che ce ne saranno molti.» Le faceva piacere che fosse così disponibile e sperava che sarebbe sempre stato così.

«Allora, Dani, da quel che ho capito hai già parlato con Aaron del fatto che lavoreremo con te al cottage. Penso che possiamo fare meraviglie con quella casa. Abbiamo provato ad acquistarla da tua nonna, un anno fa, ma ci ha detto che la stava conservando per le sue nipoti.»

«Noi l'abbiamo saputo soltanto ora, ma più penso che il cottage è nostro, più la cosa mi piace.»

Si spostarono lungo il corridoio e si fermarono davanti a una fotografia incorniciata di loro tre bambine, che prendevano il sole sulla lastra di granito. «Questa» disse Dani. «Me la puoi tirare giù?»

«Certo.» Pochi istanti dopo, era posata sulla moquette. «Ce ne sono altre che ti possono interessare?»

Dani scosse la testa. «No. Non in quest'ala. Ricordo che nei corridoi al piano superiore ci sono solo stampe commerciali.»

«Okay, allora portiamo queste due nella hall e diamo un'occhiata all'altra ala.»

Prese la fotografia e la seguì lungo il corridoio, dove recuperò il ritratto di sua madre.

Li posarono accanto alla scrivania nella hall e si spostarono nell'altra ala. Ognuna aveva tre piani con venti camere ciascuno, per un totale di centoventi.

«I nuovi proprietari hanno in programma di ampliare la locanda?» chiese Dani.

«Sì, ma cambieranno tutto. Non sono autorizzato a raccontare i dettagli.»

«Oh, capisco. Non ti metterò in difficoltà facendoti altre domande, ma spero di riuscire a parlarci.»

«Uno di loro è stato qui di recente. Gli altri due dovrebbero venire la prossima settimana. Dovresti riuscire a conoscerli allora.»

Dani non fece commenti, ma aveva tutte le intenzioni di cercare informazioni online sulla vendita della locanda e di sedersi con GG per farle delle domande al riguardo.

Nell'altra ala, Dani trovò due fotografie di membri della famiglia e un ritratto di GG a cui non aveva mai prestato molta attenzione. Lo portò accanto alla finestra. In quel momento, vedendolo meglio alla luce, se ne innamorò.

Mentre riportavano gli oggetti incorniciati nella hall, Dani sentì un cane abbaiare e rivolse uno sguardo interrogativo a Brad.

Lui rise. «Quello deve essere Pirata, il cane di Aaron. Gli sta cercando casa. Mi ha detto che potresti essere interessata. Ma se tu e il cane non entrerete in sintonia, Aaron non te lo darà. Ha già rifiutato altre offerte.» Brad scosse la testa. «Sembra una follia, ma mio fratello ha ragione. Deve scattare una simpatia reciproca.»

Di nuovo nella hall, trovarono Aaron che teneva al guinzaglio un labrador nero che si dimenava di felicità sotto le attenzioni di Whitney e Taylor.

«Ciao, Pirata» lo salutò Dani.

Il cane si fermò a squadrarla, poi, non appena Aaron lasciò

andare il guinzaglio, si precipitò verso di lei e si mise seduto con lo sguardo fisso su di lei.

«Ciao» ripeté Dani in un sussurro, accarezzandogli il testone setoso, passandogli le dita tra il pelo.

Pirata si sdraiò e si girò sulla schiena per farsi grattare la pancia.

Dani obbedì e si inginocchiò accanto a lui per arruffargli il pelo. Ora riusciva a vedere che un occhio era di un grigio opaco e l'altro, vigile e marrone, la stava fissando come per valutarla.

«Allora, ho superato il tuo esame?» gli chiese.

Quando si rialzò, il cane scattò in piedi e si fermò di fronte a lei scodinzolando.

Gli diede qualche colpetto sul fianco per poi fargli dei grattini dietro le orecchie. Quando lo guardò, avrebbe potuto giurare che le stesse sorridendo. Ridacchiò. «Sei adorabile.»

Il cane si issò sulle zampe posteriori e appoggiò le anteriori sulle sue spalle, non con prepotenza, ma quasi ad abbracciarla.

«Penso che Pirata abbia finalmente scelto la sua nuova umana» Aaron sembrava compiaciuto. «Cosa ne dici, Dani? Pensi di poterti sobbarcare l'impegno di un cane giovane? È molto intelligente e desideroso di imparare, ma non è ancora del tutto maturo.»

Lei e Pirata si fissarono per un istante e poi lei annuì. «Lo amo già.»

«È stato facile» disse Whitney. «Adesso ho bisogno di un cagnolino per me.»

«Chiedi a Crystal» propose Brad.

«È quello che le ho detto anch'io» intervenne Aaron.

Taylor rise. «Allora è deciso. A pranzo andremo alla caffetteria.»

«Lavoriamo ancora un po', prima» suggerì Dani. «Non abbiamo ancora finito qui.»

«Affare fatto» concordò Whitney. «Dobbiamo passare in rassegna gli alloggi di GG, gli uffici e il magazzino.»

CAPITOLO 6
TAYLOR

Taylor aiutò Dani a riporre le foto e i dipinti in uno scatolone da mettere nel deposito di GG a Woodlands. Avevano deciso di sfruttare quello spazio finché non avessero potuto impiegare altrove gli oggetti che avevano recuperato. Taylor aveva scelto alcuni libri speciali per la propria collezione, libri che aveva amato da bambina o letto da adulta. Se avesse avuto più spazio nel suo appartamento, sarebbe stata tentata di prenderne altri. Era sempre felice di possedere nuovi libri.

Pirata sembrava aver capito che ora apparteneva a Dani ed era rimasto al suo fianco per tutto il tempo, mentre lavoravano. La loro perlustrazione degli uffici fruttò qualche altra fotografia, ma niente di veramente emozionante e quando ebbero finito di esaminarle erano tutte pronte per andare a mangiare.

«Cosa facciamo con Pirata?» chiese Whitney.

«Viene con noi» replicò Dani, come se la scelta fosse scontata. Taylor e Whitney si scambiarono un'occhiata sgomenta, ma non commentarono.

Più tardi, quando Dani aprì il bagagliaio del suo SUV e Pirata vi saltò dentro, Taylor si rese conto che la situazione non era poi così problematica. Questo finché il cane non appoggiò la testa sullo schienale del sedile accanto a lei e cominciò ad ansimarle in faccia.

Dani trovò un parcheggio libero nei pressi del Lilac Café,

dove lavorava Crystal.

«E adesso come facciamo con lui?» chiese Whitney guardando Pirata.

«Possiamo pranzare nel dehors» replicò Dani. «Lì i cani sono ammessi. Quando mi ha dato la ciotola di Pirata e il suo giocattolo preferito, Aaron mi ha detto che non solo l'ha abituato a fare i bisogni fuori, ma anche a mangiare in mensa assieme a lui.»

«Okay» tagliò corto Taylor. «Andiamo. Ho fame.»

«Non vedo l'ora di scoprire i piatti speciali di Crystal» esclamò Dani. «È da un po' che non vengo qui e lei fa sempre qualcosa di unico, per ogni stagione.»

«L'ultima volta, ho mangiato una zuppa di germogli di felce spettacolare.» Taylor avrebbe tanto voluto essere una cuoca creativa.

«Per me qualcosa di semplice» rispose Whitney, dandosi una pacca sulla pancia piatta.

«Vado a occupare un tavolo» disse Dani, mentre Pirata, al guinzaglio, annusava a terra.

«Vengo con te» rispose Whitney.

Taylor invece entrò per informare Crystal del loro arrivo.

Crystal stava servendo qualcuno al bancone, ma quando alzò lo sguardo le sorrise. Di media altezza e corporatura, con i capelli viola che quasi si abbinavano ai suoi occhi, Crystal Owens era come un luminoso raggio di sole in qualsiasi stanza grigia.

«Io e le mie sorelle ci siamo sedute fuori» le disse Taylor «e dobbiamo chiederti informazioni per adottare un cagnolino.»

«Nessun problema. Aaron Collister me ne ha già parlato. Manderò subito qualcuno a servirvi e, prima che ve ne andiate, verrò a fare due chiacchiere con voi.»

Taylor le fece un cenno di saluto e uscì, contenta che avessero scelto di sedersi fuori. Era una bella giornata, un cielo azzurro brillante le sovrastava e il dolce profumo dei lillà aleggiava nell'aria. Quando la città era diventata una zona turistica di lusso, i cittadini avevano piantato una varietà di cespugli di lillà ovunque. Quello faceva sì che, dalla tarda primavera all'inizio dell'estate, l'aria si trasformasse in un pot-pourri di essenze fiorite.

Taylor si sedette con le sue sorelle e si guardò intorno. Dall'altra parte della strada, il municipio con le assi bianche sembrava una chiesa, con le sue due ampie porte nere che accoglievano le persone all'interno. A differenza dell'edificio gemello, la Chiesa Congregazionale, in fondo all'isolato, non aveva campanile. L'edificio in mattoni rossi che ospitava la stazione di polizia si ergeva in mezzo ai due, come se non riuscisse a decidersi se proteggersi dai peccatori o mantenere la quiete in città.

Notò un uomo alto, magro e dai capelli rossi che usciva dal municipio e si prese un momento per studiarlo. Aveva in mano un rotolo di carta che sembravano progetti.

«Chi è quel figo?» chiese Dani.

La cameriera, che si stava avvicinando al loro tavolo, si fermò e seguì lo sguardo di Dani.

«Oh, quello è Quinn McPherson. Uno dei nuovi proprietari del Lilac Lake Inn. È venuto a prendere un caffè ieri e sono d'accordo, è un gran figo.»

Taylor smise di fissarlo e bevve un sorso d'acqua dal bicchiere che le avevano appena portato. La vendita della locanda si stava trasformando in un evento interessante per tutta la città.

CAPITOLO 7
WHITNEY

Whitney era seduta a mangiare la sua zuppa quando vide un'ombra sopra di sé e alzò lo sguardo. Nick era lì in piedi, in uniforme, con in braccio un cagnolino nero focato, a pelo raso.

«Ho sentito che cercavi un cane. Lei è Mindy, è un bassotto nano. Il suo padrone è morto in un incidente d'auto, un paio di mesi fa. Mi sono preso cura di lei, ma ho già due cani e questa signorina ha bisogno di un po' di compagnia femminile. È una brava cagnolina. Che ne dici, Whitney?» Le porse la cagnetta scodinzolante. Whitney non esitò nemmeno un istante prima di prenderla in braccio e stringerla a sé.

Mindy le leccò le guance e poi le si rannicchiò in grembo.

In quell'istante, Crystal uscì dal locale e le raggiunse. «Oh grazie, Nick. Hai portato Mindy.» Sorrise. «Vedo che si è già innamorata di te, Whitney.»

«È adorabile. Quanti anni ha?» chiese a Nick.

«Due anni, ha superato la fase di cucciola. Il veterinario ha tutti i suoi dati. È furba e le piace comandare. I miei due grossi retriever la seguono ovunque e, se esagerano con lei, non ha problemi a rimetterli al loro posto. È uno spettacolo divertente.»

Mindy intanto annusava il cracker accanto alla ciotola di zuppa di Whitney.

«Un'altra cosa» disse Nick. «Mindy mangia tutto ciò che le viene a tiro. È una vera pattumiera.»

«È adorabile!» Dani faticava a trattenere Pirata, che voleva disperatamente andare a conoscere la cagnetta.

Quando alla fine gli permisero di avvicinarsi, Mindy lo fulminò con un'occhiata e lui indietreggiò, con grande gioia di Whitney. Aveva bisogno di quel cane energico, non solo per sedare le voci sulla propria gravidanza, ma come degna compagna di vita.

«Se sei interessata, ti passerò tutta la sua documentazione medica, i suoi giocattoli preferiti e la sua copertina speciale» disse Nick.

«Oh, certo che mi interessa» rispose Whitney, augurandosi che i suoi ritmi di lavoro le lasciassero il tempo per un cane, mentre Mindy scodinzolava allegramente sulle sue ginocchia.

Nick si tolse il cappello. «Benissimo, allora. Ci vediamo più tardi.»

Whitney alzò lo sguardo verso di lui. «Grazie per aver pensato a me. Anche a te, Crystal. Avevo dimenticato cosa significa vivere in una piccola città, dove la gente si aiuta.»

«Forse potresti passare un po' di tempo qui, prender parte insieme a me a qualche spettacolo della stagione teatrale estiva» propose Crystal.

Dopo che Nick se ne fu andato, Crystal lasciò uscire un sospiro. «Nick e io avevamo così tante ragioni per lasciarci.»

«Con chi esci adesso?» le chiese Whitney, accarezzando la pelliccia lucida di Mindy.

«Al momento, mi tengo aperte tutte le opzioni. È molto meglio così.» Crystal le strizzò l'occhio.

Whitney ridacchiò. Ci sarebbe voluto il tipo giusto per riuscire a mettere al guinzaglio Crystal. Era come una farfalla, non riusciva a stare posata da nessuna parte per troppo tempo. Era sempre stata così.

Crystal andò a salutare altri clienti e Whitney guardò le sorelle e sorrise. «Chi avrebbe mai pensato che ci saremmo ritrovate con due cani. E tu, Taylor? Non ne stai cercando uno anche tu?»

Taylor scosse la testa. «Non finché vivrò in città.»

Dani si sporse a carezzare la testolina di Mindy. «È davvero carina. E così gioiosa. Non riesce a smettere di scodinzolare.»

Whitney prese il muso del cane tra le mani e la baciò in fronte. «Sei un tesoro, Mindy. D'ora in poi saremo una squadra, io e te.»

Mindy la fissò con i suoi occhi marroni e poi lasciò uscire un guaito di approvazione che le fece scoppiare tutte a ridere.

Di ritorno alla locanda, andarono a ispezionare gli alloggi privati di GG. Come aveva detto lei, erano stati ripuliti abbastanza bene, ma ognuna di loro si concentrò su un'area specifica, controllando le pareti, i cassetti e gli armadi per vedere se c'era qualcosa che GG o loro stesse potessero desiderare.

Nell'armadio del soggiorno, Dani trovò una piccola scatola di metallo, nell'angolo della mensola più alta.

Dallo sgabello su cui era salita, Dani la passò a Whitney. «Penso che potrei avere una chiave per aprirla. L'ho trovata nell'ufficio dietro la reception.»

Whitney posò la scatola sul pavimento e le sue sorelle la guardarono mentre provava la chiave, che entrò un po' a fatica nella serratura, ma dopo qualche tentativo girò.

All'interno, trovarono il certificato di matrimonio di GG con William Duncan e due fotografie del giorno delle loro nozze, oltre ad altre tre di GG, William e una bambina, che sapevano essere la loro madre. C'erano un atto di proprietà, una polizza assicurativa per un milione di dollari e altri documenti legali e finanziari che includevano informazioni su azioni e obbligazioni. In fondo ai fogli impilati all'interno c'era una grande busta bianca chiusa con un fermaglio metallico, con il nome di GG impresso sopra. Whitney guardò le sue sorelle e l'aprì. Dentro c'era il certificato di nascita di un bambino di nome Isaac Thomas. La madre era indicata come Lyn Thomas. Il nome del padre non era menzionato. Allegato, c'era il certificato di morte dello stesso neonato.

«Isaac Thomas? Mi chiedo chi fosse» disse Dani.

«Portiamo la scatola a GG, quando avremo finito di esaminare il magazzino» suggerì Taylor. «Qui c'è dietro una storia interessante, di sicuro. GG deve averne parecchie da raccontare.»

«C'è un sacco di storia tra queste mura.» Whitney non riuscì a reprimere un brivido. Magari non credeva ai fantasmi, ma non le piaceva ficcare il naso nel passato delle persone.

«GG ci dirà quello che deciderà di farci sapere» sentenziò Dani. «Ma, come dice Taylor, ci devono essere un sacco di storie che ci nasconde. È sempre stata una donna così indipendente.»

Si diressero verso il magazzino, seguite da Mindy e Pirata, che avevano trascorso molto tempo ad annusarsi e giocare insieme. Dani trovò delle palline da tennis in un armadietto e ne lanciò un paio ai cani che si precipitarono a riprenderle.

«Guarda cos'ho trovato!» Whitney le mostrò una maglietta lilla, con il logo del Lilac Lake Inn sul davanti. «Ce n'è una scatola intera.»

«Perfette da indossare qui» disse Dani. «GG deve averle ordinate per qualcosa di speciale. Possiamo chiedere a lei.»

«A parte queste, non vedo nessun altro effetto personale» concluse Taylor.

«Sono pronta a chiudere e tornare al B&B» affermò Dani. «Devo assicurarmi che Pirata possa dormire in camera con me.»

«Anch'io devo chiedere per Mindy» intervenne Whitney. «Nelle pubblicità, il B&B dice che accettano animali, ma non voglio fare nulla che possa mettere a rischio la mia permanenza lì. È un posto così comodo, solo a pochi passi da tutti i negozi del centro.»

«Per prima cosa, portiamo gli oggetti a GG» disse Taylor. «Per completare il compito che ci ha assegnato.»

«I cani possono stare in macchina con me» propose Dani. «Lascerò i finestrini aperti e posteggerò all'ombra. Fa abbastanza fresco e non dovrebbe essere un problema.»

«No, andate voi. Resterò io con i cani» si offrì Whitney. «Non mi sento tanto bene. Sono stanca, più che altro.»

Dani si scambiò un'occhiata con Taylor e poi la scrutò, con espressione preoccupata. «Okay, faremo in fretta.»

Whitney le osservò allontanarsi, grata di poter restare un attimo da sola. Ce l'aveva messa tutta per mantenere alto il morale, ma stava cominciando a smontarsi.

CAPITOLO 8
DANI

Dani e Taylor infilarono anche la cassettina di metallo e una delle magliette nello scatolone che già conteneva le foto e i dipinti incorniciati che avevano recuperato alla locanda e insieme lo trasportarono fino all'appartamento della nonna.

Dopo aver bussato alla sua porta, entrarono, per trovare GG seduta sul divano, in compagnia di un bell'uomo dai capelli bianchi. Una donna che doveva avere grosso modo la sua stessa età occupava una poltrona lì vicino.

«Buongiorno, mie care ragazze. Venite a conoscere i miei nuovi amici. Dailey Howell è un mio ex compagno di scuola e Betsy Norris si è trasferita di recente nella zona per stare più vicina a suo figlio.»

Dani non riuscì a trattenere un sorriso. Potevi metterla ovunque, GG si faceva sempre degli amici. Non c'era da stupirsi che fosse stata una perfetta padrona di casa, alla locanda. Amava accogliere le persone, e queste erano naturalmente attratte da lei. Persino in quel contesto, continuava a comportarsi da padrona di casa.

Dani e Taylor le baciarono la guancia, strinsero la mano agli amici di GG e spiegarono che avevano portato degli oggetti da farle visionare.

«Grazie» disse GG. «Per favore, mettete lo scatolone nell'angolo laggiù. Gli darò un'occhiata più tardi.» Dani spinse il pesante scatolone nell'angolo, fece un cenno di saluto a GG e se ne andò, contenta che non avesse fatto domande sul contenuto davanti ai suoi amici.

Tornate al B&B, Dani e Whitney chiesero a Cynthia di poter tenere i cani nelle loro stanze e, dopo un'attenta riflessione, quest'ultima acconsentì, a patto che Dani e Whitney accettassero di pagare eventuali danni. Dani si portò Pirata in camera, sistemò il suo materassino in un angolo e tirò fuori la ciotola, per poi rendersi conto che avrebbe dovuto andare al negozio di animali in città, a comprargli del cibo.

«Forza, Pirata. Dobbiamo andare a fare shopping.» Lui la guardò e scodinzolò, permettendole di metterlo al guinzaglio.

Dani bussò alla porta di Whitney e sorrise quando vide Mindy bloccarsi accanto a lei, come se volesse proteggere la donna che la sovrastava di un buon metro e mezzo.

«Sto andando a comprare il cibo per Pirata. Vuoi che ne prenda anche per Mindy?»

«Grazie, sarebbe meraviglioso.»

Si voltarono vedendo apparire Nick, in jeans e maglione nero con scollo a V, che metteva in risalto il suo corpo scolpito. Reggeva un grosso sacchetto di carta. «Whitney, ti ho portato i documenti di Mindy, cibo, snack, giocattoli e la sua copertina preferita.» Le porse il sacchetto. «Non so che programmi avevi per cena ma, se ti va, potremmo mangiare qualcosa insieme, per aggiornarci un po'. Fuori città, ha aperto da poco un nuovo ristorante, con un menu a chilometro zero. Si chiama *Fresh*. Potrebbe essere un po' più riservato di uno qui in centro.»

Dani non riuscì a trattenere un sorrisetto, quando notò che la sorella era arrossita. Whitney aveva sempre avuto un debole per Nick.

«Sembra favoloso» disse Whitney. Abbassò lo sguardo su

Mindy. «Come faccio con lei?»

«Portala con noi. Il ristorante ha un bellissimo spazio all'aperto che sarà perfetto per lei. È una specie di novità qui, accogliere turisti che viaggiano con i loro animali.»

Dani li salutò, portò Pirata al piano di sotto e lo caricò in macchina. Le piaceva l'idea di averlo attorno, dovendo passare diverso tempo al cottage, a lavorare.

Dopo aver finito di acquistare cibo e altre cosine per Pirata in un'elegante bottega locale, Dani decise di fare un tentativo con GG, se si fosse mostrata disponibile a parlare. Non voleva darle l'impressione di voler ficcare il naso in questioni private, però quell'inatteso certificato di nascita di un bambino di nome Isaac la incuriosiva.

Seduta alla guida della sua auto, compose il numero di cellulare di GG e lei rispose subito.

«Ciao, Dani. Ho avuto il tempo di dare un'occhiata alle cose che avete preso dalla locanda. Vedo che vi siete date da fare.»

«Pensavo che potrei appendere quelle foto incorniciate e quei ritratti al cottage, dopo la ristrutturazione. La scatola di metallo è una cosa che pensavamo dovessi avere. Non avevamo intenzione di ficcare il naso, ma abbiamo guardato i documenti all'interno. Abbiamo trovato i certificati di nascita e morte di un certo Isaac Thomas.»

«Ho visto che avevate aperto la busta. Non avevo idea di cosa contenesse. La tenevo al sicuro sigillata per qualcuno che mi aveva chiesto aiuto» rispose GG. «Sono certa che ci sia una storia dolorosa dietro, ma non conosco i dettagli e ormai è troppo tardi per chiedere. A proposito, Crystal è venuta a Woodlands a consegnare il dessert e mi ha detto che sia tu che Whitney ora avete dei cani.»

«Cosa? Caspita, a Lilac Lake non si può proprio avere segreti!»

«Le cose che restano segrete qui sono più uniche che rare» replicò GG. «È meglio stare all'erta, da queste parti.»

«Oh, santo cielo. Whitney esce a cena con Nick. Immagino che finirà sulla bocca di tutti. E nessuno di noi vuole pubblicità sulla sua presenza qui.»

«Qualcuno potrebbe dirlo in giro, ma presto ogni notizia viene soppiantata da un'altra. Vivere qui ha tanti aspetti positivi, ma anche altri che preferiresti si estinguessero. Ma è questo che rende la vita interessante.»

«Domani posso venire a trovarti? Mi piacerebbe parlare con te, dopo che avrò messo giù qualche idea per la ristrutturazione del cottage. Voglio chiedere a Brad o Aaron di fare un giro della casa insieme a me.»

«È fantastico che lavoriate insieme. Mi fido di loro, non solo perché so che faranno un lavoro eccellente, ma anche perché sono davvero onesti. Ti consentiranno di usare gli sconti riservati ai costruttori, per i materiali e tutto il resto. Ne abbiamo già parlato.»

«Sembra che tu stessi pianificando questa cosa da parecchio tempo» commentò Dani.

«Ci avevo pensato tempo fa, ma non pensavo che sarebbe successo così presto, o così in fretta. I tre acquirenti erano organizzati e a caccia di un buon affare, e questo ha reso le cose più semplici.»

«A proposito dei tre proprietari, sappiamo di Ross Roberts e Quinn McPherson. Chi è l'altro uomo?»

«Si tratta di una donna, Rachael McPherson. È la sorella di Quinn. Ed è ricca, come lui.»

«La trama si infittisce. Hanno esperienza nel settore ricettivo?»

«Rachael e Quinn si sono entrambi laureati alla Cornell

University, nel ramo del management alberghiero. Il padre è stato consulente di settore per diverso tempo e ha la reputazione di essere onesto. Anche i figli mi hanno piacevolmente colpita per la loro franchezza.»

«A un certo punto, sarà il caso di organizzare un incontro tra noi sei» affermò Dani. «Ma non c'è fretta. Prima, Whitney, Taylor e io dovremo prendere alcune decisioni personali.»

«Mi sembra ragionevole» disse GG. «Ora devo proprio andare. Stiamo organizzando una piccola festa di compleanno per uno dei residenti. Ci sarà anche un pianista.»

Dani la salutò, con un senso di malinconia. Stavano avvenendo così tanti cambiamenti che era difficile tenere il passo.

Trasalì, quando una lingua calda e umida le sfiorò la guancia, poi scoppiò a ridere. «Ehi, Pirata, dobbiamo tornare al B&B con la tua cena?»

Un forte latrato di approvazione spazzò via ogni dubbio sul fatto che il labrador avesse fame.

Dani portò cane e cibo in camera e Pirata rimase a fissarla con trepidazione mentre apriva il sacco di croccantini che le erano stati consigliati e gli riempiva la ciotola.

Stava ancora sgranocchiando voracemente quando Taylor bussò alla porta. «Ti va di ordinare della pizza? Possiamo mangiarla in sala da pranzo ed evitare di uscire. Non so tu, ma io sarei per una serata tranquilla.»

«Anch'io» confermò Dani. Taylor era una delle rare persone a cui non dispiaceva trascorrere la maggior parte del tempo in casa. Forse perché aveva i suoi libri e i personaggi di fantasia a tenerle compagnia. «La pizza sembra un'idea deliziosa. Voglio assicurarmi che Pirata si senta a suo agio e conosca le regole qui. È un cane intelligente, ma non è abituato a me e ai miei ritmi.»

Al suono del proprio nome, Pirata sollevò lo sguardo verso di lei e scodinzolò. Dani si chinò a coccolarlo e il movimento della coda diventò ancora più veloce.

Taylor ordinò la pizza, poi scesero con Pirata al piano di sotto, in sala da pranzo. Approfittarono del vino che il B&B offriva agli ospiti all'ora dell'aperitivo, e si versarono due calici di rosso. Non c'era nessun altro in giro, quindi si accomodarono in soggiorno.

«Come va con il tuo ultimo libro?» chiese a Taylor. «Ho l'impressione che tu ne stia sempre scrivendo uno nuovo.»

La sorella ridacchiò. «Anch'io. Ma nel mio settore funziona così. Il prossimo sarà interessante, perché ho deciso di ambientarlo in Messico. Ho dovuto fare un sacco di ricerche.» Fece una smorfia. «Ma non riesco ad andare avanti. Come molti autori, sono bloccata a chiedermi se ho la stoffa per scrivere un altro libro di successo.»

«Tesoro mio, ma certo che sì.»

«Spero che passare un po' di tempo a Lilac Lake mi aiuti ad aprire la diga, diciamo» replicò Taylor. «Trovo meraviglioso che tu sia disponibile a lavorare alla ristrutturazione del cottage, ma non mi piace pensare che lì ci siano i fantasmi.»

Dani notò l'espressione preoccupata sul volto di Taylor e sentì un moto d'amore per la sorellina. «Grazie. È dolce da parte tua, ma, davvero, andrà tutto bene.» Anche mentre pronunciava quelle parole, non poté evitare di ripensare alla sensazione inquietante di una presenza alle proprie spalle, in soffitta. «Inoltre, se questo ti fa sentire meglio, chiederò a uno dei Collister di unirsi a noi, quando andremo a esaminarlo, domani.»

«Sembrano entrambi affascinanti. E hanno lavorato

davvero bene a Woodlands» replicò Taylor. «Sono così contenta che GG li abbia già interpellati per aiutarti.»

Dani contattò la Collister Construction per chiedere se qualcuno potesse accompagnarla a fare un primo sopralluogo della proprietà e le risposero che Brad avrebbe aspettato lei e le sue sorelle davanti al cottage, alle nove del mattino seguente.

Soddisfatta che fosse tutto sistemato, Dani sorseggiò il suo vino, in attesa della pizza. E quando Pirata le diede una musata contro la mano per attirare la sua attenzione, fu ben felice di dargliela, grata per la sua presenza rassicurante.

CAPITOLO 9
DANI

Dani, le sorelle e i due cani erano già in attesa davanti al cottage quando Brad arrivò con il suo pickup rosso. Dani non fu la sola a seguirne ogni movimento, mentre scendeva e si avvicinava. Era un piacere per gli occhi, con le sue spalle larghe, la vita snella e il bel sedere.

Brad si scostò i capelli biondi dalla fronte e sorrise, gli occhi verde scuro che si illuminavano. «Immagino che siamo pronti a vedere cosa possiamo fare per questa signora cenciosa. Una volta rimessa in sesto, sarà una casa molto bella.»

Si avvicinò, tenendo in mano un blocco per appunti. «Mi piace prendere quanti più appunti possibile prima di iniziare qualsiasi costruzione. Per prima cosa, mi serve sapere come ognuna di voi progetta di utilizzare questa casa.»

Whitney parlò per prima. «Voglio potermi rifugiare qui, quando ho bisogno di prendermi una pausa da Hollywood e dal mio lavoro.»

«Immagini una casa con tutti i comfort? O un ambiente più semplice e rustico?» le chiese.

«Sicuramente con i comfort» sorrise Whitney.

«Io vorrei poter venire qui a scrivere» intervenne Taylor. «Vorrei molta luce, finestre e un ufficio confortevole.»

«E tu?» L'ultima era Dani. «Sei tu l'architetto. Cosa ne dici?»

«Voglio creare un ambiente più aperto, in modo da poter

soddisfare tutte le richieste di un rifugio speciale. Nessuna di noi aveva idea del piano di GG. Vogliamo onorare i suoi desideri, ma abbiamo tutte vite impegnate e vogliamo sentirci a nostro agio qui.»

«Quindi, avete in mente di condividere lo spazio, ma non necessariamente tutte insieme nello stesso momento?»

«A questo punto, direi di sì» disse Dani. Attese la risposta dalle sorelle e le vide annuire. Poi sollevò il blocco per appunti. «In realtà, ho buttato giù delle idee su cosa vorrei poter fare degli spazi, ma ho bisogno del tuo contributo.»

«Okay, possiamo passare a esaminarle con calma, una volta dentro» replicò Brad.

Fecero qualche passo avanti, poi Taylor non riuscì più a tacere. «Lo sai anche tu che la casa è infestata?»

Brad si voltò verso di lei. «È una vecchia diceria. Non ho paura. E tu?»

«Non passerò del tempo da sola lì dentro, finché non sarò sicura che il fantasma se ne sia andato» dichiarò.

«Se dovessi vedere qualche segno di un fantasma, te lo farò sapere.» Brad sembrava divertito. «Entrerò per primo, addirittura.» Taylor sollevò gli occhi al cielo e lui agitò un mazzo di chiavi. «Me le aveva già date vostra nonna.»

«Va bene, facciamolo» disse Dani. «Vorrei sentire i pareri di tutti. I cani dovrebbero essere al sicuro qui fuori.»

Brad fece strada fino alla porta, armeggiò con la serratura e l'aprì.

Uno soffio gelato investì il viso di Dani, che rabbrividì, ma non osò guardare Taylor. I fantasmi non si palesavano spesso come fredde correnti d'aria? Ma poteva essere solo il fresco del mattino che usciva.

Una volta dentro, Dani annunciò che voleva aprire lo

spazio, abbattendo più muri possibili. Lei e Brad studiarono le pareti al piano terra, per determinare quali fossero portanti, e poi Brad segnò quelle di cui potevano sbarazzarsi con una grande X rossa.

«Forse potremmo aggiungere un angolo lettura, in cucina, con tutte queste finestre» disse Taylor.

«Potremmo creare anche un bagno, al piano terra, vicino alla cucina?» chiese Whitney.

«Ci avevo già pensato» rispose Dani. «Ho intenzione di disegnare dei progetti e cercherò di infilarcelo. Una volta che avremo buttato giù i muri sarà più semplice. Per fortuna, possiamo liberarci di molte di queste pareti. Dovremo mantenere alcune colonne di sostegno, ma si possono mascherare in modo attraente.»

Mentre Taylor e Whitney facevano le loro ispezioni, Dani e Brad si spostarono in cucina.

«Sto pensando di rimuovere il piccolo passavivande e di abbattere quel muro» disse Dani. «Voglio che la cucina sia aperta sul resto del piano. Alla gente piace riunirsi in cucina.»

«È vero» concordò Brad. «Gli attacchi per gli elettrodomestici si trovano sulle pareti esterne, e dovranno naturalmente rimanere lì. Però potremmo creare un'isola centrale con un lavello e la lavastoviglie. Questo dovrebbe liberare un po' di spazio sulle pareti e permettervi di creare un bancone per la colazione.»

Dani si voltò a guardarlo. «Sembra che tu abbia già pensato a un paio di cose da solo.»

Lui le sorrise. «Aaron e io volevamo acquistare questo posto. Avevamo già in mente di fare diverse delle cose che hai menzionato. La struttura della casa è buona, questo è ciò che conta.»

«Anche se è infestata?» lo provocò.

Lui fece una faccia spaventata e poi scoppiò a ridere.

Di botto, una delle antine della credenza si chiuse con un tonfo. Si fissarono l'un l'altro sorpresi.

«Dobbiamo avere più rispetto per la padrona di casa» disse Brad e Dani rise insieme a lui.

«Al momento, la cucina è un cunicolo» affermò poi Brad. «Sono d'accordo. Faremo entrare la nostra squadra di demolizione per tirar giù le pareti. Dopo che avranno finito, vedremo se si trova spazio per un bagnetto al piano terra.»

«Okay» disse lei. «Diamo un'occhiata al primo piano. Penso che la soffitta potrebbe diventare una camera da letto, se riusciamo a metterci un bagno. Altrimenti, potremmo farne un ambiente in cui andare a rilassarci, o uno studio.»

Taylor e Whitney li raggiunsero.

«Abbiamo fiducia in te, Dani» esordì Whitney. «Prenditi tutto il tempo che vuoi, qui con Brad. Taylor e io torniamo a piedi alla locanda.»

«Va bene. Ci vediamo dopo» rispose lei, contenta di quel tempo extra con Brad. Per il momento, si erano trovati d'accordo su quasi tutto, ma ci teneva a essere precisa. I progetti non dovevano trascurare il lato pratico.

Al piano di sopra, sia lei che Brad concordarono che le due camerette più piccole potevano essere unificate e collegate alla terza attraverso un bagno in condivisione. La camera da letto più grande aveva già il bagno privato e andava bene, anche se entrambi i servizi avrebbero richiesto una ristrutturazione totale.

«Ora, diamo un'occhiata alla soffitta» disse Dani. «Le due finestre che danno sul davanti della casa e l'altezza del tetto la rendono uno spazio interessante.» Gli fece strada fino alla porta che si apriva sulle scale e li si fermò.

«Preferisci che vada prima io?» Brad le lanciò uno sguardo malizioso.

«Se non ti dispiace» ammise lei, grata per il suggerimento.

Lui aprì la porta e rimbalzò all'indietro, sbattendole contro. «Mi dispiace. Credo di essere inciampato.»

Dani pensò di aver visto qualcosa, una specie di movimento, solo per una frazione di secondo. Rabbrividì. Al piano di sopra, riuscirono a dare un'occhiata in giro e anche a prendere le misure delle altezze con cui dovevano lavorare.

«È uno spazio piacevole e versatile» fu il commento di Brad.

Infine, tornarono giù e uscirono sul portico. «Qui potreste dover rinforzare la ringhiera e sostituire qualche asse. A parte questo, è un angolino perfetto per rilassarsi» disse Brad.

Dani sorrise e gli mostrò uno schizzo del portico con un'amaca appesa in fondo. «Perfetto per una giornata estiva, non credi?»

«Perfetto per me» replicò lui, strizzandole l'occhio.

Lavorare con Brad era un piacere; la sua mente elaborava in fretta ed erano davvero in sintonia.

«Ci siamo, per ora?» le chiese.

«Direi di sì. Tornerò a Boston per chiedere un periodo di aspettativa e disegnare questi progetti. Dobbiamo iniziare a chiedere i permessi e ottenere dei preventivi per materiali e manodopera, da presentare a GG.»

«Aaron e io saremo qui per aiutarti, intanto che saremo impegnati alla locanda. Siamo in debito con tua nonna. Ci ha prestato i soldi per avviare l'attività, quando nessun altro lo avrebbe fatto e ci ha aiutato a ottenere il contratto per Woodlands. Siamo stati in grado di restituirle tutto, con gli interessi» aggiunse, con una nota di orgoglio.

«Avete fatto un ottimo lavoro» disse Dani. «Non c'è da stupirsi che si fidi di voi.»

«Abbiamo avuto la fortuna di ottenere alcuni progetti interessanti in tutto lo Stato e disponiamo di subappaltatori del posto, leali e affidabili, che ci supportano.»

Dani aveva lavorato con abbastanza costruttori e appaltatori per sapere che quel tipo di supporto non arrivava per caso, che era una questione di rispetto per i proprietari dell'azienda. Era contenta di lavorare con loro.

Chiamò Pirata, ma non vedendolo arrivare pensò che fosse in compagnia di Mindy e delle sue sorelle.

«Grazie per avermi concesso tutto questo tempo» disse a Brad.

Lui le fece un rapido inchino. «Il piacere è tutto mio. Penso che lavoreremo bene insieme. Sarà meglio che ci scambiamo i numeri di telefono, nel caso in cui dovessero sorgere dei dubbi.»

Dani gli porse il proprio cellulare. Lui inserì i propri contatti e lei fece lo stesso per lui.

«Ti chiamo più avanti, per sapere quando sarai pronta a iniziare. Nel frattempo, Aaron ha delle conoscenze in consiglio comunale e può darti una mano con i permessi edilizi.»

Dopo che se ne fu andato, Dani risalì in macchina e tornò alla locanda. Al suo arrivo, Pirata e Mindy le corsero incontro abbaiando e scodinzolando.

Taylor e Whitney si alzarono dai gradini del portico, dove si erano sedute, e la raggiunsero.

«Noi siamo pronte» disse Whitney. «Andiamo a pranzo, per cominciare. Poi, mentre tu parli dei progetti con GG, io mi farò un pisolino. Sto ancora cercando di recuperare, dopo quel periodo orribile a Los Angeles.»

«Verrò io con te a parlare con GG dei lavori di ristrutturazione, se vuoi» si offrì Taylor.

«Non sarà necessario, ma sei sempre la benvenuta» le rispose Dani.

«Okay, allora ne approfitterò per lavorare un po', dopo pranzo. Se non metto giù le idea abbastanza in fretta, rischio di perderle. Fin qui, non ho fatto molti progressi con questo nuovo libro.»

«Nessun problema. Com'è andata con i cani?»

Whitney ridacchiò. «È la mia Mindy che comanda. Sarà anche piccolina, ma tiene Pirata sotto controllo, come tutte le femmine forti.»

Scoppiarono tutte e tre a ridere.

Dani era seduta con le sorelle nel dehors della caffetteria di Crystal, dove i cani erano benvenuti. La sua mente vorticava ancora di idee per la ristrutturazione. Sperava grazie a qualcuna di quelle di trasformare il rustico cottage in qualcosa di unico e affascinante.

Stava masticando la sua insalata Caesar con pollo alla griglia quando vide Aaron venire verso il loro tavolo. «Posso?» chiese, indicando la sedia vuota. Poi scoppiò a ridere, quando Pirata si alzò e corse verso di lui, dimenandosi come un matto.

«Certo, accomodati» disse Whitney.

Aaron si sedette e si rivolse a Dani. «Mi è sembrato di capire che il tuo incontro con Brad sia stato un successo. È rimasto molto colpito dalle tue idee. Quando avrai pronti i primi disegni, mi piacerebbe vederli.»

«Non c'è problema. Domenica tornerò a Boston per ultimare alcune cose di lavoro, poi mi trasferirò a Lilac Lake per l'estate. Se non otterrò l'aspettativa, come spero, ho intenzione di lasciare il lavoro. Stavo già pensando di cambiare, in ogni caso.»

«Finché resti in città, potremmo avere bisogno di te per un progetto o due. Anche per aiutarci con la locanda. Può interessarti?»

Il cuore di Dani accelerò. Si mise a sedere più dritta. «Mi piacerebbe. Grazie. Ti farò sapere come va a Boston.» Quella dimostrazione di rispetto da parte di entrambi gli uomini era una bella novità per lei.

«Come va con Pirata?» Aaron gli accarezzò la testa. «È un bravo cane. Davvero dolce.»

«Gli voglio già bene» disse Dani, per poi rendersi conto che era vero. Quando le veniva incontro scodinzolando, con quel suo sorriso canino, le toccava il cuore.

Aaron quindi le salutò e rientrò nella caffetteria.

«Hai davvero intenzione di trasferirti qui?» la interrogò Whitney.

Dani annuì. In qualche modo, sentiva che fosse la cosa giusta da fare.

CAPITOLO 10
WHITNEY

Whitney era seduta nella sua stanza e cercava il coraggio per affrontare la chiamata che sapeva di dover fare. Prese un respiro profondo, poi compose il numero della sua agente e attese che Barbara Griffith rispondesse. Non più giovane, e dopo tanti anni di lavoro a Hollywood, Barbara era dura come l'acciaio. Aveva visto e sentito di tutto.

«Sì?» rispose.

Whitney prese un altro respiro profondo. «Ciao, Barbara. Immagino che tu abbia fatto in modo che tutti sapessero che Zane e io ci siamo lasciati. Lascio a te il compito di gestire qualsiasi ulteriore richiesta di informazioni. Però, come abbiamo detto, diremo solo che era arrivato il momento di andare avanti. Mi è stato di grande aiuto all'inizio della mia carriera, e gliene sarò sempre riconoscente. Non voglio rovinargli la reputazione.»

«Per quello, sta facendo un ottimo lavoro da solo» scherzò Barbara. «L'ultima è che sei incinta del suo bambino. È vero?»

«No, ovviamente» disse Whitney. «La notizia della gravidanza è una montatura, come al solito, ma è vero che ho aggiunto un nuovo membro alla mia famiglia. Ho adottato una bassottina di nome Mindy. Di' pure ai giornalisti che è l'unico nuovo arrivo in famiglia.»

«Capisco. Okay. E poi che intenzioni hai?»

«Tornerò e finirò di girare questa stagione; manca poco.

Poi, vorrei prendermi un po' di tempo per me. Puoi lavorarci? Se fanno storie, digli che allora voglio lasciare la serie. Sono stufa di cercare di nascondere il problema. Non riesco a credere che Zane non riesca a vedere cosa si sta facendo.»

«Di quanto tempo stiamo parlando?» Barbara sembrava tesa.

«Qualche mese. Sono emersi alcuni problemi familiari e voglio essere in grado di aiutare le mie sorelle.» Whitney si rese conto che era vero. Se bisognava trasformare quel cottage in un bel rifugio, lontano da Hollywood, anche lei voleva dire la sua.

«Vediamo cosa posso fare. Sei una gran lavoratrice, Whitney, altrimenti ti avrei già detto di no. Ma sei brava nel tuo lavoro e gli spettatori ti adorano. Però, ti avverto, se lasci lo show prima che siano pronti a lasciarti andare, ti farai terra bruciata attorno.»

«Lo so» rispose Whitney. «Ma devo staccare, ho bisogno di tempo per ripensare alla mia vita.»

«Okay, è una cosa seria. Parlerò con i produttori e scoprirò quando hanno programmato le riprese della prossima stagione, o se ce ne sarà una. C'è sempre la possibilità che la rete non confermi la serie. Sono passati quattro anni. Non si sa mai. In ogni caso, partiremo da lì.»

«Grazie, Barbara. Apprezzo il tuo aiuto.»

«Di niente, tesoro. Buona fortuna! Spero che tu possa rimettere in sesto la tua vita.»

«Anch'io» replicò Whitney, mentre Barbara metteva giù.

CAPITOLO 11
DANI

Dani si diresse a Woodlands, ansiosa di parlare con GG. Dopo il suo incontro con Brad, aveva stilato una lista dei lavori necessari. Una volta ottenuta l'approvazione di GG, lei e Brad avrebbero stilato un budget per il progetto. GG non aveva rivelato a quanto ammontasse il fondo per la ristrutturazione. Se fossero rimaste a corto di denaro, Dani pensava che lei e le sue sorelle avrebbero potuto fare un'integrazione.

Accostò davanti all'edificio principale di Woodlands e ne studiò le linee. Era una struttura a un piano, con rivestimento di legno grigio e modanature bianco brillante. Una fila di finestre si apriva sull'ampia facciata, per offrire agli ospiti una bella vista sui boschi e sul paesaggio colorato. La struttura poteva soddisfare le necessità degli anziani che ci vivevano, senza per questo somigliare a un ospizio.

Parcheggiò, prese la sua valigetta, salì fino all'ingresso principale e si prese un altro momento per osservare i dettagli costruttivi. Non c'erano dubbi: la Collister Construction aveva fatto un lavoro encomiabile. La cura si denotava fin nei minimi particolari. La cornice della porta non presentava antiestetiche fessure o buchi di chiodi. Il sottogronda, sotto la sporgenza del tetto, era stato opportunamente ventilato e le grondaie montate sul cornicione sembravano solide. La tinteggiatura era stata eseguita con cura; non c'era traccia della vernice della porta sul bianco panna dell'infisso. Aveva lavorato nel settore abbastanza a lungo da riconoscere un lavoro di qualità quando ne vedeva uno.

All'interno, salutò la receptionist e si avviò verso la stanza di GG.

Bussò e aprì la porta. La vide seduta sul patio, con un libro.

«Buongiorno!» le gridò, ma GG non ebbe alcuna reazione e anzi, quando Dani la raggiunse fuori, si spaventò nel trovarsela davanti.

«Ti ho chiamata, ma non mi hai sentito» si scusò.

«Il mio udito mi sta abbandonando, come tutto il resto» sospirò GG, mortificata.

Dani le diede un bacio sulla guancia. «Sono venuta a parlarti della ristrutturazione del cottage. È un buon momento?»

GG le sorrise, e di colpo sembrò molto più giovane. «È sempre il momento perfetto per parlare con te.»

Dani accostò una poltrona alla sua, si sedette e aprì la valigetta. «Prima di tutto, voglio ringraziarti per il tuo generoso dono. Whitney, Taylor e io abbiamo parlato dell'importanza del tempo che abbiamo trascorso con te alla locanda. Se devo essere sincera, per me è stata una via di fuga poter venire qui ogni estate, lontana dalle pressioni che subivo a casa.»

GG le prese la mano. «Lo so, cara. Per me, le visite estive delle mie nipoti erano il momento clou di ogni anno. Poter trascorrere del tempo con voi, vedervi crescere e diventare delle donne belle e capaci è stato davvero un dono. Ecco perché ho voluto dare a te e alle tue sorelle la stessa opportunità, un giorno. Questo mi consente anche di rispettare la promessa fatta a mio padre, di tenerci più terra possibile.»

«Be', e noi siamo le fortunate che trarranno beneficio dalla tua promessa» disse Dani. «Ora parliamo del cottage. Ha un sacco di potenziale. Non potremmo chiedere una posizione migliore, una vista più spettacolare.»

«L'ho sempre pensato,» confermò GG «ma dopo la morte di Addie Maynard non ce l'ho più fatta ad andarci. Mi sono sempre chiesta se avrei potuto salvarla, ma a quel tempo io trascorrevo l'inverno altrove, e pensavo che fosse ben accudita.»

«Tu credi che infesti la casa? Taylor è convinta che il suo fantasma sia ancora lì.»

«Non so cosa credere» rispose GG con franchezza. «Sai come la gente di provincia tende a inventare storie su cose come questa. Tuttavia, la logica dice che i fantasmi non esistono.»

«Ma tu non hai soggiornato più in quella casa» disse Dani.

«No, ho capito che non avrei potuto gestire la locanda in modo efficiente se non mi fossi trasferita lì e non fossi stata disponibile per i miei ospiti. A loro piaceva la certezza di trovarmi, se avevano bisogno di qualcosa. Questo è sicuramente uno dei motivi per cui un tempo le cose andavano così bene. Ora, la locanda ha bisogno di essere ristrutturata e di un gruppo più giovane ed energico per gestirla. Come te, vogliono apportare dei cambiamenti. Penso che dovrebbero. Come la casa, anche la locanda ha una buona struttura e può essere resa più efficiente dal punto di vista energetico e modernizzata, a meno che non decidano di abbatterla.»

«Hai parlato con loro dei cambiamenti?» chiese Dani.

GG annuì, con uno scintillio negli occhi. «Oh, sì. Una delle condizioni della vendita era che approvassi in linea generale i loro progetti. Hanno il denaro per trasformarlo in un resort di lusso e hanno tutte le intenzioni di fare una cosa di buon gusto.»

«Questo è importante.» Dani era sollevata. Anche se il cottage e il terreno che GG aveva offerto a lei e alle sue sorelle non facevano parte della locanda, sarebbero stati vicini di casa.

«Cosa mi hai portato? Qualcuna delle tue idee?» GG si sporse in avanti con impazienza.

Dani tirò fuori la lista che aveva stilato. «Abbiamo intenzione di trasformare il piano terra in un unico spazio aperto, con angoli e nicchie adatti al lavoro di noi tre. Per Taylor, significa un piacevole spazio di scrittura in cucina. Whitney vuole un angolo tranquillo per leggere sceneggiature o fare altro lavoro.»

«E tu?» chiese GG.

Dani giunse le mani. «Ho deciso di prendermi un periodo di aspettativa, oppure di dimettermi. Potrei anche finire per collaborare con la Collister Construction. Tornerò a Boston, parlerò con il mio capo e da lì deciderò cosa fare. Sono stanca di non ricevere il riconoscimento che merito.»

Gli occhi azzurri di GG la studiarono. «Brava. Penso che sia saggio cercare sempre di crescere nel proprio lavoro. Se questo incarico ti offrirà questa opportunità, ne sarò davvero molto felice.»

«Grazie» disse Dani. «Avevo bisogno di iniziare qualcosa di nuovo.»

Esaminarono la lista, passando da un locale all'altro.

«E la soffitta?» chiese GG.

«Sia Brad che io pensiamo che potrebbe essere trasformata in uno spazio meraviglioso per lavorare e trascorrere del tempo piacevole. L'esposizione a nord mi fornirebbe un'illuminazione eccezionale per disegnare i miei progetti e la vista potrebbe essere utile a Taylor mentre scrive.»

«Ma?»

«Ma voglio essere certa che non ci siano fantasmi, prima di completare quella stanza. Faremo la soffitta per ultima.»

«Quindi, ora credi ai fantasmi?» GG inarcò le sopracciglia per la sorpresa.

«Come te, razionalmente non ci credo. Ma mi ritrovo a pensare di aver visto o sentito cose che non ci sono. La mia immaginazione mi sta giocando brutti scherzi.»

«Odierei l'idea che il cottage fosse infestato.» GG guardò l'orologio. «È l'ora del tè. Mi fai compagnia?»

«Magari un'altra volta. Devo vedere Brad per una cena veloce, per fare una prima stima dei costi.»

«Quando avrete fatto, ti parlerò dei fondi che ho messo da parte» disse GG. «Accompagnami nella sala da tè e poi ti lascerò andare.»

Dani attese, mentre GG si rinfrescava e prendeva il telefono. Poi si incamminarono insieme verso la sala da tè, dove GG ricevette diversi inviti da altri tavoli.

Lasciarla tra amici le rese più facile andar via.

Quella sera, Dani si fece una doccia e indossò un paio di pantaloni neri e una maglia blu che metteva in risalto l'azzurro dei suoi occhi. Si disse che era solo un incontro di lavoro, ma sapeva di mentire a se stessa. Brad e il fratello Aaron la intrigavano. A differenza degli uomini che lavoravano allo studio, non si atteggiavano come se ne sapessero più di lei di edilizia e di come si realizza un progetto. Erano umili e educati.

Diede la pappa a Pirata e poi lo consegnò a Whitney, che aveva intenzione di ordinare cibo cinese in camera. Ora che avevano l'opportunità di fare di Lilac Lake la loro casa speciale, Whitney non voleva che nessun altro venisse a saperlo. Aveva detto a Dani e Taylor che sarebbe partita quel lunedì mattina e sarebbe tornata in California, ma che ci sarebbe rimasta solo finché le riprese avessero richiesto la sua presenza.

Dani aveva dato appuntamento a Brad da *Jake's Bar and Grill*, uno dei ritrovi più amati dalla gente del posto. Vi si avviò con entusiasmo. Situato proprio al centro di Main Street, era il tipico bar di una piccola città. All'interno, le pareti erano ricoperte di legno scuro, diversi televisori in punti strategici trasmettevano gli eventi sportivi e d'inverno un bel camino acceso aiutava a riscaldare l'atmosfera. Ricordava che, in autunno, sia le partite di football del sabato che quelle della domenica attiravano un sacco di gente. E sebbene scattassero divertenti rivalità tra i tifosi delle varie squadre, quelli dei Patriots erano i più numerosi.

Le ci volle un attimo perché gli occhi si adattassero alla penombra, venendo da fuori, dove c'era ancora il sole.

«Da questa parte» Brad si era alzato in piedi. Dani si fece strada tra gli avventori per raggiungerlo e lui si spostò per permetterle di accomodarsi sulla panca all'interno del séparé. Dani fissò la coppia seduta di fronte a lei. L'uomo aveva un viso piacevole, capelli castani che mostravano qualche ciocca grigia sulle tempie e un sorriso amichevole. Accanto a lui sedeva una donna più o meno della sua età, con capelli e occhi castani.

«Ho pensato che dovessi conoscere Garth Beckman e sua moglie, Bethany» disse Brad. «La famiglia di Garth è proprietaria dei Legnami Beckman. Noi lavoriamo esclusivamente con loro. Ci aiuteranno a decidere di quale legname e altri materiali avremo bisogno.»

«Favoloso» esclamò Dani, compiaciuta.

«Io gestisco il negozio di articoli da regalo dell'azienda» la informò Bethany. «Potresti trovarci cose interessanti, quando arriverà il momento di decorare gli interni.»

«Grazie. Abbiamo appena iniziato ad abbozzare il progetto, ma buono a sapersi» replicò Dani.

«Cosa bevi?» le chiese Brad.

Dani diede un'occhiata alle birre davanti agli uomini e alla Coca-Cola davanti a Bethany. «Vorrei un calice di Pinot Noir.»

Brad fece un cenno alla cameriera, che si avvicinò subito. «Sì, Brad?»

«Porteresti un Pinot Noir per la mia... ospite?»

L'avvenente giovane cameriera squadrò Dani e poi disse: «Per te qualsiasi cosa, Brad.»

Dani notò che Bethany aveva sollevato gli occhi al cielo e trattenne una risata.

Poi la donna le fece l'occhiolino. «Sei davvero una calamita per le ragazze, Brad.» Quella volta, Dani non riuscì a non ridacchiare.

Brad sbatté le palpebre e le sue orecchie avvamparono. «Non sono pronto per uscire con qualcuno.»

Bethany tornò seria. «Ti stavo solo prendendo in giro. Sai quanto ti vogliamo bene, io e Garth.»

Lui annuì, ma non replicò. Si limitò a bere un sorso di birra.

Dani lanciò a Bethany uno sguardo interrogativo.

«La moglie di Brad è morta di cancro due anni fa e tutte le donne della città pensano che sia arrivata l'ora che lui ricominci a frequentare qualcuno.»

Dani si voltò verso di lui. «Mi dispiace per la tua perdita.»

Il ritorno della cameriera con la sua ordinazione chiuse la conversazione.

Dani prese il calice e lo sollevò. «Ai nuovi amici.»

Bethany sollevò il bicchiere. «Non posso bere alcolici, con un bambino in arrivo, ma sono felice di brindare a te, Dani. Sono contenta che ci siamo conosciute. Adoriamo tua nonna, come tutti quanti in città. Hai intenzione di trascorrere molto tempo a Lilac Lake?»

«Conto di trasferirmi qui il prima possibile, per occuparmi del cottage, e spero di trovare qualche opportunità di lavoro che mi consenta di rimanere più a lungo.»

«Lei lavora per un grosso studio di Boston» spiegò Brad. «Se riusciamo a convincerla a restare, sarà un colpo di fortuna per tutti noi. Il mercato immobiliare nella zona è in forte espansione.»

Gratificata dall'accoglienza e dalle belle parole di Brad, Dani si accomodò meglio sulla panca. Quel genere di opportunità non capitava tutti i giorni, ed era sempre più dell'idea di coglierla.

Chiacchierarono ancora per un po', poi la cameriera tornò per prendere le ordinazioni per la cena. Entrambi gli uomini ordinarono il piatto speciale del bar: hamburger con bacon, formaggio e salsa messicana piccante. Bethany optò per una frittata vegetariana e Dani per un club sandwich al tacchino.

Tra una chiacchiera e l'altra, Dani venne a sapere che Garth e Brad avevano frequentato insieme il liceo e poi l'Università del New Hampshire. Notando il grigio prematuro nei capelli di Garth, si rese conto che, anche se Brad non aveva fili grigi mescolati ai capelli chiari, avrebbe potuto avere più anni di quanti gliene dava. Il pensiero che fosse in lutto per la morte della moglie le fece provare un improvviso moto di compassione per lui. La vita era imprevedibile e trovarsi lì seduta a Lilac Lake con quei nuovi amici ne era la prova.

CAPITOLO 12
TAYLOR

A Taylor non dispiaceva restare a casa con Whitney e i cani. Anche se erano sorelle, Taylor era sempre stata una sua fan. In un certo senso, la serie *The Hopefuls*, poteva essere la storia vera del percorso di Whitney. Taylor sapeva quanto fosse difficile entrare nel mondo dello spettacolo e non poteva fare a meno di paragonarlo all'industria editoriale.

Altri autori più affermati le avevano consigliato: "Scrivi di ciò che ami, scrivi con il cuore". E lei aveva continuato a farlo, raccogliendo sempre più lettori lungo la strada. Era felice del proprio successo, ma scrivere era un'occupazione solitaria e sentiva sempre più pressione per produrre. In quel momento, doveva trovare il modo di superare il blocco dello scrittore. Sperava che dopo la ristrutturazione del cottage sarebbe potuta rimanere nel New Hampshire e continuare a scrivere lì. Solo una cosa poteva impedirglielo, ed era il fantasma. Prima di poter vivere in quella casa, avrebbe dovuto essere certa che se ne fosse andato.

«Che ne dici, Taylor?» le domandò Whitney. «Credi che Mindy se ne starà buona dentro questo trasportino per tutto il viaggio fino in California?» Cynthia aveva accettato di prestarle il trasportino approvato dalla compagnia aerea, e avevano insegnato a Mindy a stare lì dentro, sulla sua copertina preferita.

«Anche se ce l'hai da poco tempo, si è già affezionata a te.

Penso che finché potrà vederti e sentirti, andrà tutto bene.»

«Devo riuscire a far funzionare le cose tra noi,» disse Whitney «altrimenti non riuscirò a far cessare i pettegolezzi sulla gravidanza. Dopo aver visto quanto è carina Mindy, i giornalisti e i fan potrebbero credere alla mia storia sulla partenza improvvisa da Los Angeles per riflettere sulla rottura e per adottare un cane da un'amica. A chi non piacerebbe la storia di un nuovo amico a quattro zampe per curare un cuore spezzato? Non dirò di più, altrimenti inizierebbero a scavare.»

«Stare sotto i riflettori dev'essere orribile» disse Taylor. «Anche se qualcuno conosce il mio pseudonimo, Taylor Castle – non così tanti in realtà – a nessuno importa molto della mia vita. Vogliono solo un altro libro.»

«Grazie. So che a volte ti ho trattato come una fastidiosa sorella piccola, ma ti voglio bene. Sul serio.»

Taylor si sentì riscaldata da quelle parole, ma anche un po' triste. Tutti pensavano che fosse felice del suo lavoro e dei personaggi che creava. Era vero, ma stava iniziando a sentire il peso della solitudine.

CAPITOLO 13
DANI

Dopo cena, Dani strinse la mano a Garth e Bethany. «Grazie mille per aver trovato del tempo per venire a conoscermi. Non vedo l'ora di lavorare con voi.»

«Non dimenticarti che hai promesso di venirmi a trovare al negozio. Abbiamo un sacco di cose carine che potrebbero piacerti, più avanti» disse Bethany, accarezzandosi la pancia. Lei e Garth avevano detto di essere molto emozionati per il bambino in arrivo. Nel silenzio che era seguito, Dani aveva notato un velo di tristezza negli occhi di Brad e aveva pensato che sentisse la mancanza della moglie.

Dopo che Garth e Bethany se ne furono andati, Brad si voltò verso di lei. «Posso riaccompagnarti al B&B?»

«Mi farebbe molto piacere» rispose Dani. Per tutto il tempo che avevano trascorso insieme, aveva sentito un'attrazione invisibile, un filo che la legava a Brad, perciò voleva conoscerlo meglio.

Passeggiarono con calma, godendosi la sera d'estate. «Mi dispiace per tua moglie» Dani ruppe il silenzio. «Il cancro è una malattia orribile e lei era troppo giovane per morire.»

«Prova a dirlo al grande Capo lassù» mormorò Brad. «Non c'è stato modo di salvarla, per quanto ci abbiamo provato tutti.»

Dani rimase in silenzio. Quando raggiunsero il B&B, Brad la ringraziò.

«Per cosa?» chiese lei.

«Per non aver insistito su mia moglie e su quanto io debba sentirmi solo. In molti pensano che sia quello che voglio sentirmi dire, ma non è così. Il passato è passato. Sto facendo del mio meglio per andare avanti, non c'è altro da dire. Non fraintendermi, sono grato a tutti quelli che si sono stretti attorno a me, in città, ma devo fare le cose a modo mio, con i miei tempi.»

Dani sorrise. «Mi ricordi me quando parlo con mia madre. Non riesce a capire perché non mi sistemi. Lo farò quando sarò pronta.»

«Capisco» disse Brad studiandola pensieroso. «Mi ha fatto piacere cenare con te. So che riusciremo a lavorare bene insieme. Buonanotte.»

Rimasero lì per un istante a fissarsi, poi Brad si voltò e se ne andò.

Dani rientrò al B&B. I suoi pensieri su Brad furono interrotti bruscamente da Pirata, che arrivò di corsa dalle scale per accoglierla.

Taylor veniva subito dietro di lui. «Com'è andata con Brad?»

«Bene. Mi ha presentato a Garth e Bethany Beckman. La famiglia di Garth è proprietaria del deposito di legname e lavorerà con noi per calcolare i costi della ristrutturazione. Ci farà anche uno sconto sul legno e gli altri materiali di cui abbiamo bisogno. Sua moglie Bethany è molto simpatica, e ha appena scoperto di essere incinta.»

«Chi è incinta?» chiese Whitney raggiungendole.

Dani raccontò alle sorelle di Bethany e del suo negozio. «Dice che ha un sacco di belle cose e che dobbiamo andare a dare un'occhiata.»

«Sembra divertente» dichiarò Taylor. «Magari ci farò un salto la prossima settimana. Visto che Whitney parte per la California e tu per Boston, ho deciso di restare qui finché non tornate. In questo modo, se qualcuno ha delle domande da farci, troverà me.»

«Grazie» disse Dani. «Non so quanto tempo mi ci vorrà per sistemare le cose e poter tornare qui.»

Si spostarono nella sala da pranzo. Mentre Dani si versava una tazza di caffè caldo, Whitney e Taylor si accomodarono a uno dei tavoli. Dani le raggiunse, pensando che doveva capire meglio chi di loro sarebbe stata presente durante la ristrutturazione.

«Quanto tempo conti di rimanere in California?» chiese a Whitney.

Lei scosse la testa e sospirò. «Devo concludere le riprese di questa stagione. Poi si tratta di aspettare e scoprire se la rete confermerà la serie. Al momento, siamo in bilico. Questo mi darà un po' di tempo, prima di dover prendere la decisione definitiva se restare o meno.»

«Okay, se bisogna prendere delle decisioni importanti, possiamo parlarne al telefono. Ma, in generale, sei d'accordo sui lavori di cui abbiamo parlato fin qui, giusto?»

«Sì. Grazie per esserti assicurata che fossimo tutte soddisfatte.»

Dani le diede un rapido abbraccio. «Se a voi due va bene, tornerei a Boston domani.»

«In questo caso, posso chiederti un passaggio? Ho prenotato un volo serale per la California. Non ho potuto prendere un aereo prima, per via di Mindy» disse Whitney.

«E lei dov'è, ora?» chiese Dani.

«Di sopra, nel mio letto. Adora dormire accanto al mio cuscino.»

«Per fortuna, Pirata è troppo grosso» dichiarò Dani, ma notò i sorrisi furbi sui volti delle sue sorelle. «Perché sogghignate?»

«Non credo che sarà entusiasta di dormire sul pavimento» disse Taylor. «Era lì che dormiva accanto a Mindy, prima che arrivassi tu.»

«Ne parleremo, vero, Pirata?» Dani gli fece i grattini dietro le orecchie che gli piacevano tanto. Era un altro motivo per cui aveva in programma di rimanere a Lilac Lake per l'estate. Per il suo cane, era casa.

La mattina dopo, Dani si alzò presto e andò a fare jogging, portandosi dietro Pirata. Percorrendo di corsa i marciapiedi della città si guardò attorno e ammirò il paesaggio, sempre più felice all'idea che avrebbe vissuto lì per qualche mese.

Quando tornò al B&B, trovò Whitney e Taylor nella sala da pranzo.

«Ho già fatto i bagagli, perciò quando sei pronta possiamo andare» disse Whitney. «Non vedo l'ora di tornare a casa e finire quel che devo. Solo allora potrò tornare qui. Sarà l'unico pensiero che mi farà andare avanti.»

«Mi preparo in un attimo» assicurò Dani. «In ufficio non si aspettano di vedermi prima di domani, ma ho pensato di andarci oggi e mettere le cose in chiaro.»

Si prese una tazza di caffè da portarsi in camera e chiamò Pirata. Cynthia aveva promesso di tenerle una stanza per il suo ritorno.

Dopo aver salutato Whitney all'aeroporto Logan, con qualche lacrima e la promessa di sentirsi spesso, Dani tornò al suo appartamento, nell'antico quartiere di Leather. La zona era ideale per lei perché da lì poteva andare in ufficio a piedi.

Parcheggiò la macchina sul retro del condominio e guidò Pirata al guinzaglio fino all'ascensore. Quando le porte si aprirono, lui le rivolse uno sguardo perplesso, ma la seguì all'interno senza fare storie. Raggiunto il secondo piano, lo fece entrare nell'appartamento. Il cane si guardò intorno e poi, con il naso a terra, fece un'ispezione approfondita dei locali.

Divertita, Dani si ritrovò a guardare l'appartamento con occhi nuovi. Era fortunata ad averlo trovato. Due camere da letto, un piccolo studio, un bagno padronale e uno di servizio, e una cucina moderna con una piccola lavanderia... un'occasione più unica che rara. Tuttavia, se ne fosse valsa la pena, sarebbe stata disposta a venderlo.

Prima di uscire, si assicurò che Pirata avesse i suoi giocattoli preferiti e gli riempì la ciotola dell'acqua. «Torno presto. Fai il bravo» lo salutò, con una carezza sulla testa.

Mentre camminava verso l'ufficio, ripensò alla sua corsa mattutina. Amava Boston; era una delle sue città preferite. In quel momento, però, gli edifici le sembravano freddi e poco accoglienti.

Raggiunse la sede dello studio e prese l'ascensore fino al nono piano, che offriva una bella vista sulla città e sul porto.

La receptionist, una dolce signora matura, la salutò. «Sono tutti nella sala riunioni più piccola.»

«Oh, grazie» Dani, chiedendosi perché nessuno l'avesse informata di quella riunione.

Quando entrò nella stanza, la conversazione si interruppe di colpo.

«Che ci fai qui?» chiese Frank Crespo, la sua nemesi in ufficio, ancor peggio di Jeremy, il suo ex. «Pensavo fossi fuori città.»

«Sono rientrata prima.» Scrutò le persone nella stanza. «Cosa mi sono persa?»

«Stiamo per fare un'offerta per un nuovo progetto a Providence, nel Rhode Island» la informò Frank. «Me ne occupo io.»

«Capisco» disse Dani. Chiaro che non era stata avvisata della riunione, Frank aveva fatto del suo meglio per escluderla. «È tutto tuo.»

Tornò nel proprio ufficio e si sedette a guardare il panorama dalla finestra, immersa nei pensieri. Ancora una volta, Frank stava cercando di tagliarla fuori dai progetti migliori, e gli altri glielo permettevano senza battere ciglio. Essere l'unica architetto donna in ufficio aveva sempre avuto le sue sfide, ma era stanca di venire discriminata. Tutto era fatto in modo molto sottile, ovviamente, finché non si arrivava a un'azione eclatante, come l'ultima. E sempre, con la silenziosa complicità di tutti.

Tempo prima, si era confidata con GG, raccontandole la situazione. Si chiese se quella non fosse un'altra delle ragioni per cui la nonna aveva fatto la sua mossa così in fretta: intendeva proteggere le sue nipoti. Aveva offerto a tutte loro un'enorme opportunità di cambiare per il meglio le loro vite.

Prese un respiro profondo e iniziò a buttare giù una lettera di dimissioni. Non si sarebbe limitata a chiedere un periodo di aspettativa, avrebbe lasciato lo studio. Aveva un ottimo rapporto con vecchi e nuovi clienti e una solida esperienza di nuove costruzioni e ristrutturazioni. Le sarebbe stato facile trovare lavoro in un altro studio, se l'avesse voluto. Ma, per il momento, c'era una vita più bella e semplice che l'aspettava a Lilac Lake.

Mentre finiva di scrivere, Herb Watkins, il socio

amministratore dello studio, bussò alla sua porta.

Gli fece cenno di entrare e si alzò per andargli incontro.

«So che sei arrabbiata» esordì lui.

Dani lo bloccò con un gesto. «Sono venuta qui oggi solo per parlarti dei miei piani futuri.» Gli tese la lettera di dimissioni. «Sto lavorando a un progetto di famiglia per mia nonna, a Lilac Lake. Dopo averci riflettuto bene, ho deciso di dare un taglio netto. Anche se ho imparato molto qui e ne sono grata, per me è arrivato il momento di mettermi in proprio.»

Il capo la studiò. «Capisco. Anche se ci mancherai, l'importante è che tu sia felice. Quando pensavi di lasciarci?»

«Vorrei farlo il prima possibile. Al momento, non sto seguendo alcun progetto» aggiunse, incapace di nascondere un tono amaro.

«Va bene. Diciamo alla fine della settimana, allora. Questo ci darà il tempo di assicurarci che sia tutto in ordine. Hai firmato un patto di non concorrenza, ma se stai lavorando a un progetto personale non sarà un problema.»

Dani si sentì invadere da un'ondata di gelida rabbia. «Vorrei anche vedere. Sono sicura che sei a conoscenza dei mei problemi, qui in ufficio. La riunione di oggi ne è il tipico esempio.»

Si fissarono per un attimo e poi il capo distolse lo sguardo. «Come ho detto, non faremo storie per la tua scelta di andartene. Hai talento, Dani, e ti auguro davvero il meglio.»

Dani lo guardò andare via, provando un misto di rabbia e delusione. Non aveva nemmeno provato a convincerla a restare. Poi la rabbia fu sostituita da un senso di libertà e sollevò il pugno in aria. *Via, verso una nuova vita!*

###

La settimana volò via in un vortice di attività. Ripulì l'ufficio e il computer dalle sue cose e passò in rassegna tutti i lavori che aveva svolto per lo studio, assicurandosi di non aver lasciato indietro nulla. Una sera, uscì con le sue tre migliori amiche per un aperitivo e una cena al *Grill 23*, uno dei loro locali preferiti. Trascorse più tempo possibile con Pirata, portandolo fuori tre volte al giorno.

Finalmente fu venerdì, il suo ultimo giorno di lavoro. Durante la settimana, alcune persone l'avevano presa da parte per dirle quanto fossero dispiaciute per la sua partenza, ma solo quel pomeriggio l'intero ufficio si riunì per salutarla con un piccolo rinfresco.

Quando il capo si fece avanti e le porse una busta con due biglietti aerei per Parigi, Dani non riuscì a ricacciare indietro le lacrime. Aveva parlato spesso del suo desiderio di ammirare le splendide architetture europee. Malgrado tutte le frustrazioni, in quello studio aveva vissuto anche dei bei momenti.

Ciò nonostante, quando lasciò l'ufficio per l'ultima volta, sapeva che stava facendo la cosa giusta.

CAPITOLO 14
DANI

Dani esaminò l'intero guardaroba e mise in valigia solo cose sportive. Avrebbe avuto bisogno di jeans, camicie da lavoro, canottiere, scarponi da trekking e altri capi che le avrebbero permesso di essere comoda, al lavoro. Prese anche qualcosa di più elegante per la sera. Lasciò indietro, senza rimpianti, i suoi abiti da ufficio, per lo più tailleur, gonne e abiti seri, e fece le valigie con entusiasmo per quella che considerava la sua nuova vita. Per il momento, non avrebbe fatto nulla con l'appartamento. Forse più avanti l'avrebbe affittato o, addirittura, venduto.

Pirata le stava alle costole e di tanto in tanto le lanciava uno sguardo afflitto.

Gli strofinò le orecchie. «Non preoccuparti, Pirata, tu vieni con me.»

Mentre stava chiudendo le valigie, il suo cellulare squillò. *Sua madre.*

«Ciao, mamma. Come stai?» chiese, preparandosi per la profezia negativa che di sicuro aveva in serbo per lei.

«Sto bene, ma sono preoccupata per te. Ho parlato con la nonna e mi ha detto che ti vuoi trasferire a Lilac Lake per l'estate. E il tuo lavoro? È uno studio prestigioso e dubito che riuscirai a trovare un'offerta migliore altrove.»

Dani prese un profondo respiro e lo lasciò uscire piano. «Ero molto infelice nello studio; ho capito che, per quanto mi sforzassi, non sarei mai stata uno dei "ragazzi". Mi sono dimessa e ho deciso di prendermi l'estate per decidere cosa voglio fare dopo.»

«Oh, Dani, pensavo che te la stessi cavando bene. Forse è ora di tornare da noi ad Atlanta e stabilirti qui. Sai che ne sarei felice.»

«Mi piacerebbe.» Dani lo disse solo per educazione: trasferirsi ad Atlanta non sarebbe mai stata un'opzione. Non finché ci avesse tenuto alla propria salute mentale. «Ma sono davvero entusiasta dell'opportunità di supervisionare la ristrutturazione del cottage del custode, alla locanda. GG l'ha regalato a Whitney, Taylor e me, perché restasse in famiglia. Verrà bellissimo.»

«Ma chi potrai mai incontrare, laggiù in campagna?»

«Dimentichi che Lilac Lake è diventata una località turistica di lusso. Inoltre, incontrare qualcuno non è tra i miei attuali obiettivi.» Il pensiero volò a Brad.

«E ho sentito che tu e Whitney vi siete prese un cane. Siete impazzite, tutte e due?» insisté la mamma. «La povera Whitney deve avere già abbastanza grattacapi, senza doversi occupare anche di un cane. E tu? Dove lo terrai un cane a Lilac Lake, se la casa non è abitabile?»

«Cynthia Anders del B&B mi ha dato il permesso di tenermi Pirata in camera. È molto educato.»

«Pirata? Oh, santo cielo, non riesco a stare al passo con voi ragazze. Non capisco perché dobbiate vivere così lontane. Immagino che tuo padre e io dovremo fare un viaggio nel New Hampshire quest'estate.»

«Sarebbe divertente, mamma» disse Dani. Voleva bene a sua madre; semplicemente non aveva bisogno dei suoi consigli. «Magari potreste soggiornare alla locanda. Da quel che ho capito, i tre nuovi proprietari la ristruttureranno, ampliandola, per restituirle un po' del suo antico splendore.»

«Vorrei proprio vederla» dichiarò sua madre. «Okay, tesoro, ne riparliamo più avanti. Ti voglio bene.»

«Ti voglio bene anch'io.» Dani si affrettò a chiudere la chiamata, prima che alla mamma venissero altre idee.

Le ci vollero diversi viaggi per caricare il SUV, ma con gioia riuscì a infilarci anche un po' di attrezzatura sportiva. Quell'estate non sarebbe stata tutta lavoro e niente svago.

Sulla strada del ritorno verso Lilac Lake, Dani provò la confortante sensazione di essere diretta a casa. Quell'emozione si fece ancora più intensa quando Taylor corse fuori dal B&B ad accoglierla. Si abbracciarono e poi la sorella la aiutò a portare dentro i bagagli, mentre Pirata saltellava tutt'attorno, come se anche lui avesse capito di essere di nuovo a casa.

Dopo che ebbero portato i bagagli in camera, Taylor propose di andare a trovare GG. «È tutta la settimana che aspettiamo di rivederti e lei vuole che le racconti delle tue dimissioni, nei dettagli. Sei stata davvero coraggiosa.»

«Più furba che coraggiosa» replicò Dani, di nuovo arrabbiata al pensiero che le era stata negata la possibilità di farsi un nome in quello studio.

Poco dopo, era in strada verso Woodlands, insieme a Taylor e a Pirata, felice che la struttura consentisse ai cani socievoli di accedere, per la gioia di tutti gli ospiti.

Pirata rimase al suo fianco, mentre entravano nell'edificio, per poi allontanarsi verso una mano tesa che non vedeva l'ora di coccolarlo. Incantata, Dani lo seguì, mentre salutava gli altri residenti, e poi lo portò con sé nella stanza di GG.

GG li accolse con sorriso radioso. «Oh, le mie ragazze. E c'è anche Pirata. Che piacere vedervi. Venite qui a sedervi e a fare due chiacchiere.» Diede un colpetto al cuscino del divano accanto a sé e poi indicò la vicina poltrona. Taylor le si accomodò accanto, mentre Dani scelse la poltrona. Pirata si allungò ai piedi di GG.

«Ora, Dani, devi raccontarmi di come ti sei dimessa dallo studio» Negli occhi di GG passò un lampo di gioia. Dani sapeva che la nonna aveva sempre pensato che non le dessero il giusto valore, in ufficio.

Raccontò come erano andate le cose e poi si lasciò andare contro lo schienale. «Sono contenta della mia decisione. Voglio occuparmi della ristrutturazione del cottage e poi magari collaborare con la Collister Construction.»

«Brad e Aaron sono venuti a trovarmi, mentre eri via. Sono ansiosi di lavorare con te al cottage e mi hanno detto che potrebbero chiederti aiuto per la ristrutturazione della locanda. I proprietari hanno già elaborato dei progetti, ma loro vorrebbero il tuo aiuto per ritoccarli.»

«Mi piacerebbe. Immagino che abbiano pensato a me perché sono disponibile a fare sopralluoghi sul posto.»

«Sì, qualcosa del genere» disse GG, rivolgendole un sorriso particolarmente lento a svanire. «Brad mi ha detto che ha cenato con te e ti ha presentato Garth e Bethany Beckman. Una coppia adorabile. Ho sempre avuto un debole per Brad. La morte della moglie, così giovane, è stata una vera tragedia, ma penso che lui sia pronto ad andare avanti.»

Dani scosse la testa al sorrisetto malizioso di GG. «Sono d'accordo, è molto carino. Tuttavia, c'è già un esercito di donne in città che ha messo gli occhi su lui. La cameriera di

Jake, per esempio.»

«Deanna, dici? È disperatamente a caccia. L'ho già vista in azione» intervenne Taylor. «Mentre tu non c'eri, mi è capitato spesso di prendermi un'insalata da Jake e portarmela al B&B. Mi viene comodo, mentre lavoro al nuovo libro.»

«Dato che resterò per un po', ho pensato che potrei affittare un appartamento» disse Dani. «Sarà più facile con Pirata e così anche noi ragazze potremmo avere più privacy.»

«Ti aiuterò nella ricerca» approvò Taylor, sistemandosi una ciocca di capelli scuri dietro l'orecchio. «Ho deciso di passare anch'io l'estate qui, a parte un paio di viaggi che dovrò fare a New York. Non appena troveremo un posto, tornerò in città per fare i bagagli.»

GG giunse le mani. «Mi rende così felice vedervi qui e sapere che vi occuperete della proprietà. Mantenere le promesse fatte alla famiglia può risultare difficile, ma se si riesce a onorarle la vita acquista molto più senso.»

Pirata si stiracchiò e Dani si alzò per abbracciare la nonna. «Come mai ho la sensazione che tu stessi pianificando tutto questo da un bel po'?»

GG ridacchiò. «Non è proprio così, però mi piace la piega che stanno prendendo le cose.»

Dani e Taylor si scambiarono sguardi perplessi, poi Taylor si alzò. «Hai qualche suggerimento per affittare una casa, GG?»

«No, ma sono sicura che Melanie Perkins, dell'agenzia Lake Realty, può aiutarvi. Conosce tutti in zona ed è al corrente di ogni novità.» GG strizzò l'occhio alle nipoti. «Ma vi avverto. Occhio a quello che dite in sua presenza.»

Dani scoppiò a ridere. «Non menzioneremo Whitney. Possiamo giocarcela come elemento sorpresa, più avanti.»

Dani e Taylor lasciarono Woodlands e decisero di andare direttamente alla Lake Realty. Alla reception della modesta agenzia, la donna anziana che lavorava come segretaria le fece attendere e andò a informare Melanie della loro presenza.

Dopo pochi istanti, tornò, seguita da una donna di mezza età con capelli vistosamente tinti di arancione brillante, che contrastavano con le sopracciglia folte e scure che incorniciavano occhi grigio argento. Di primo acchito, la combinazione era spiazzante, ma il sorriso di Melanie sembrava sincero.

«Salve, sono Melanie Perkins. Quando ho sentito i vostri nomi, ho capito che dovevate essere le nipoti di Genie. E l'aria di famiglia è evidente. È così? Avete intenzione di fermarvi qui, mentre il cottage del custode viene ristrutturato?»

Dani trattenne una risata; Melanie era già a conoscenza dei loro piani. Si ricordò che doveva stare attenta a quel che diceva. «Sì, è così. Sono Dani Gilford e questa è mia sorella, Taylor.» Accarezzò la testa del cane. «E lui è Pirata.»

«Oh, sì. Il cane di Aaron. Ne ho sentito parlare» disse Melanie.

«Siamo interessate ad affittare un posto per tutta l'estate, forse anche oltre. Può aiutarci?»

«Siete nel posto giusto» dichiarò Melanie, in tono allegro. «Vivo qui da sempre, quindi conosco tutti e tutti si fidano di me. Andiamo a parlarne nel mio ufficio. Vediamo cosa c'è di disponibile.»

Dani e Taylor la seguirono nel suo ufficio e si sedettero sulle due sedie di fronte alla scrivania.

Melanie si accomodò sulla sua comoda poltrona di pelle e tirò fuori carta e penna. «Cosa state cercando? Qualcosa di piccolo? Un appartamento? O, magari una casa, qualcosa di più grande per il cane?»

Dani si scambiò un'occhiata con la sorella e poi tornò a Melanie. «Siamo aperte a ogni possibilità, ma un posto adatto anche a un cane sarebbe l'ideale.»

Melanie fissò il vuoto per un attimo e poi schioccò le dita. «Non dovrei dirlo ad anima viva, ma una mia amica ha intenzione di trascorrere un po' di tempo con la famiglia di sua figlia in Colorado, quest'estate, e sta pensando anche di trasferirsi lì. Potrebbe essere disposta ad affittarvi la sua casa, con l'idea di metterla in vendita all'inizio dell'autunno. Potrebbe interessarvi? È una bella casa appena fuori dal centro.»

«Quanto ci verrebbe a costare?» chiese Taylor.

Melanie le lanciò un'occhiata pensierosa. «Il fatto che le fareste da house sitter, in un certo senso, potrebbe aiutarvi a ottenere un affitto ragionevole. Ecco l'indirizzo. Passate a dare un'occhiata e vedete se vi piace, poi fatemelo sapere subito. Sono sicura che possiamo trovare una soluzione che faccia contenti tutti.»

«Grazie mille.» Dani prese il foglietto con l'indirizzo. «Ci andiamo subito e ci faremo vive presto. Potrebbe essere una soluzione perfetta, a breve termine.»

«Grazie per il suo aiuto» aggiunse Taylor alzandosi.

Uscite dall'agenzia, guidarono fino a un tranquillo quartiere poco fuori dal centro. La casa, in stile Cape Cod, con la facciata in legno grigio, si trovava in fondo a una strada chiusa di sole otto abitazioni.

«È questa?» chiese Dani.

«Sì, è proprio lei. Carina, non trovi?» rispose Taylor. «E hai visto? Ha anche un giardino recintato.»

Dani guardò la sorella. «Se condividiamo l'affitto,

dovremmo riuscire a permettercela, a meno che Melanie non si sbagliasse, quando ha parlato di un prezzo ragionevole. Vorrei tenermi il mio appartamento, finché non sarò certa delle mie intenzioni a lungo termine.»

«Io ci sto» disse Taylor, guardando fuori dal finestrino, mentre un grosso pickup rosso con la scritta Collister Construction si fermava nel vialetto accanto.

Dani fissò l'uomo biondo che ne scese. Lui le squadrò perplesso e poi si avvicinò, con i jeans e la maglietta aderente che ne mettevano in risalto il fisico.

«Che ci fate qui voi due? Ispezionate il quartiere?» chiese, guardando Dani.

«Più o meno» gli sorrise. «Potremmo essere interessate a una casa in affitto. Tu abiti lì?» Indicò un'altra casa del tutto identica, tranne per il fatto che era rivestita di legno bianco, con le persiane verde scuro e una staccionata bianca che delimitava il giardino sul davanti.

«Sì, quella è la mia.» Brad si guardò intorno. «Quale dei miei vicini affitta?»

Dani esitò solo un attimo. «Non dovremmo dirlo in giro, ma l'indirizzo che ci hanno dato è quello della casa proprio accanto alla tua.»

«Oh, Marjorie. Mi aveva detto che aveva intenzione di trascorrere l'estate in Colorado.» Poi ridacchiò. «Dolce signora. Mi rifornisce di biscotti.»

«Per favore, non dirle niente della nostra visita. Melanie Perkins ci sta aiutando a trovare un posto in affitto per l'estate e pensa di poter fare un accordo con la proprietaria.»

Brad si portò un dito alle labbra. «Sarò muto come un pesce, promesso.» Poi le salutò con un cenno e se ne andò.

Dani e Taylor rimasero a fissarlo mentre si allontanava e

poi, prima di riuscire a controllarsi, Dani mormorò: «Che bel culo.»

«Tutto il suo corpo è sexy» disse Taylor. «Cosa c'è tra voi due? Non riusciva a staccarti gli occhi di dosso.»

«Per ora, siamo solo amici che lavoreranno insieme per tutta l'estate, e magari anche oltre. Vivo alla giornata. Per una volta nella mia vita, non voglio pianificare niente. Lascerò semplicemente che le cose vadano come devono andare.»

«So cosa intendi. Ecco perché ho deciso di trascorrere l'estate qui. Anch'io voglio lasciare che la storia nella mia testa vada dove deve andare. Forse potrebbe essere l'inizio di un'intera serie.»

Dani si voltò a guardarla. «È emozionante. Non hai mai scritto una serie, prima. Questi ritmi più lenti potrebbero aiutarti a far fluire la creatività.»

«Lo spero. È anche un modo per incontrare più persone. Sono abituata a lavorare da sola nel mio ufficio, e non esco abbastanza. Ho la sensazione che qui sarà diverso. Ho già conosciuto delle persone interessanti in città.»

«Sì, anch'io.» Dani era elettrizzata all'idea di andare ad abitare accanto a Brad. Aveva sentito una connessione con lui fin dall'inizio e, per quanto sapesse che non era pronto ad andare avanti con la sua vita, si augurava che potessero essere almeno amici.

CAPITOLO 15
WHITNEY

Una volta atterrata in California, Whitney si sentì nervosa almeno quanto lo era stata per l'audizione per la serie. Sapeva che la posta in gioco era ancora più alta. I giochetti con il suo co-protagonista, Zane Blanchard, erano finiti. Erano stati amici, poi amanti, per restare infine intrappolati nell'inganno di dover fingere di stare ancora insieme. A quel punto, tutti sapevano che si erano lasciati. E, cosa ancora più seria, Whitney si era stancata dell'esistenza che si era costruita a Hollywood.

Con il trasportino di Mindy stretto al petto, parlandole con dolcezza per tranquillizzarla, si unì alla folla diretta all'area ritiro bagagli. Sperava che la sua agente l'avesse fatta venire a prendere da una limousine con autista. Non aveva ancora deciso cosa dire ai giornalisti che le avrebbero chiesto della separazione.

La colpa era tutta di Zane. C'era un accordo tra loro, di condurre una vita pulita, come il loro pubblico si aspettava, o almeno, lei ci aveva creduto. Ma dopo averlo visto strafatto, che se la spassava non con una, ma con due ragazze, aveva perso ogni rispetto per lui. La reazione furiosa di Zane, oltretutto, non le aveva lasciato altra scelta se non annunciare la separazione. Sarebbe passata per un'ingenua, magari, ma nessuno avrebbe potuto trascinare lei o la sua famiglia in una situazione squallida, destinata senza dubbio a diventare sempre peggio.

Nell'area ritiro bagagli, trovò un autista che teneva in mano un cartello con scritto "W. G.". Grata che non avessero scritto il suo nome per intero, si affrettò a raggiungerlo per fargli tenere il trasportino, mentre tirava fuori Mindy.

La cagnolina la guardò con occhi assonnati, per via del farmaco che le aveva consigliato il veterinario, poi le leccò il viso, proprio mentre un fotografo scattava una foto.

Whitney, per una volta, fu grata per l'attenzione. Le avrebbe reso più facile far credere agli spettatori che tutto quel parlare di un bambino in arrivo si riferisse in realtà a un cucciolo.

Descrisse i suoi bagagli all'autista e attese con lui che li scaricasse dal nastro trasportatore.

Accarezzando Mindy, lo seguì poi alla Town Car nera che aspettava accanto al marciapiede. Dopo che lui le ebbe aperto la portiera, scivolò sul sedile postiere e tirò un sospiro di sollievo. Era molto conosciuta, ma non quanto altre star televisive.

Dopo essere stata lasciata al suo appartamento a Redondo Beach, Whitney indossò abiti comodi e portò fuori Mindy. Sebbene i cani non fossero ammessi in spiaggia, c'era molto da vedere anche passeggiando lungo i marciapiedi. Per Mindy era un mondo completamente nuovo, tutto da esplorare, e Whitney aspettò pazientemente che si fermasse ad annusare ogni due passi.

Il suo cellulare squillò. *Zane.*

Il cuore le balzò in gola. L'ultima volta che si erano visti, lui le aveva urlato contro, l'aveva chiamata bambina, le aveva detto che se si fosse chiamata fuori dal loro giochetto si sarebbe vendicato. Se pensava che se ne fosse dimenticata, si sbagliava.

«Ciao, Zane, come stai?» Si sforzò di mantenere un tono di voce neutro.

«Dobbiamo parlare. Posso venire da te?» chiese lui, con quel timbro profondo e armonioso che tutti adoravano.

Trattenne un sospiro. «Sono appena atterrata dalla costa orientale, ma ho un po' di tempo libero.»

«Ci vediamo tra poco» rispose lui, prima di chiudere la chiamata.

Tornata al suo appartamento, Whitney si affrettò a mettere in ordine. In questo, era proprio figlia di sua madre, per quanto sapesse che Zane non ci avrebbe fatto caso. Non era la persona più ordinata del mondo.

Controllò il frigorifero. Era stata via solo pochi giorni, quindi c'era ancora dell'acqua aromatizzata e della frutta fresca che avrebbe potuto offrirgli.

Riempì la ciotola dell'acqua di Mindy e sistemò la sua coperta in un angolo della cucina. Sapeva che un materasso per cani sarebbe stato inutile; la cagnolina aveva subito messo in chiaro che intendeva dormire nel letto di Whitney, la notte. A lei andava bene così, le piaceva tenerla stretta.

Al suono del campanello, Mindy scattò in piedi abbaiando.

Whitney si passò le dita tra i lunghi capelli e prese un respiro profondo, ricordando a se stessa che doveva essere forte.

Aprì la porta e si trovò di fronte Zane Blanchard, la star. Con un paio di jeans e una semplice maglietta nera, era bello da svenire, proprio come sullo schermo. Poco più alto di lei, scuro di capelli e dal fisico scolpito, aveva tratti di una bellezza virile e occhi nocciola che cambiavano sfumatura a seconda dell'umore.

«Dovevo parlarti, prima di ritrovarci sul set. Sei corsa via in quel modo e volevo assicurarmi che stessi bene. So che vedermi così dev'essere stato uno shock per te.»

«Le tue dipendenze sono peggiorate» mormorò Whitney. La sua falsa preoccupazione la metteva a disagio. «Eravamo d'accordo sul fingere di stare insieme, per gli ascolti e la pubblicità extra, ma solo finché tu fossi rimasto una persona che avrei davvero potuto frequentare. Ora non è più così, per cui è arrivato il momento di lasciarci. Saremo solo l'ennesima storia d'amore di Hollywood finita male.»

«Stai scherzando, vero?» sbottò Zane.

Mindy reagì al suo tono rabbioso emettendo un ringhio.

«E quello cos'è?» chiese allora, cercando di mettere a fuoco la cagnolina.

«È il mio cane, Mindy.»

«È per lei che hai lasciato la città così di corsa?» Zane aggrottò le sopracciglia.

«Me ne sono andata per allontanarmi dal circo mediatico che circondava la nostra "rottura". A quanto pare, io e le mie sorelle abbiamo ereditato una casa su un lago, nel New Hampshire. Abbiamo in programma di ristrutturarla e io ho intenzione di tornarci il prima possibile.»

«Te ne vai? E la serie?» chiese Zane.

Whitney si prese un attimo per studiarlo. Era un uomo affascinante e un attore di talento, ma non aveva la minima idea di come fossero le persone vere, di cosa sperassero o sognassero, della loro dignità. Aveva conosciuto il successo, lavorando con altri attori di talento, ma stava già perdendo quel privilegio, a causa di uno stile di vita che lo stava trascinando a fondo. Poteva solo sperare che, rifiutandosi di cedere, Whitney gli avrebbe aperto gli occhi sulla situazione.

«Vieni» gli disse. «Parliamo un attimo.»

Lui la seguì in cucina.

Mindy rimase alle calcagna di Whitney, senza fare alcun tentativo di approcciarsi a Zane. Quello era già molto indicativo.

«Che ne dici di un po' di acqua aromatizzata?» propose, cercando di essere gentile.

«Non hai niente di alcolico?» chiese Zane.

«No.» Lo fissò con gravità. «Quello è parte del problema. E sei andato ben oltre il semplice alcol. Io non sono quel genere di persona. Ho chiuso con tutta questa storia.»

«Quindi, hai intenzione di lasciarmi affondare da solo?» Zane sembrava incredulo.

Whitney lo bloccò con un gesto della mano. «Non provarci nemmeno. Se vuoi un aiuto sincero, per te ci sarò sempre...»

Lui non la lasciò nemmeno finire. «Brutta stronza, vuoi rovinarmi la carriera! Tu mi hai lasciato, ma sono io che passo per il cattivo. La gente dice che sono un violento, anche se non ti ho mai torto un capello. La trattativa per un film è sfumata e adesso c'è persino la possibilità che la serie non venga confermata per un'altra stagione.»

«Non sono *io* che ti ho fatto questo. Hai fatto tutto da solo.» Whitney ce la stava mettendo tutta per mantenere la calma e non lasciarsi travolgere dalla rabbia. «Pensavo che potessimo parlare, che volessi farti aiutare, magari che tornassimo persino a essere amici...» Andò alla porta d'ingresso e l'aprì. «Ma è inutile. Vattene, è meglio.»

Zane imprecò tra sé, per poi fermarsi sulla soglia. «Non pensare di cavartela così, se mi scarichi» ringhiò. «Te la farò pagare, Whitney. Pensi di essere onnipotente, ma non è così.

Mi assicurerò che il nostro pubblico sappia di come mi hai ingannato perché avevi bisogno del mio aiuto per la serie.»

«Non so di cosa stai parlando. Di' solo la verità» lo avvertì Whitney, in preda alla nausea. Non aveva niente da nascondere, ma quello non avrebbe avuto importanza per il nuovo Zane. Tutto il suo duro lavoro negli anni poteva essere sminuito dalle sue bugie... bugie di cui la gente andava ghiotta.

CAPITOLO 16
DANI

Dopo aver firmato un contratto con Marjorie Hight, la proprietaria della casa accanto a quella di Brad, Dani e Taylor vi si trasferirono, affascinate dal modo in cui l'aveva arredata e da quanto fosse pulita. Prima di accettare, Marjorie aveva organizzato un giro completo della casa e dato precise istruzioni su come mantenerla in linea con i suoi standard.

Aveva voluto anche conoscere Pirata e, solo dopo aver constatato quant'era educato, aveva accettato di ospitarlo a casa sua. Quello da solo valeva moltissimo, per Dani; sapere che lui aveva un posto bello e sicuro dove stare, quando non poteva portarselo dietro, le dava un senso di tranquillità.

La casa non era enorme, ma aveva tre camere da letto, due bagni, un grande giardino recintato sul retro e una cucina moderna. L'unica regola su cui Marjorie si era dichiarata inflessibile era quella di non fumare in casa. A causa della sua allergia, non lo aveva mai permesso e non intendeva farlo, soprattutto con la prospettiva di vendere la casa, in futuro.

Scegliere le camere non fu un problema. Dani accettò subito che Taylor si prendesse quella padronale, dove avrebbe potuto allestire il suo ufficio e avere uno spazio privato per scrivere.

Dani fu felice di sistemarsi in una delle camere più piccole. Sebbene Marjorie avesse lasciato molta della sua roba, aveva cercato di liberare più spazio possibile.

Quando presero possesso della casa, Dani accompagnò Pirata in ogni locale, permettendogli di annusare tutto per abituarsi. Poi lo fece uscire nel giardino sul retro, dove torreggiava un grande acero. Un piccolo patio collegava la casa all'ampio prato. Si sedette lì e rimase a osservare Pirata che girovagava, fermandosi ad annusare l'erba in vari punti.

Si sentì chiamare, e sollevando lo sguardo scorse Brad che la salutava dal suo giardino. Si alzò e si diresse verso la staccionata di legno che divideva le proprietà.

«Ciao, vedo che ti sei trasferita» disse Brad. «Finché resterete ad abitare qui, fatemi sapere se avete bisogno di aiuto per qualsiasi cosa, in casa. Ho promesso a Marjorie che avrei dato un occhio a te e alle tue sorelle.»

Dani lo ringraziò. «Me la cavo abbastanza bene con i lavoretti manuali, ma se dovesse capitare qualcosa te lo farò sapere.» Le sfuggì un sorriso. Come parte del suo percorso di formazione, aveva trascorso un paio di estati lavorando in un'impresa edile. «E se dovessi avere tu bisogno di aiuto per qualcosa, fammelo sapere. Sono anche piuttosto brava in cucina, se necessario.» Poi scoppiò a ridere. «Scusa per il commento sessista. Senza dubbio, sarai un cuoco migliore di me.»

«Un giorno ci metteremo alla prova. Stasera ho intenzione di ordinare pizza. Tu e Taylor volete farmi compagnia?»

«Grazie. Mi fa piacere. Penso che Taylor abbia già dei piani, ma glielo chiederò. Perché non porti qui la pizza, così io preparo un'insalata di contorno?»

«Va bene. Che pizza preferite?»

«A me piacciono tutte» disse Dani. «E anche Taylor non ha problemi, nel caso rimanga a casa.»

«Dammi una mezz'ora per farmi una doccia e prendere la

pizza. A più tardi.»

«Affare fatto.» Dani lo guardò allontanarsi e poi si voltò verso Pirata. «Dentro, giovanotto. Avremo compagnia.»

Rientrò in cucina e chiamò Taylor, che apparve subito, con indosso un paio di jeans e una maglia nuova.

«Dove stai andando?» le chiese.

«Ho appuntamento con Aaron.» Taylor le fece un sorriso a trentadue denti.

«Oh, be', io stavo per dirti che Brad ci porta la pizza e io preparerò un'insalata. Pensavo che saresti stata dei nostri.»

«Sei molto carina, ma lo so che sei ben felice di passare del tempo con Brad e non ho nessuna intenzione di mettermi in mezzo. Io e Aaron vi lasceremo in pace.»

«Idem per me... ti lascerò volentieri sola con Aaron.» Si scambiarono un sorrisetto malizioso.

«Mi sembra di sentire il suo pickup» annunciò Taylor. «Ci vediamo dopo.»

Dopo che fu uscita, Dani guardò dalla finestra Aaron che scendeva dal pickup e aiutava Taylor a prendere posto sul sedile del passeggero.

Diede in fretta la pappa a Pirata e corse in bagno per darsi una rinfrescata. Una spruzzata di profumo sexy e niente di più, perché di sicuro non c'era tempo per una doccia.

Pochi minuti dopo, Dani rispose al campanello e trovò Brad sulla soglia, con i capelli ancora bagnati dalla doccia, che teneva in mano due cartoni della pizza.

Lo invitò a entrare, intimando a Pirata di non muoversi, e poi lo accompagnò in cucina.

«Taylor cena con noi?» Brad si guardò attorno, dopo aver

appoggiato i cartoni della pizza sul bancone.

«No, è uscita poco fa, con Aaron. Avevano dei programmi per la serata.»

Brad fece un sorrisetto. «Ora mi spiego perché Aaron mi ha dato buca, stasera. Meglio così. Mi fa piacere passare del tempo tra noi. Con te riesco davvero a parlare e la cosa mi piace. È bello che nessuno dei due abbia altri fini, a parte conoscersi meglio. Fa sì che sia tutto molto più spontaneo.»

Dani si costrinse ad annuire, col sorriso sulle labbra. Doveva ricordare a se stessa che Brad non era pronto per altro, che non poteva permettersi che questioni sentimentali interferissero con la ristrutturazione del cottage e con una possibile futura collaborazione. Eppure, capiva quanto Brad si sentisse solo e desiderava aiutarlo.

Mentre preparava l'insalata, Brad si mise a osservarla, sorseggiando la birra che gli aveva offerto.

«Patti lo faceva sempre» commentò, per poi alzarsi e fermarsi davanti alla vetrata scorrevole, con lo sguardo rivolto al giardino sul retro. Poi tornò a guardarla. «Mi dispiace, non avrei dovuto dirlo.»

«Perché no?» chiese Dani, perplessa. «Immagino che Patti fosse tua moglie.»

Lui annuì e sospirò. «Le due donne con cui sono uscito non volevano che parlassi di lei.»

Dani provò un moto di rabbia. Sapeva che poter parlare della moglie scomparsa non poteva essere che benefico per lui. «Con me, puoi parlare quanto vuoi di Patti. Era tua moglie e ovviamente l'amavi. Voglio che ti senta a tuo agio a parlare di qualsiasi cosa ti passi per la testa.»

Lui sbatté le palpebre per la sorpresa e poi un lento sorriso gli si allargò sul viso. «Grazie. Mi manca ancora. So che è ora che io inizi a pensare seriamente di uscire con qualcuno; sono stato molto solo, nell'ultimo periodo. Ma non posso fingere che non sia mai esistita.»

«Certo che no» sussurrò Dani. «Ho perso un'amica al college. Guidava da ubriaca, penso ancora spesso a lei. La morte non cancella una persona, scava un posto per lei nel tuo cuore.»

Brad le si avvicinò e la studiò, concedendole di intravedere l'uomo che si nascondeva dietro quegli occhi verde foresta.

«Mi piaci, Dani, e sono felice che possiamo parlare in questo modo.»

«Anch'io sono felice che possiamo parlarci con franchezza. E penso anche che ci divertiremo a ristrutturare il cottage.» Non voleva immaginare altro.

Tornarono verso il bancone della cucina. Dani servì l'insalata mentre Brad apriva i cartoni della pizza e ognuno prese una fetta di entrambi i tipi.

Dani si accomodò al piccolo tavolo e Brad la raggiunse. Dalla sua sedia, lei riusciva a vedere Pirata che gironzolava in giardino, al di là della porta a vetri. Per un attimo, le si strinse il cuore per la gioia di condividere quel momento con un uomo che ammirava. Masticò piano, pensierosa.

«Un penny per i tuoi pensieri» disse Brad.

Dani si riscosse. «Pensavo che mi piacerà vivere qui. Sembra così tranquillo rispetto alla mia vita a Boston.»

«La vita qui ha un ritmo più lento, però mi si addice. Per me non c'è niente di meglio di una gita in canoa sul lago, la sera, o di andare a caccia nei boschi, in autunno, o di andarmene a sciare al nord, d'inverno.»

«Sei un vero amante della vita all'aria aperta» commentò Dani.

«Madre Natura ti rimette a posto l'anima» rispose Brad.

Dani guardò il sorriso che indugiava sul suo volto e sentì un brivido percorrerle la schiena. Si stava già innamorando di lui, ma sapeva che non era il caso di lasciar trasparire i propri sentimenti. Lui non era pronto per altro che un'amicizia.

Finirono di mangiare e Dani caricò la lavastoviglie.

«Ti va di portare Pirata a fare una passeggiata nel quartiere? È da un po' che non ho un cane e mi farà bene» propose Brad.

«Certo. È una bella serata, si sta bene fuori. Ma dimmi, come mai non hai un cane?»

«Ce l'avevo, ma è morto l'anno scorso. Aveva quattordici anni, che è tanto per un labrador. Non me la sono sentita di ricominciare con un cucciolo. Un giorno lo farò, ma non ancora.»

«Pirata è il mio primo cane e mi sto ancora abituando alla nuova routine. È come avere un bambino.»

«Oh, sì. E i cuccioli sono come i neonati.» Brad fece una pausa. «O almeno, così si dice. Mia sorella Amy ha un neonato. È carino da morire, ma è anche un sacco impegnativo.»

«Ti piacerebbe avere dei figli?» Dani trattenne il fiato in attesa della risposta. Lei di sicuro ne voleva.

«Con la donna giusta, sarei felice di avere dei bambini. Magari tre o quattro.» Dani lasciò uscire il respiro.

Chiamò Pirata, lo mise al guinzaglio e uscirono tutti e tre. Passeggiando, continuarono a parlare delle loro vite; dalle materie scolastiche che avevano amato di più da bambini, ai dolci preferiti. Si sentivano a loro agio insieme e la pensavano allo stesso modo su molte cose.

Quando alla fine ripresero la via di casa, Dani era ancora

più affascinata da lui. Ma, ancora una volta, tenne quelle emozioni per sé.

«Grazie per la cena» disse Brad, fermandosi davanti alla sua porta. «Ora è meglio che vada. Domani mattina presto ho una riunione con le squadre, poi inizieremo a demolire alcune sezioni della locanda.»

«Non l'edificio principale originario, spero. Alcune delle finiture interne sono molto preziose.»

Brad si strinse nelle spalle. «Aaron e io l'abbiamo detto che avremmo preferito conservare il più possibile, ma i progetti prevedono una demolizione completa. Vedremo. I nuovi proprietari si sono dichiarati disposti a essere flessibili. Ecco perché li incontreremo domani. Vuoi venire anche tu? Possiamo dire che ti abbiamo assunto per un parere extra.»

«Sarebbe fantastico. L'edificio principale è solido, ha carattere e ha una storia... odio l'idea che vada tutto perduto. So che non è il mio progetto, e che ho un legame emotivo con la casa, ma ho anche delle competenze che mi permetterebbero di essere convincente.»

«Bene, allora, perché non ci raggiungi domani, alle sette e mezza, alla locanda? Avverto io Aaron.»

Dani giunse le mani. «Grazie! Lo apprezzo molto. Da quando ho saputo che la locanda era stata venduta, ci ho pensato molto: a come veniva impiegata, a cosa piaceva alla clientela e ad altre cose che spero non vadano perdute con i nuovi proprietari.»

«Ci avrei scommesso» disse lui in tono gentile. «Ho guardato il tuo profilo professionale online. Ammetto che sono impressionato.»

Dani fece una smorfia. «Il mio vecchio lavoro non era nemmeno lontanamente appagante come pensavo. A me piace seguire i progetti sul campo, e quasi mai mi hanno dato la possibilità di farlo.»

«Magari le cose cambieranno, ora» dichiarò Brad. Il suo sguardo indugiò su di lei per un momento prima di girarsi e andarsene.

La mattina dopo, Dani spense la sveglia e saltò giù dal letto, impaziente di prepararsi per raggiungere Brad e gli altri alla locanda. La sera prima, lui le aveva girato tutti i progetti. Sperava di riuscire a presentare una solida argomentazione a favore del recupero di alcune delle lavorazioni artigianali in legno e altri dettagli dell'edificio principale, anche se si fosse deciso per l'abbattimento. Ancora di più, voleva che i nuovi proprietari la indentificassero come un membro della squadra. Quello l'avrebbe aiutata a farsi conoscere in zona e assicurarsi futuri incarichi.

Indossò pantaloni neri, camicia bianca e scarpe nere basse e si diresse alla locanda.

Brad e Aaron le vennero incontro sul portico, non appena ebbe parcheggiato l'auto.

«Sono felice che tu sia qui» disse aaron. «brad mi ha detto che volevi avere voce in capitolo, sia come membro della famiglia che come architetto del nostro team.»

Dani gli sorrise. «Grazie a voi per avermi invitata. La conservazione dei particolari originali più preziosi, dalle finiture in legno ad altri elementi di design o di interesse storico, dovrebbe essere presa in considerazione in qualsiasi ristrutturazione.»

«Aaron e io siamo d'accordo» disse Brad «ed è per questo che ti abbiamo voluto qui. Vieni, entriamo. I proprietari ci stanno aspettando.»

Dani seguì Brad e Aaron nella piccola sala riunioni al piano terra.

Ross Roberts e Quinn McPherson si alzarono al loro ingresso.

Ross Roberts, con i capelli color sabbia, gli occhi azzurri e il sorriso da ragazzino, era attraente di persona come lo era stato in televisione, quando giocava a baseball per i New York Yankees.

Lo sguardo di Dani si spostò su Quinn McPherson. Riconobbe l'uomo alto e asciutto che aveva ammirato dall'altro lato della strada; i capelli color arancio bruciato erano bilanciati da occhi castano chiaro, un naso coperto da lentiggini e lineamenti piacevoli.

Rachael McPherson sedeva eretta tra i due uomini e la studiava con duri occhi grigi. I capelli lisci castano ramato erano raccolti in uno chignon severo che metteva in risalto i suoi tratti classici, non propriamente belli, ma che comunque attiravano l'attenzione. Dani aveva letto che il vero amore di Rachael erano i cavalli e che di tanto in tanto le piaceva andare a caccia in Virginia, dove i genitori possedevano un lussuoso ranch.

Dei tre, Dani seppe istintivamente che Rachael sarebbe stata la più difficile da accontentare, a giudicare dall'aria altezzosa con la quale la stava scrutando.

Aaron fece le presentazioni e, dopo aver stretto la mano a tutti, Dani prese posto tra Aaron e Brad. «Siamo qui per vedere insieme i progetti che abbiamo elaborato» iniziò Quinn. «Mi è parso di capire che ci sono alcuni dettagli di cui desiderate discutere.»

«È così» disse Aaron. «So che la vostra intenzione è quella

di rendere il Lilac Lake Inn qualcosa di nuovo e spettacolare. Ma spero che riusciremo a convincervi a mantenere alcune delle caratteristiche rustiche e di atmosfera della proprietà. La locanda, così come la città, è stata costruita nel classico stile New England che ben si integra con l'ambiente circostante. Sarebbe un peccato vederlo completamente tradito.»

«Quindi, ci state chiedendo di rifare tutti i progetti?» sbottò Rachael incredula.

Aaron si voltò verso Dani, che prese la parola. «Le nuove ali dell'edificio così come le avete progettate, con lucernari, verande, balconi e grandi vetrate saranno bellissime, anche se forse non proprio pratiche, ma perdere l'edificio principale e il suo classico stile New England sarebbe davvero un peccato. Per esempio, l'ampio porticato sul davanti, con le sue sedie a dondolo, era molto amato dagli ospiti, che spesso andavano lì a rilassarsi al fresco. A volte veniva utilizzato per ricevimenti, riunioni di famiglia e persino piccoli matrimoni. Soprattutto, dava il benvenuto agli ospiti. Se lo eliminiamo, l'edificio apparirà un po' sterile, secondo noi» spiegò Dani.

«Sta dicendo che l'edificio dovrebbe adattarsi di più all'ambiente in cui sorge» disse Quinn, con aria riflessiva.

«Sì, l'ambiente circostante è molto importante quando prendiamo in considerazione qualsiasi edificio. In questo caso, ci troviamo in mezzo al bosco, in riva al lago, dove le persone vengono per fare escursioni, nuotare, cacciare e rilassarsi, aspettandosi una struttura di lusso, sì, ma ben integrata nel paesaggio.»

«Ho visto che ha vinto un premio per il progetto di un edificio contemporaneo nel centro di Boston. Cosa la rende qualificata per darci indicazioni su come dovremmo progettare il nostro hotel?» chiese Rachael con aria di superiorità. «Mio fratello e io abbiamo conseguito la laurea in Management alberghiero alla Cornell e lavoriamo nel campo da quasi dieci anni.»

«Non voglio competere con voi.» Dani mantenne un tono calmo. «ma il mio percorso professionale come architetto alla Watkins Dailey LLC a Boston mi ha dato l'opportunità di lavorare a progetti di ristrutturazione simili a questo, in altre zone del New England. Inoltre, io e le mie sorelle veniamo qui da oltre venticinque anni, e abbiamo anche lavorato alla locanda, d'estate. Non pretendo di essere un'esperta, ma so cosa piaceva agli ospiti, nel suo periodo migliore.»

«Un attimo» la bloccò Ross. «Cosa state suggerendo esattamente?»

«Suggeriamo di mantenere l'aspetto della hall originale con le sue modanature in legno intagliato, il grande camino e gli angoli e le nicchie accoglienti» spiegò Brad. «Dato che qui il clima è freddo per buona parte dell'anno, l'edificio principale dovrebbe ospitare spazi riparati e accoglienti dove sedersi a leggere, o giocare, o semplicemente rilassarsi. Nei vostri piani attuali, tutti questi spazi sono destinati a essere demoliti e sostituiti con una struttura lineare, per conferire alla locanda un aspetto pulito e contemporaneo.»

«Come ha detto Dani, le nuove ali per gli ospiti possono accogliere questo cambiamento, mentre l'edificio principale e l'ingresso perderebbero del tutto il carattere e l'atmosfera della locanda» aggiunse Aaron.

«Mi piace» disse Ross. «Paese che vai, usanza che trovi...»

«E se vai a Lilac Lake, rispetti le usanze dei nativi» aggiunse Quinn con un sorriso.

«Credo che sia importante» confermò Dani. «Il progetto di rinnovamento del resort non ne verrà stravolto, si aggiungerà solo un po' di attenzione verso gli interni originali, il che non dovrebbe incidere sui costi.»

«Qual è la sua posizione all'interno della Collister Construction?» domandò Rachael.

Dani cercò lo sguardo di Aaron, che le sorrise e rispose per lei. «Dani farà parte della nostra squadra, per aiutarci a determinare il modo migliore per affrontare qualsiasi progetto. In caso di dubbi, sarà in grado di fornirci una prospettiva sulla maggior parte delle questioni relative alla progettazione.»

«Con lei in squadra, non dovremo fermarci in attesa di risposte dall'esterno, e non dovremo rallentare l'avanzamento dei lavori per capire se qualcosa può o dev'essere fatto» aggiunse Brad.

Dani fece del suo meglio per nascondere i propri sentimenti, ma era colma di gratitudine per le loro risposte. Le stavano dando più credito di quanto qualsiasi altro uomo avesse mai fatto.

«Mi avete convinto» dichiarò Ross.

Rachael invece la stava ancora studiando. «Vedremo. È un'attività dura per una donna, ma ammiro il suo impegno.» Si voltò verso Ross. «È terribile quando una carriera come la tua viene interrotta bruscamente, ma sono felicissima che tu abbia trovato un'altra strada così in fretta. La nostra è una fruttuosa collaborazione professionale.»

«Finora lo è stata.» Ross rivolse uno sguardo provocatorio a Dani. «Immagino che lei non sia una mia grande fan. I Red Sox e gli Yankees sono sempre stati rivali.»

«Non mentirò» rispose Dani con un sorriso malizioso. «Credo di aver usato l'espressione "Maledetti Yankees" più di una volta.»

Ross scoppiò a ridere. «Penso che andremo molto d'accordo.» Gli uomini si unirono alla sua risata, ma Dani notò come Rachael tenesse gli occhi su Brad.

CAPITOLO 17

DANI

Dani lasciò la riunione con una rinnovata fiducia in se stessa e felice di quel nuovo legame con la Collister Construction. Aaron e Brad l'avevano supportata, facendola sentire davvero parte della squadra.

Tornò a cambiarsi nella sua casa vuota. Taylor era partita per New York per prendere altri vestiti e oggetti personali e chiudere il suo appartamento in vista dell'estate. Fino a quel momento, Whitney non le aveva fatto sapere quando, o se, sarebbe tornata nel New Hampshire. Ma capiva lo stress a cui era sottoposta e non voleva forzarle la mano.

Pirata la salutò scodinzolando e con un uggiolio di benvenuto. Non poté fare a meno di sorridere. Dopo aver vissuto a lungo da sola, era commovente essere accolta in quel modo.

Andò in camera a infilarsi jeans, maglietta e stivali da lavoro. Aveva appuntamento con Brad al cottage, per discutere in dettaglio dei materiali di cui avrebbero avuto bisogno per iniziare, per poi andare a chiedere un preventivo a Garth.

Caricò Pirata in macchina e partì.

Arrivata al cottage, Dani vide che il pickup rosso di Brad era già fermo nel vialetto e tirò un sospiro di sollievo. Non sarebbe stata disposta ad ammetterlo con le sorelle, ma era grata che ci fosse anche lui, se doveva analizzare più in dettaglio gli interni. Continuava a ripetersi che non credeva ai fantasmi, ma lì dentro aveva sentito qualcosa che l'aveva messa a disagio.

Prese il suo taccuino in pelle, scese dall'auto e si avviò verso la casa. Pirata le camminò al fianco fino al portico, quindi si fermò e scattò. Dani lo guardò correre via e intravide un coniglio che saltellava freneticamente davanti a lui. Pregò che il coniglio se la cavasse ed entrò.

«Ehi?» gridò. «Dove sei?»

«In cucina» arrivò la risposta di Brad.

Lo trovò appoggiato a un bancone, che prendeva appunti su un blocco. Fece per avvicinarsi, ma sentì qualcosa alle proprie spalle, inciampò e cadde in avanti.

Brad la afferrò al volo, tenendola stretta mentre lei lottava per riguadagnare l'equilibrio.

«Non immaginavo fossi così ansiosa di rivedermi» la prese in giro, aiutandola a rimettersi in piedi.

Dani si sentì avvampare. «Giuro che non so cosa sia successo. Sono solo diventata goffa, credo. Grazie per avermi acchiappata.»

Il suo sguardo sostò su di lei. «Quando vuoi» disse lui. «Ho preso le misure dello spazio disponibile per i mobili, compreso quello attualmente occupato dalla dispensa, che abbatteremo. Mi servirà una lista di ciò che vi serve, in termini di credenze e cassetti.»

«Useremo tutto lo spazio possibile nell'isola per cassetti e armadietti. Saranno molto capienti, anche dopo che ci avremo messo il lavello e la lavastoviglie» disse Dani.

«Segneremo sulle pareti perimetrali lo spazio riservato ai nuovi fornelli, ai forni e anche ai mobili e al piano di lavoro» propose Brad. Si fermò e le sorrise. «Mi piace come stai riorganizzando lo spazio.»

«Grazie. Non ce n'è molto, ma sarà tutto impiegato in modo efficiente...» Dani sgranò gli occhi cogliendo un'ombra che attraversava la stanza. Sbatté di nuovo le palpebre e l'ombra era scomparsa.

«Cosa c'è che non va?» le chiese Brad.

«Niente.» Guardò fuori dalla finestra e vide grandi nuvole gonfie che giocavano a nascondino con il sole, gettando ombre tutt'intorno. Si disse di tenere a bada l'immaginazione.

Dopo aver concluso con la cucina, che avrebbe ospitato un nuovo angolo pranzo/scrittura, una dispensa, una lavanderia/disimpegno e un piccolo bagno di servizio, si spostarono nel soggiorno e nella sala da pranzo per prendere le misure per il battiscopa in legno e la cornice tra pareti e soffitto.

Decisero di sostituire tutte le finestre con infissi a doppi vetri.

«Come sai, sarà una bella spesa, ma ne vale la pena, considerato il clima» disse Brad.

Misurarono le finestre e si appuntarono di cercare degli infissi compatibili con lo stile generale e il carattere dell'edificio. Dani rilesse la lista fino a quel momento, e pensò che di sicuro i miglioramenti avrebbero richiesto a lei e alle sue sorelle di investire un po' di soldi di tasca propria. Si augurava che Taylor e Whitney fossero disposte a farlo.

Quando finirono con il piano terra, si era fatto troppo buio per procedere con il primo piano. «Credo che sarà meglio tornare domani. Sul presto ho già altri impegni, ma possiamo vederci qui per le undici» propose Brad, dopo aver controllato il cellulare.

«Ottimo. Sono contenta che ci stiamo prendendo tutto il

tempo necessario, in questa fase. Ogni progetto di ristrutturazione a cui ho lavorato è finito per costare più del previsto e vorrei andare il più vicino possibile alla cifra corretta.»

«Sì, anch'io» disse Brad.

«A proposito di ristrutturazioni, mi pare che tu abbia fatto un bel lavoro a casa tua. È davvero carina.»

«Un po' di manualità è utile. Una delle prime cose che ho fatto, quando ho messo via abbastanza soldi per comprare casa, è stata iniziare a sistemare una stanza per volta. Questo ha fatto impazzire Patti, a momenti, ma ne è valsa la pena.»

«È quello che mi auguro per il cottage.» Dani chiuse la cerniera della sua cartelletta di pelle e lo salutò. «Ci vediamo domani.»

«Vengo fuori insieme a te.»

Mentre si avviavano insieme verso l'uscita, Brad inciampò e Dani lo trattenne per un braccio.

Lui scosse la testa. «Questi pavimenti sono pericolosi. Non vedo l'ora di sistemarli.»

«Saranno bellissimi, una volta levigati, tinti e rifiniti.»

Pirata si era addormentato sull'erba, ma balzò in piedi sentendoli uscire. Attese che scendessero sul prato e poi cominciò a saltellare attorno a loro, in cerca di attenzione.

Dani rise e lo abbracciò. «Che amore» mormorò, e quando sollevò lo sguardo si accorse che Brad la stava fissando.

Quella sera, invece che starsene a casa da sola, Dani decise di andare da Jake per un'insalata e un po' di vita sociale. Era il tipo di locale in cui cenare da soli non metteva a disagio.

Quando arrivò, il locale era affollato. Si sedette al banco, ma non riconobbe la persona che occupava lo sgabello accanto, se non dopo aver appeso la borsetta al gancio e sollevato la testa.

«Ciao, Quinn» disse. «È un piacere rivederti.»

«Anche per me. Dani, giusto?»

«Giusto» gli sorrise.

La barista, una giovane donna che non conosceva, prese il suo ordine e si rivolse a Quinn. «Ora che la persona che stavi aspettando è arrivata, vuoi un'altra IPA?»

Lui e Dani si guardarono confusi e poi Quinn precisò: «La persona che sto aspettando dovrebbe arrivare tra poco. Ma, nel frattempo, lasciami offrire da bere alla mia amica, Dani.»

A quel punto fu la barista ad apparire spiazzata. «Oh, scusa...»

«Non c'è problema» disse Quinn senza scomporsi.

«Quando arriva, le lascio volentieri il posto» propose Dani.

«Non preoccuparti. Liam è in lizza per ottenere la gestione della locanda, quando sarà finita, e volevo che avesse un assaggio di atmosfera locale. Un po' come dicevamo stamattina.»

«Oh, gli sarà utile» approvò Dani. Poi attese che la barista le mettesse davanti il suo calice di vino rosso. «L'ambiente va tenuto in grande considerazione. Sono felice di vedere che sei aperto ai nuovi suggerimenti che abbiamo proposto.»

«Erano assolutamente condivisibili.» Poi si voltò verso un uomo alto e attraente che veniva verso di loro. Con i capelli castano chiaro naturalmente sbiancati dal sole e gli occhi color topazio incastonati in un viso dai lineamenti eleganti, non passava certo inosservato.

Quinn si alzò e diede una pacca sulla schiena dell'uomo. «Sono contento che sei riuscito a venire. Lei è Dani Gilford, la nipote della donna che ci ha venduto la locanda. Lavora con la Collister Construction come consulente, è architetto. Dani, ti presento Liam Richards.»

Dani strinse la mano a Liam e si alzò in piedi. «Vado a sedermi da un'altra parte» disse, guardandosi attorno.

«No, no» la bloccò Liam. «Sto bene in piedi. La coppia accanto a Quinn sta per andarsene, comunque. Lui sta pagando il conto.»

Quinn sollevò il braccio per attirare l'attenzione della barista, che arrivò subito. «Un'altra IPA?»

«Sì, e una per il mio amico.»

La barista accennò un sorriso a Liam. «Arrivano.»

«Tu vivi qui?» le chiese Liam.

Dani ridacchiò. «Sì e no. Mi sono trasferita qui per l'estate e spero di restarci anche più a lungo. Ma ho ancora un appartamento a Boston.»

«Fino a poco tempo fa, gestivo una struttura in Florida, e non vedo l'ora di provare a vivere nel New England. L'atmosfera è completamente diversa, però mi piace.»

«Questa zona è meravigliosa» si entusiasmò Dani. «Io e le mie sorelle abbiamo passato qui tutte le nostre estati, da quando eravamo piccole. Come te, non vedo l'ora di vedere com'è viverci sul serio.»

Liam guardò Quinn con tenerezza. «Vedremo come andrà.»

«Vogliamo impiegare questo periodo insieme per pianificare il futuro» spiegò Quinn. «Manterremo la casa in Florida, ma lì le estati sono torride, e vivere qui al nord sarà una pausa piacevole.»

La coppia accanto a Quinn si alzò e lui afferrò rapidamente uno sgabello per Liam. Accorgendosi poi che Brad stava venendo verso di loro prese possesso anche dell'altro.

«Ciao. Siediti qui con noi» lo invitò. Si spostò lungo la fila, cedendo a Brad il posto vuoto accanto a Dani, poi lo presentò a Liam.

«Cosa avete preso?» chiese il nuovo arrivato. Quinn sollevò il proprio bicchiere.

La barista si avvicinò e Brad ordinò una IPA, prima di rivolgere l'attenzione a Dani. «È un po' che non ci vediamo.»

Lei rise. «Taylor è via e non avevo voglia di mangiare da sola, per cui ho pensato di venire a cena qui.»

«Sì, mangiare da soli fa schifo» rispose lui. Poi si rivolse a Quinn. «Grazie per esserti mostrato così disponibile stamattina. La nuova locanda verrà benissimo. Non vediamo l'ora di metterci al lavoro.»

«Non appena tutte le autorizzazioni e i permessi saranno a posto, inizieremo» disse Quinn. «E Liam è la persona che la dirigerà, mi auguro.»

«Interessante. Quali altri strutture alberghiere hai già gestito?» chiese educatamente Brad.

«Vengo da un complesso di lusso a Miami Beach,» rispose Liam «ma sono emozionato all'idea di gestire la locanda.»

«Sono certo che siano felici di averti a bordo.» Poi si voltò verso Dani. «Ti va di ordinare la cena e venire a mangiarla da me?»

Il polso di Dani accelerò, ma la voce rimase tranquilla. «Certo.»

Poco dopo, Dani era seduta nella cucina di Brad a mangiare la sua insalata, e lui le sedeva di fronte. Era elettrizzata di scoprire come Brad aveva modificato la casa, all'interno. Gli esterni erano in condizioni eccellenti, e scoprì con gioia che aveva messo la stessa cura anche negli interni. Il muro del corridoio verso il soggiorno era stato abbattuto, aprendo la cucina e trasformando gran parte del piano terra in un unico spazio aperto. Quella che un tempo doveva essere una piccola sala da pranzo era stata trasformata in un salottino in cui, a giudicare dal grosso schermo a parete e dal contenuto degli scaffali, Brad doveva ritirarsi a guardare la tv, leggere, ascoltare musica e giocare ai videogiochi. Notando quant'era diversa la casa, rispetto a quella di Marjorie, si rese conto di come fosse riuscito a sfruttare lo spazio in modo naturale. Per qualche ragione, questo per lei significava molto.

«Allora, ti piace come ho sistemato la casa?» le chiese Brad.

«Sì. Sono sempre più entusiasta di lavorare con te al cottage. Non vedo l'ora di ispezionare il primo piano, domani.»

«Mi piace scrivermi tutto. Quando parti con i lavori di ristrutturazione spunta sempre fuori qualche sorpresa. Sono sicuro che ne troveremo anche lì.»

«Finché non si tratta del fantasma della signora Maynard, posso gestirle» disse Dani.

Brad rise. «Quella non è altro che una vecchia superstizione. Io pensavo più a sorprese tipo le termiti.»

«Oh, mio Dio! Hai visto traccia di nidi?» si spaventò Dani.

Lui scosse la testa. «Non ancora, ma continuerò a cercarli, come continuerò a cercare qualsiasi altra cosa che possa costituire un problema.»

«È un peccato che la casa sia rimasta vuota per così tanto tempo. È come entrare in una capsula del tempo degli anni Cinquanta.»

«Per quanto non mi piaccia quel genere di arredamento, ammiro l'abilità degli artigiani del tempo. È questo che rende il cottage così speciale.»

«Stai lavorando su altre case così vecchie, al momento?» gli chiese Dani.

«No. In realtà, Aaron e io, in società con altre imprese, siamo impegnati nella nuova edificazione di un'area residenziale, sull'altra sponda del lago. Saranno tutte case nuove, ma la differenza tra le nostre e alcune delle altre è la qualità delle finiture che intendiamo offrire.»

«Oh, interessante» disse Dani. «Mi piacerebbe dare un'occhiata.»

«Anche a me piacerebbe che lo vedessi. Le prime due case sono state ben accolte, ma la gente comincia a richiederci qualche modifica ai progetti. È qui che penso che tu potresti fare una grande differenza per noi.»

Dani provò un brivido di eccitazione. «Realizzare i sogni di qualcuno è emozionante. Se posso essere d'aiuto, mi piacerebbe molto.»

«Non c'è da stupirsi che tua nonna ti volesse nella squadra di ristrutturazione del cottage. È molto orgogliosa di te, sai.»

«Grazie.» Non era famosa come le sue sorelle, ma andava fiera del proprio lavoro.

Dopo aver finito di cenare, Dani si alzò per sparecchiare.

Brad la fermò. «Faccio io, dopo. Vieni fuori. Voglio mostrarti una cosa.» La condusse nell'ampio giardino posteriore, delimitato da una staccionata bianca come quella davanti alla casa. «Sto pensando di costruire un piccolo gazebo nell'angolo sud-est. Un angolo dove rilassarsi, magari con un'amaca, e ci metterei anche una zanzariera per tener fuori gli insetti. Che ne pensi?»

Dani fissò lo spazio vuoto, si guardò intorno, chiuse gli occhi e immaginò la trasformazione.

«Io opterei per qualcosa di più rustico. Magari ci metterei anche una cucina esterna. Potresti creare una veranda, riparata da zanzariere, che prende tutto il retro. Darebbe un senso di maggiore spazio e sarebbe molto più comoda.»

Si fermarono insieme a studiare la struttura della casa. «Potremmo collegarla alle travi del tetto, senza grosse difficoltà» disse Brad. «Immagino che stessi pensando a un gazebo perché Patti ne ha sempre voluto uno.»

«La decisione spetta a te, ma se sei aperto ad altre opzioni, dal momento che lo spazio sul retro è esposto a sud, io mi spingerei ancora più in là e chiuderei la veranda per creare un giardino d'inverno, che puoi aprire d'estate e invece riscaldarlo nei mesi più freddi. Ne ho visti alcuni in foto che mi piacciono da impazzire.»

«È una grande idea. Il New Hampshire è fresco o freddo per gran parte dell'anno» rispose Brad. «E una veranda chiusa renderebbe la casa ancora più sfruttabile.»

«Quante camere da letto ci sono al piano di sopra?» chiese Dani.

«Una padronale e due più piccole» rispose Brad. «È una casa confortevole e la posizione è fantastica.»

«Sono d'accordo» confermò Dani. «Da qui arrivo in centro a piedi.»

«Grazie per le tue idee. Potrei iniziare a lavorarci in autunno. Se riesco a chiuderlo, potrei continuare a lavorare agli interni quest'inverno, quando c'è meno da fare.» Brad si voltò a guardarla. «Sono proprio felice che lavoreremo insieme al cottage. Tu e io la pensiamo allo stesso modo su tante cose.»

«Anch'io ne sono felice.» Non riuscì a trattenere un sospiro. «Ero abituata a lavorare con persone che cercavano sempre di fare a pezzi tutto quello che suggerivo. È bello essere ascoltati.»

Brad ridacchiò. «Se non mi dovessi trovare d'accordo con te, te lo farò sapere, ma prometto di non essere cattivo.»

Dani sentì le labbra incurvarsi in un sorriso. Aver lasciato lo studio avrebbe potuto rivelarsi la migliore decisione presa da molto tempo.

Tornarono dentro. «Grazie per aver condiviso la cena con me» disse Brad. «È stata una piacevole novità.»

«È piaciuto anche a me. Meglio che vada a vedere cosa combina Pirata, ora. Non voglio lasciarlo solo in casa per troppo tempo, finché non sarò sicura che si sia abituato. Quando tornerà Taylor sarà più semplice, dato che lei passerà molto tempo in casa a scrivere.»

«Vediamo... un architetto, una scrittrice, una star della televisione. Non c'è da stupirsi che la signora Wittner sia così orgogliosa di voi.»

«Anche lei è piuttosto notevole» affermò Dani, compiaciuta.

Brad la accompagnò alla porta. «Va bene, allora ci vediamo domani mattina al cottage, verso le undici.»

«Sì.» Dani si bloccò, come calamitata dai suoi occhi verde scuro.

Continuarono a fissarsi per un lungo istante, finché Brad distolse lo sguardo e le aprì la porta.

CAPITOLO 18
DANI

La mattina seguente, poco prima delle undici, Dani caricò Pirata in macchina e partì per il cottage. Era già pronta da un po', ma non voleva arrivare prima di Brad, per non dover entrare in casa da sola.

Mentre imboccava il vialetto, vide il pickup rosso parcheggiato davanti alla rimessa e tirò un sospiro di sollievo. Sapeva che avrebbe dovuto abituarsi a stare da sola al cottage, ma se davvero c'era un fantasma, voleva dargli il tempo di abituarsi alla nuova situazione e andarsene.

Dani parcheggiò, prese la sua cartelletta, fece scendere il cane e girò intorno alla casa fino al portico.

La porta era aperta.

Entrando, sentì un rumore al piano di sopra. «Sono arrivata!» avvertì.

Brad uscì dalla cucina. «Eccoti qui»

Il modo in cui la guardò le mandò un brivido lungo la schiena. Forse non era del tutto frutto della sua immaginazione che anche lui fosse attratto da lei.

«Stavo riguardando gli schizzi per la cucina. Dopo i nostri discorsi di ieri sera, volevo vedere se non potessimo aggiungere una veranda, o una veranda chiusa, anche qui.»

«Ci ho pensato anch'io. È una cosa che potremmo integrare ai progetti, dopo aver stabilito quanto ci costeranno i lavori principali. Non ho idea di quanto mia nonna abbia accantonato per questa ristrutturazione. Io e le mie sorelle potremmo aggiungere qualcosa all'importo, ma, ripeto, dobbiamo ancora capire di che cifra si tratta.»

«Diamo un'occhiata di sopra e forse ci faremo un'idea più precisa.»

Dani lo seguì al primo piano.

«Cominciamo da qui» Brad si diresse verso una delle camere da letto più piccole.

Dani lo seguì nella stanza. Era uno spazio vuoto con una finestra che dava sul lago e una che dava sul giardino laterale. L'unico arredo era un piccolo armadio che avrebbero dovuto sostituire con uno più grande, lasciando abbastanza spazio per un letto a due piazze, comodini e una scrivania. Si fermò un attimo davanti alla finestra con vista lago.

Brad inciampò, sbattendole contro la schiena. Lei si voltò di scatto e lo aiutò a rimettersi dritto. «Ehi!»

«Scusami. Non stavo guardando dove mettevo i piedi e non ti ho vista.»

Rimasero così, faccia a faccia, occhi negli occhi. La tensione erotica tra loro saturò l'aria.

Brad la strinse tra le braccia e la baciò. All'inizio, un bacio esitante, ma poi divenne più intenso.

Dani si sciolse tra le sue braccia, dimenticando ogni cosa tranne la perfezione di quel momento. Quando riaprì gli occhi, scorse piccole scintille che fluttuavano nell'aria. Sbatté le palpebre e se ne andarono, lasciandola colma soltanto della magia di quel bacio.

«Non so perché sono così imbranato, in questa casa» disse Brad. Gli spigoli delle sue labbra si sollevarono. «Ma sono contento che sia successo.»

Dani sorrise, in un impeto di gioia. «Anch'io. Del bacio,

non della tua caduta, intendo.» E risero entrambi, allentando la tensione sessuale per un momento prima che lui si chinasse a baciarla di nuovo.

Lei andò incontro alle sue labbra con entusiasmo. Amava quella sensazione e il loro sapore.

Quando si separarono, Brad le prese il viso tra le sue mani forti. Le dita erano ruvide per il lavoro manuale, ma il tocco era gentile. «Mi piaci molto, Dani, ma non voglio precipitare le cose.»

«Nemmeno io» assicurò Dani, ma sapeva di mentire a se stessa. Era pronta per molto più che un bacio. «Da quel che ho capito, non hai frequentato molte donne.»

«Ho aspettato quella giusta» disse Brad, allontanandosi da lei. «Ma non dobbiamo avere rimpianti.»

Dani annuì, comprensiva, ma non voleva nemmeno pensare che qualcosa di così speciale potesse andare storto.

Tornarono al lavoro, misurando le stanze del primo piano e prendendo appunti su ogni stanza. Finirono giusto in tempo per un pranzo tardivo.

«Ti va di mangiare un boccone in città?» chiese a Brad.

Lui scosse la testa. «Mi dispiace, non posso. Ho appuntamento con Melissa Hendrickson a pranzo, da Fins. Ci siamo accordati un po' di tempo fa.»

«Oh, okay. Mi prenderò qualcosa d'asporto alla caffetteria e tornerò a casa per iniziare a disegnare i progetti. Nei prossimi giorni vorrei venire a dare un'occhiata al vostro cantiere sull'altra sponda del lago. Come l'avete chiamato?»

«I *Meadows*. Capirai perché. Un tempo il terreno faceva parte di una grande fattoria.»

«Bellissimo» disse Dani. Aspettò che Brad prendesse le sue cose e poi chiuse a chiave il cottage pensando ancora ai suoi baci.

«Pirata!» chiamò, e lui uscì dal bosco, correndo verso di lei con la lingua penzoloni.

Brad la accompagnò alla macchina e poi tornò al suo pickup. Dani lo salutò con la mano, caricò Pirata in auto e se ne andò, con la testa ancora tra le nuvole. Poi si rimproverò. Per quanto le piacesse l'idea di stare con Brad, doveva stare attenta. Lui stava ancora pensando di costruire un gazebo perché sua moglie ne avrebbe voluto uno. Non le dispiaceva quel fatto, ma sapeva che era un avvertimento ad andarci con i piedi di piombo.

Parcheggiò davanti alla caffetteria ed entrò a prendersi qualcosa da mangiare. Vide Rachael seduta vicino alla finestra e le fece un cenno di saluto, per poi dirigersi al bancone per ordinare e pagare il suo fish burger da asporto Rachael la raggiunse.

«Ciao, Dani. Solo una domanda veloce. Brad è libero? Vorrei invitarlo a uscire, ma mi chiedevo se stesse già frequentando qualcuno. Ho pensato che tu potessi saperlo, visto che lavorate insieme. Passerò un po' di tempo qui, quest'estate, e Brad sembra proprio un bravo ragazzo. Di sicuro è carino.»

«Oh, sì» rispose Dani, presa in contropiede. Non spettava a lei decidere se Brad fosse libero o no. Si erano baciati solo una volta. Be', due volte. Tre, in realtà.

«Il tuo panino è pronto» la informò Crystal. Si girò di nuovo verso Rachael.

«Penso che dovresti chiederlo direttamente a lui.» Poi prese il sacchetto che Crystal le porgeva e se ne andò, troppo confusa dai propri sentimenti per restare lì a parlare con Rachael.

###

Di nuovo a casa, Dani era agitata. Il pensiero dell'attraente e ricca Rachael che usciva con Brad le aveva chiuso lo stomaco per l'ansia.

Lasciò uscire Pirata in giardino, controllò la sua ciotola dell'acqua e poi si sedette al bancone della cucina a mangiare il suo panino. In quel momento, il cellulare squillò. *Whitney.*

Si sentì grata per la distrazione. «Ciao, come stai?»

«Tengo duro» rispose Whitney, con un sospiro. «Recitare accanto a Zane gli ultimi episodi della serie richiede le mie migliori doti di attrice. Ancora poche settimane e poi potrei essere in grado di tornare a Lilac Lake.»

«Sei riuscita a sistemare le cose lì?» le chiese Dani.

«Ho parlato con la mia agente e anche con Zane. Non è andata bene.»

«Come stanno venendo gli episodi della serie?» le chiese allora, allarmata dal dolore che percepiva nella voce di Whitney.

«Bene. Mi sembra che il cast abbia imparato a interagire in maniera più naturale» rispose Whitney, con un po' più di entusiasmo. «E lì come va?»

«Brad e io abbiamo esaminato il cottage, abbiamo preso le misure e ci siamo segnati molti appunti per ogni stanza. Sto per iniziare a disegnare i progetti, poi butteremo giù delle cifre, per cominciare. È un processo lungo, ma non si è mai abbastanza attenti.»

«Sembra che tu abbia tutto sotto controllo» commentò Whitney. «Non mi sorprende.»

«Be', c'è una cosa su cui non ho alcun controllo.» Dani esitò. «Mi sto prendendo una solenne cotta per Brad.»

«Me l'aspettavo, dal giorno in cui l'abbiamo conosciuto alla locanda e vi ho visti insieme che parlavate delle foto di famiglia che stavamo portando via. Ecco, magari non immaginavo così presto.»

«E invece è successo. Il fatto è che abbiamo concordato di andarci con i piedi di piombo e ora Rachael McPherson è intenzionata a chiedergli di uscire. Mi ha persino chiesto se era libero.»

«E tu cosa le hai detto?»

«Ho detto che doveva chiederlo a lui. È stato stupido da parte mia?»

«Se lui è davvero interessato a te, non dovrebbe essere un problema. Siete così agli inizi che non gli farebbe male uscire con lei e capire da solo quanto sei meravigliosa tu» sentenziò Whitney. «Ma capisco che l'idea ti faccia soffrire.»

«Grazie, credo.» Dani prese un profondo respiro. «Non è uscito con molte donne, dopo la morte della moglie, due anni fa. Forse sta solo facendo le prove, per vedere se è pronto a frequentare qualcun altro.»

«Non mi sembra il tipo, GG non avrebbe tutta quella stima di lui» disse Whitney. «E a me è sembrato un ragazzo serio, da come parlava della casa.»

«Hai ragione, devo solo lasciare che le cose facciano il loro corso. Già una volta mi sono innamorata troppo in fretta, e sai anche com'è finita. È questo che mi spaventa.»

«A proposito di cose spaventose, hai notato qualche segno della presenza della signora Maynard?»

Dani scoppiò a ridere. «Non ne sono certa. Però non mi piace l'idea di stare lì da sola, finché non arriveranno gli operai. Loro cacceranno via qualsiasi fantasma.»

Whitney rise. «Grazie per avermi fatta sentire meglio. Ora devo andare.»

Dani chiuse la chiamata e tornò a sedersi. Era bello poter parlare davvero di qualsiasi cosa, con le sue sorelle.

Si guardò intorno e decise che avrebbe allestito il suo "ufficio" sul tavolo della cucina, che avrebbe spostato più vicino alla vetrata scorrevole, così da avere abbastanza luce naturale. Disegnare le planimetrie era un lavoro lento e preciso, ma creare i dettagli di una stanza, una casa o un edificio le dava una grande soddisfazione. Le piaceva disegnare e colorare fin da piccola, ma quello richiedeva una disciplina del tutto diversa. E i momenti creativi erano quelli più emozionanti.

Dopo aver allestito il tavolo da disegno, Dani si mise al lavoro. Le prime planimetrie erano solo per indicare la disposizione delle stanze con le relative dimensioni. In seguito, sarebbero stati aggiunti altri dettagli, come gli impianti idraulici, elettrici e di altro tipo. Per il momento, voleva vedere come funzionavano gli spazi e come sarebbe fluito il movimento tra le stanze.

Il pensiero tornò a Brad. Le piaceva che anche lui fosse creativo. Si portò le dita alle labbra, ricordando i suoi baci, prima dolci e teneri, poi caldi e appassionati.

CAPITOLO 19
TAYLOR

A New York, Taylor prese una tazza di caffè e un bagel da una vicina caffetteria e li portò al suo appartamento. Il quartiere era pieno di locali dove poter mangiare, dalla mattina alla sera, e la vicinanza alla metropolitana le consentiva di raggiungere con facilità il suo editore e la sua agente. Tuttavia, Lilac Lake aveva qualcosa di cui ora sentiva la mancanza: una calma felicità che le penetrava fin nelle ossa quando, fuori dalla finestra, vedeva boschi e fiori, invece di grattacieli, sentiva il suono degli uccelli che cinguettavano e si chiamavano, invece dei clacson e degli allarmi delle auto, oppure le giungeva l'inafferrabile profumo del lago e dei sempreverdi, invece dei gas di scarico delle automobili.

Era tempo di cambiare. Dopo aver pubblicato dieci libri, aveva bisogno di una pausa dall'ansia che la perseguitava. Non era una novità, le capitava ogni volta che iniziava un nuovo romanzo. Aveva paura che non sarebbe stato accolto bene quanto l'ultimo. Parlando con altri autori, aveva scoperto che soffrivano della sua stessa insicurezza.

Lilac Lake era piena di nuove possibilità. Uscire con Aaron Collister era stato divertente. Sebbene non fosse certa dei propri sentimenti – non sapeva se pensava a lui come a qualcosa di diverso da un amico – aveva provato emozioni che avrebbe potuto riutilizzare in un libro. E se fosse servito a motivarla, lo avrebbe rivisto volentieri.

Inoltre, a Lilac Lake sentiva un senso di appartenenza. La gente la conosceva da quando era bambina e trascorreva lì le estati. E con le sue sorelle e GG intorno, aveva la famiglia che desiderava. Non che non amasse i suoi genitori. Erano gentili e amorevoli, ma non avevano mai capito veramente perché si immergesse in un mondo di sua creazione, invece di vivere nel mondo reale. Taylor sapeva che scrivere era una forma di evasione, ma era ciò di cui aveva bisogno per superare la timidezza che l'affliggeva da sempre.

Il suo cellulare squillò. *Sua madre.*

«Ciao, mamma. Come stai? Fa caldo ad Atlanta?» esordì, come al solito.

«Ciao, tesoro. Sì, fa caldo. Così caldo che ce ne andremo a Jekyll Island prima del solito, quest'anno. Tu come stai?»

«Bene, sto facendo i bagagli per trasferirmi a Lilac Lake per l'estate. Dani e io abbiamo preso una casa in affitto. Lei si è già trasferita, io la raggiungerò tra un giorno o due.»

«Ho parlato con GG questa mattina ed è entusiasta del fatto che voi ragazze starete lì per tutta l'estate. Penso che avervi intorno la faccia sentire giovane. Vi sono grata.»

«Mi è sempre piaciuto stare lì, e sarà utile allontanarsi dalla città per un po'.» Taylor evitò di menzionare i suoi problemi con l'ultimo libro. «Goditi Jekyll Island e dai un abbraccio e un bacio a papà da parte mia. Un bacio anche a te.»

«A te, tesoro mio.»

Fu grata al fatto che sua madre non avesse avuto voglia di chiacchierare più a lungo. Aveva un modo tutto suo di scoprire i suoi pensieri più intimi e, in quel momento, la mente di Taylor era piena di promesse che andavano ben oltre i libri.

CAPITOLO 20
DANI

Dani stava lavorando ai suoi disegni, concentrata sulle dimensioni e le altre misure delle stanze della casa, prendendo appunti su quali cambiamenti avrebbero potuto funzionare, quando Pirata cominciò ad abbaiare e corse alla porta d'ingresso.

Controllò l'ora e rimase scioccata scoprendo che erano già passate le cinque. Si alzò e andò alla porta.

Brad, fermo sulla soglia, le sorrise. «Ciao. Posso entrare?»

«Certo» rispose lei, facendosi da parte. «Ero in cucina a lavorare su alcuni progetti iniziali per il cottage.»

«Ecco perché sono qui. Ho iniziato a pensare ai suggerimenti che mi hai dato per casa mia e mi chiedevo se ti va di lavorare per me e disegnarmi i progetti. Più ci penso, più la tua idea mi sembra buona. Posso far gettare le fondamenta dai ragazzi che stanno lavorando ai Meadows, mentre Garth mi fornirà il legname e altri materiali edili.»

«Ci hai riflettuto sul serio!» Dani era impressionata.

Brad le sorrise. «Una volta che mi sono deciso, non mi ferma nessuno.»

Dani scoppiò a ridere. «Sembra proprio di sì.» Lo accompagnò in cucina e tirò fuori il blocco da disegno. «Cominciamo con la disposizione dello spazio.»

Si scambiarono idee e suggerimenti e, un'ora dopo, entrambi concordarono che il progetto di base che avevano elaborato era perfetto. Il giardino d'inverno con cucina esterna si apriva attraverso porte finestre su un patio di mattoni autobloccanti dove troneggiava un braciere, circondato da posti a sedere. I lucernari a soffitto potevano essere aperti per la ventilazione e avrebbero integrato le porte finestre dotate di zanzariere che si affacciavano sul giardino. Era un progetto ambizioso, ma avrebbe cambiato completamente lo stile della casa.

«È tardi. Posso invitarti a cena?» propose Brad. «Potremmo andare da Fins. Melissa ha detto che mi doveva una cena per averle parlato della possibilità di costruirsi una casa ai Meadows. Ecco perché ci siamo visti a pranzo. Ora, anche Rachael McPherson vuole vedermi in merito al centro benessere che vogliono costruire.»

Dani strinse le labbra, ma si impose di non dire nulla. Erano affari di Brad chi avrebbe incontrato e perché. Il problema era che lui non sembrava rendersi conto che quelle due volevano più che semplici informazioni, da lui. Ma lei non poteva e non voleva dire una parola. Ora che Brad stava iniziando a uscire di più, aveva molto da scoprire da solo.

«Be', cosa ne dici?» disse Brad.

«Una cena da Fins è un'idea perfetta. Il cibo è delizioso.»

«Chiamo il ristorante e andiamo.»

«Dammi solo qualche minuto per cambiarmi.» Sapeva che tutti in città li avrebbero fissati, ed era abbastanza vanitosa da voler apparire al meglio.

Brad chiamò il ristorante e si voltò verso di lei. «Okay, ci rivediamo di nuovo qui tra, diciamo, quindici minuti?»

Lei ridacchiò. «Va bene.» Di norma, ci avrebbe messo ben più di quindici minuti per farsi una doccia per bene, vestirsi e prepararsi per una serata fuori. Eppure, era proprio quella sua ingenuità a rendere Brad così attraente.

Dopo aver dato da mangiare a Pirata, corse in bagno, si lavò la faccia e si precipitò in camera da letto per infilarsi un paio di pantaloni neri e una maglia metallizzata, che stava particolarmente bene con gli orecchini d'argento che portava.

Aveva appena finito di mettersi il mascara quando sentì il suono del campanello. Andò ad aprire con il sorriso sulle labbra, sentendosi come se avesse appena vinto una maratona.

Brad la guardò e lasciò uscire un lungo, lento fischio. «Ti sei messa in ghingheri.»

Scoppiò a ridere. Se uno degli uomini in ufficio se ne fosse mai uscito con una frase del genere, si sarebbe offesa, ma detto da lui suonava carino.

Quando arrivarono al ristorante, il locale stava iniziando a riempirsi. Susan Hendrickson li accolse da perfetta padrona di casa. «Ti ho riservato un ottimo tavolo, Brad. Melissa mi ha detto che avete avuto un incontro produttivo.»

«Grazie.» Brad e Dani seguirono Susan fino al tavolo e vennero fatti accomodare.

Mentre teneva la sedia di Brad, la donna gli sorrise. «È così emozionante che tu e Melissa vogliate lavorare insieme al progetto della sua casa, una bella casa per il futuro.»

«Sì. Sarà bellissima» confermò Brad.

«Ne sono certa» ribadì lei, indugiando un momento, senza smettere di sorridergli.

Dopo che se ne fu andata, Brad commentò: «È importante che la gente del posto si interessi alla nuova area residenziale, e Melissa e sua madre di sicuro spargeranno la voce» disse Brad.

«Questo è certo» concordò Dani.

Stavano studiando i menu quando Rachael entrò nel ristorante. Vedendoli, si affrettò verso di loro.

«Eccoti qua, Brad. Cercavo proprio te. Vi spiace se mi unisco a voi?»

Brad lanciò un'occhiata a Dani. «Non ti dispiace?»

«Per niente.» Ce la mise tutta per nascondere la delusione. Il loro incontro al bar aveva dato a Rachael un'impressione sbagliata sui suoi sentimenti per Brad? Il pensiero che Rachael cenasse con loro non sembrava affatto essere un problema per lui.

Dani rimase in silenzio mentre Rachael parlava con Brad della locanda e di altre cose, aspettando invano un'opportunità per unirsi al discorso. Quella donna sembrava determinata a impedirglielo.

La guardò sporgersi verso di lui. «Spero che, ora che sono sola a Lilac Lake, passeremo un po' di tempo insieme. È importante per il nostro progetto che abbiamo le idee chiare su come vogliamo che si sviluppi.»

«Aaron e io saremo disponibili in qualsiasi momento, per te e i tuoi fratelli.» Brad le parlava sempre in tono gentile, però aveva leggermente aggrottato la fronte.

Le labbra di Rachael si incurvarono in un sorriso. «È quello che mi auguro. Anche se vorrei lavorare proprio con te.»

«Aaron e io ci aggiorniamo costantemente, così che entrambi possiamo esservi sempre d'aiuto.» Stavolta il tono di Brad fu più brusco. «Faremo del nostro meglio per tenerti informata, come facciamo con tutti i clienti.»

Mentre guardava Rachael china su Brad con la mano sul suo braccio, lo stomaco di Dani si chiuse. Sua madre l'aveva definita fin troppe volte una sognatrice, una che pensava che i desideri potessero avverarsi semplicemente perché ci sperava. Aveva creduto che tra lei e Brad ci fosse qualcosa di speciale, ma si stava rendendo conto che non era altro che pura e semplice attrazione. Lui soffriva ancora per la morte della moglie e lei avrebbe dovuto farsi una ragione del fatto che non fosse pronto per niente di serio. Almeno, non con lei.

Il pasto le parve durare in eterno, mentre Rachael dominava la conversazione, tenendo gli occhi fissi su Brad per la maggior parte del tempo. Lui lanciò a Dani uno sguardo ansioso, ma non riuscì a sottrarsi alle domande di Rachael.

Quando finalmente ebbero finito di mangiare, Dani si alzò. «Grazie per la cena, Brad, ma devo tornare a casa. Ho dimenticato di chiudere Pirata in cucina e non posso lasciarlo da solo troppo a lungo.»

«Ti do uno strappo a casa.» Brad scattò in piedi con espressione sollevata.

«Grazie, ma credo che farò due passi. È ancora presto e ho bisogno di muovermi un po'.» Era chiaro che non fosse contento della sua decisione di andarsene, ma lei ne aveva avuto abbastanza.

«Va bene, come preferisci. Ci vediamo dopo, vicina» la salutò, prima di rivolgersi alla cameriera, che nel frattempo si era avvicinata.

Dani prese la direzione dell'uscita, lottando per non mettersi a correre. Sulla porta, si fermò e si voltò indietro, per vedere Brad e Rachael che riprendevano la loro conversazione.

Ricacciò indietro le emozioni, uscì e si allontanò lungo il marciapiede, lieta di abitare a pochi passi dal centro. Non avrebbe potuto passare un altro solo istante a guardare Rachael che faceva la smorfiosa con Brad. Ancora una volta, si era lasciata trasportare dalla propria immaginazione, si era concessa di credere che, dopo aver chiuso con il suo vecchio ambiente di lavoro, avrebbe potuto iniziare una vita completamente diversa, forse persino trovare la sua anima gemella. Aveva vissuto a Lilac Lake per poco tempo, ma era abbastanza per metterla in guardia dal comportarsi da sciocca. Soprattutto quando c'era di mezzo un uomo.

Quando rientrò a casa, Pirata la accolse con la coda tra le gambe. Le ci volle solo un momento per scoprire il motivo di quell'aria colpevole. La trapunta che teneva sul letto, che possedeva da molto tempo, giaceva in mezzo al soggiorno, con un angolo a brandelli.

«Pirata! Cos'hai fatto?»

Lui strisciò verso di lei, pancia a terra, e le lanciò uno sguardo afflitto.

Dani lo ignorò e si avvicinò alla trapunta. La sollevò verso di lui e gli puntò un dito contro. «Cane cattivo.»

Lui la scrutò un istante e poi le si avvicinò, guardandola con occhi adoranti.

Dopo la serata orribile che aveva trascorso, Dani non poté fare a meno di allungare la mano e grattarlo dietro le orecchie. Senza dubbio, lo stava confondendo, ma quello sguardo pieno d'amore era troppo confortante per essere ignorato.

«Dai, andiamo in giardino.» Pirata la seguì fuori e, mentre lui andava in giro ad annusare e fare i suoi bisogni, Dani si riempì i polmoni d'aria fresca. Si sentiva già un po' meglio, ma ricordò comunque a se stessa che l'unica cosa su cui si sarebbe dovuta concentrare, quell'estate, era la ristrutturazione del cottage. Le piaceva lavorare con Brad, le piaceva il suo modo di fare, ma, sebbene fosse attratta da lui, non poteva permettersi di andare più in là.

Tornata dentro, stava controllando i danni alla trapunta quando sentì il suono del campanello. Sapeva già chi era, ancor prima di andare alla porta.

«Tutto bene?» le chiese Brad. «Pirata sta bene?»

«Ha masticato la mia trapunta preferita, per il resto sembra tutto a posto.»

«Ti va di fare un salto da Jake con Rachael e me? Abbiamo appuntamento lì con Liam. Mi piacerebbe molto che ti unissi a noi.»

«Grazie, ma no. In effetti, mi sono venute delle idee nuove a cena e voglio segnarmele. Divertitevi anche per me.»

Lui la studiò per un attimo. «Okay. Ci vediamo.»

Restò a guardarlo tornare al suo pickup e poi si chiuse la porta alle spalle. Le lacrime le offuscarono la vista. Sbatté le palpebre con determinazione e giurò di andare avanti con la sua nuova vita, senza pensare a lui come qualcosa di più che un amico. Per quanto profonda fosse la delusione, capì che era la cosa giusta. Lui stava appena iniziando a lasciarsi il passato alle spalle. Meritava di farlo liberamente. Eppure, faceva male.

Il ritorno di Taylor a Lilac Lake rischiarò l'umore di Dani. Aiutò la sorella a trasportare i bagagli e gli altri effetti personali, felice che Taylor riempisse il vuoto che aveva avvertito in quella casa, da sola.

Chiacchierarono allegramente mentre trascinavano le cose di Taylor al piano di sopra nella camera da letto padronale, che sarebbe stata anche il suo studio.

«Lascia che mi sistemi e poi ce ne andiamo a pranzo alla caffetteria.» Taylor posò con cura il suo portatile sulla scrivania. «Ho pensato alla loro insalata primaverile e ai biscotti fatti in casa per tutto il viaggio fin qui.»

Dani ridacchiò. «Ti aspetto di sotto. Lavorerò ai miei progetti, finché non sarai pronta.»

Pirata la seguì giù per le scale.

«È ora di andare a giocare fuori» disse Dani. «Non voglio che metti il naso nelle cose di Taylor. Hai un sacco di nuovi giocattoli e palline da masticare.»

Come se avesse capito, Pirata se ne andò in giardino tutto festante. Dani si rese conto che aveva iniziato a parlare con il cane e si prese in giro da sola.

Taylor la raggiunse poco dopo. «Okay, sono pronta. Andiamo. Guida tu. Io ho guidato fin troppo.»

«Affare fatto.» Le avrebbe fatto bene uscire di casa. Erano passati solo un paio di giorni dalla disastrosa cena con Brad e Rachael da Fins.

Era un'altra giornata di cielo azzurro, calda ma non torrida; il clima perfetto per pranzare nel dehors della caffetteria. Individuarono un tavolo libero all'ombra e se l'accapararrono.

«È bello riaverti qui» disse Dani a Taylor. «Sono contenta che quest'estate trascorreremo del tempo insieme. Negli ultimi anni, ci siamo viste più che altro durante le vacanze e per le feste comandate.»

Taylor sorrise. «Vivere sotto lo stesso tetto rende i rapporti più concreti. Pensavo di dare il meglio, quando me ne stavo da sola rintanata a scrivere, ma ora ho capito che stare in mezzo alla gente aiuta a tenere la mente attiva su cose diverse dal mio libro. Penso che renderà le mie storie migliori.»

Un'ombra passò sopra il loro tavolo.

Dani alzò lo sguardo e si irrigidì vedendo Rachael.

«Dani. Proprio la persona che speravo di vedere. Volevo ringraziarti per avermi lasciata da sola con Brad, l'altra sera. È stato così carino da parte tua darci la possibilità di conoscerci. Negli ultimi giorni ho apprezzato moltissimo la sua compagnia.»

«Bene.» Dani fece buon viso a cattivo gioco. L'ultima cosa che voleva era che tutti si accorgessero che si era fatta delle illusioni su un futuro con Brad. Anche in quel momento, al solo ripensarci, si sentì avvampare.

«Be', ora devo andare. Spero di vederti in giro» si congedò Rachael, splendida nel suo prendisole a fiori e il cappello di paglia floscio che le dava un'aria sofisticata.

Dopo che se ne fu andata, Dani chiuse gli occhi, inspirò profondamente e lasciò uscire un lungo sospiro.

«Di cosa stava parlando?» Taylor la guardò con espressione preoccupata.

Dani abbassò la voce e le raccontò di quella serata orribile.

Taylor la scrutò. «Ti conosco abbastanza bene da capire che la situazione è stata imbarazzante.» Lo sguardo si fece più penetrante. «Ti stavi innamorando di lui.»

Dani fece una smorfia e annuì. Sollevò una mano per impedire a Taylor di dire altro.

«Colpa mia» tagliò corto.

CAPITOLO 21
TAYLOR

Taylor lesse il dolore e la delusione sul volto di Dani e decise di lasciar cadere l'argomento Brad. Sapeva che la storia di Dani era una lezione anche per lei. Per una che scriveva tanto di romanticismo, non ne aveva tutta quell'esperienza. Oh, aveva avuto un sacco di occasioni per uscire con qualcuno e con qualche uomo era anche uscita, ma non aveva mai fatto sul serio. New York sembrava essere piena di uomini che lottavano per emergere, sempre in movimento, oppure di uomini che avevano abbastanza soldi per annoiarsi, ma erano troppo comodi nelle loro vite per voler cambiare. Lei stava aspettando il suo principe azzurro.

Taylor e Dani ordinarono le loro insalate, biscotti e tè freddo e si misero comode.

Nick uscì sul dehors con indosso la sua uniforme da sceriffo e, dopo essersi guardato attorno nello spazio affollato, le individuò e si avvicinò.

Sorrise e scosse la testa. «Vi dispiace se mi unisco a voi, ragazze? Gli altri tavoli sono occupati.»

Taylor gli sorrise. «Certo, accomodati. Mi sto giusto riprendendo con uno dei miei piatti preferiti, dopo aver guidato da New York.»

«Sei qui per restare un po'?» le chiese.

«Almeno per tutta l'estate.» Taylor dovette ricordare a se stessa di respirare, quando i suoi occhi azzurri indugiarono su di lei.

«È fantastico» disse Nick e si voltò verso Dani. «Ho sentito che avete affittato la casa di Marjorie Hight. Mi ha chiamato lei per dirmelo e chiedermi di tenerla d'occhio.»

Dani alzò la mano destra e gli rivolse un sorriso giocoso. «Prometto che Taylor e io ce ne prenderemo cura.»

Nick scoppiò a ridere. «E Whitney quando torna?»

«Ci vorrà ancora un po'» gli rispose Dani. «Sta finendo di girare la serie.»

«Sarebbe davvero bello avere di nuovo qui tutte le ragazze Gilford» disse Nick. «Ricordo com'era, quando eravamo ragazzi.»

Crystal comparve con il loro ordine. «Ehi, Nick. Ho sentito che stasera andrai a Boston per una partita dei Red Sox. Buon divertimento.»

Si studiarono per un momento, poi Crystal distribuì i piatti di Dani e Taylor, tenendo abilmente il vassoio in equilibrio. «Ti porto il tuo panino» disse poi a Nick e se ne andò.

«È incredibile che tu e Crystal siate ancora amici» sbottò Taylor, prima di riuscire a trattenersi. La situazione la incuriosiva, si chiedeva se avrebbe potuto inserire qualcosa del genere in un suo romance.

Nick si strinse nelle spalle. «Ci piacciamo molto, finché non siamo marito e moglie. Un matrimonio può finire quando l'amore si trasforma in odio, oppure quando ti rendi conto che non eravate destinati a sposarvi. L'odio non ha posto nella mia vita.»

Taylor sospirò, rendendosi conto che, forse, i veri principi azzurri esistevano e ne aveva appena incontrato uno.

CAPITOLO 22
DANI

La mattina dopo, Dani guidava verso il cottage per incontrare Brad, con la gola chiusa per l'agitazione. Aveva deciso di soffocare i suoi crescenti sentimenti per lui, sapendo che il cuore spezzato era dietro l'angolo. Lui era un brav'uomo, ma non era pronto per ciò che lei avrebbe voluto. Aveva sempre avuto un pessimo tempismo, del resto.

Il pickup di Brad era già nel vialetto. Vi parcheggiò accanto, scese dalla macchina, fece scendere Pirata e si avviò verso la porta d'ingresso.

Una volta dentro, lo chiamò.

«Di sopra» rispose lui.

Si diresse alle scale e fece per salire il primo gradino, quando vide Brad precipitare verso di lei.

Dani strillò e tese le braccia per cercare di arrestare la sua caduta, ma la forza dell'impatto la fece cadere a terra. Quando fu in grado di sedersi, vide Brad accasciato accanto a lei.

I suoi occhi si aprirono e la guardò stordito. «Patti?»

«Brad, sono io, Dani. Sei caduto.» Gli prese il viso tra le mani per controllargli gli occhi. «Ti fa male da qualche parte?»

Lo studiò, mentre lui muoveva gambe e braccia. Sembrava tutto a posto.

«Va bene. Vieni a sederti. Credo che dovremmo fare un giro al pronto soccorso e farti visitare.»

«Okay» disse Brad. Dani si stupì che non opponesse resistenza. «C'è qualcosa di strano. Giuro che qualcosa mi ha spinto giù dalle scale.»

Dani sentì la pelle d'oca, come grosse formiche che le correvano sulla schiena. Si voltò di scatto, studiando l'ambiente circostante, pregando di non vedere un fantasma. Aveva la mente in subbuglio. Un fantasma donna, la signora Maynard, avrebbe fatto loro del male? A meno che non fosse arrabbiata. *Ma cosa dici! I fantasmi non sono reali. Sono frutto dell'immaginazione. Giusto?* Abbassò lo sguardo su Brad e sentì freddo. Dovevano uscire di lì.

Riuscì a far alzare Brad e camminarono un po' incerti verso la porta, per poi uscire sul portico. Pirata li fissò dal prato, aspettò che scendessero i gradini e poi corse verso di loro. A Dani venne in mente che Pirata non era mai entrato in casa. Aveva percepito qualcosa di insolito all'interno?

Allontanandosi il più in fretta possibile, accompagnò Brad alla propria auto e, dopo aver fatto salire lui e Pirata, si mise al volante. Mentre attraversava la città, poco prima, aveva notato il pronto soccorso, quindi sapeva esattamente dove andare.

Si fermò davanti all'edificio e parcheggiò.

«Okay, ci siamo» disse a Brad. «Entriamo e facciamoti visitare. Hai un paio di brutti bernoccoli da controllare.»

Brad scosse la testa. «No, sto bene. Torniamo a casa.»

Dani si voltò verso di lui. «Devo assicurarmi che tu stia bene. Quello che è successo è piuttosto spaventoso, per più di una ragione.»

Scese dall'auto, fece il giro e aprì la portiera del passeggero.

Muovendosi un po' rigido, Brad scese sul marciapiede e le permise di condurlo all'interno del pronto soccorso.

Brad diede i suoi dati all'addetto al triage, poi prese posto nella sala d'attesa accanto a Dani.

Quando lo chiamarono, si voltò verso di lei. «Forse faresti meglio a venire con me. Io non ricordo niente.»

«Mi hai detto che sei stato spinto giù dalle scale. È così?» gli chiese.

Lui scosse la testa. «Come è possibile? Non c'era nessuno. Devo essere inciampato di nuovo. Tutto qui.»

«Okay» disse Dani. Lo seguì fino alla sala visite e si fece da parte mentre il medico lo esaminava.

«Hai un po' di bernoccoli in testa, ma i tuoi occhi sembrano a posto, le tue reazioni sono normali. Non vedo motivo di preoccuparsi, ma ti consiglio di passare il resto della giornata a riposo. Sei un ragazzo grande e grosso, ma il tuo corpo ha subito un trauma.» Guardò Dani e poi di nuovo Brad. «Magari la tua ragazza può tenerti d'occhio.»

Brad scosse la testa e fece per replicare.

«Siamo solo vicini di casa» intervenne Dani.

Brad la guardò e poi distolse lo sguardo. «Solo amici.»

Dani avvertì una fitta di delusione, ma se la scrollò di dosso e salutò il medico, per poi aiutare Brad a salire in macchina.

«Il dottore ha detto che puoi prendere un antidolorifico, se necessario. Ne hai a casa?»

«Credo di sì. Non preoccuparti. Me la caverò.»

Sulla strada del ritorno, Brad chiamò Aaron per raccontargli cos'era successo. «Mi riposo un attimo e poi ti raggiungo sul posto.» Chiuse la chiamata e si voltò verso di lei. «Grazie per essere rimasta con me. Più tardi, andrò a prendere il mio pickup al cottage. Aaron ha detto che mi accompagna lui.»

«Va bene. Mi rimetterò a lavorare sui disegni, a casa.

Quando te la senti, potremmo vederci al cottage come avevamo programmato.»

«Verrà Aaron con te, domani mattina, per sistemare la faccenda. Io ho un appuntamento con Rachael.» Brad guardò fuori dal finestrino e lei non disse altro finché non entrò nel suo vialetto.

«Sicuro che stai bene?» gli chiese poi.

«Sì, grazie. Apprezzo il tuo aiuto.» Lui scese dall'auto, le fece un cenno di saluto ed entrò in casa.

Dato che stava bene, Dani si spostò alla porta accanto. Quando entrò, Taylor le corse incontro. «Cosa succede? Ti ho visto entrare nel vialetto di Brad, per poi venire qui. Dov'è il suo pickup?»

Dani lasciò uscire un lungo sospiro. «È successa una cosa strana.» Raccontò a Taylor della caduta di Brad, del fatto che l'aveva chiamata Patti e che le aveva detto che qualcuno lo aveva spinto.

Gli occhi di Taylor, alla fine del racconto, erano sbarrati. «Oh, mio Dio! Pensi sia stato il fantasma della signora Maynard? O addirittura uno spirito maligno?»

«Non credo ai fantasmi, ma sono in ansia. Ho percepito qualcosa di strano lì. Ammetto di aver avuto paura.»

«Chiamiamo Nick e facciamogli controllare la casa, per assicurarci che non ci siano intrusi.»

«Okay, poi andrò a chiedere a GG cosa sa delle vecchie storie sulla signora Maynard» disse Dani, più sconvolta di quanto volesse apparire davanti a Taylor.

«Hai detto che Brad ti ha chiamato Patti?» chiese Taylor.

«Sì. E al dottore ha detto che eravamo solo amici. È una fortuna che si sia espresso in modo così chiaro, perché ora so che non posso assolutamente permettermi di lasciarmi coinvolgere da lui.»

«Trovo che sia una scelta saggia» disse Taylor dandole un breve abbraccio. «Non ha senso esporti al rischio di farti ferire.» Rimase lì in piedi, mentre Dani chiamava l'ufficio dello sceriffo.

Una volta che Nick fu in linea, Dani iniziò a spiegare cosa era successo al cottage, sentendosi sempre più stupida, mentre Nick rimaneva in assoluto silenzio. Alla fine, concluse con «... e Taylor e io apprezzeremmo se tu o uno dei tuoi uomini veniste a controllare la casa per assicurarci che non ci abiti un vagabondo.»

«Hai visto segni che potrebbero indicare che qualcuno vive lì dentro?» chiese Nick.

«No, ma qualcosa di strano c'è. Sia Brad sia io l'abbiamo avvertito.»

«Va bene, allora assicuriamoci che non ci sia niente che non va. Stavo per andare a pranzo, ma farò prima un salto al cottage. Vuoi che ci vediamo lì?»

«Va bene. Chiederò a Taylor di venire con me» rispose Dani. «Ti ringrazio. Ci vediamo al cottage tra pochissimo.» Concluse la chiamata e si voltò verso Taylor, che passeggiava lì attorno.

«Ho bisogno che tu venga con me, anche se so che non ti piace entrare in quella casa.»

Taylor lasciò uscire un lungo sospiro. «Okay, lo faccio solo per te. E perché mi darà la possibilità di vedere Nick in azione.»

Dani studiò la sorella. «Ho forse avvertito una speciale nota di interesse?»

Le guance di Taylor diventarono di un bel rosa. «Forse.»

«Be', allora è meglio andare» La reazione di Taylor la

divertiva. Magari, dopo aver scritto tutti quei romanzi rosa, sua sorella stava per trovare il suo eroe.

Quando arrivò davanti al cottage, Dani vide il pickup di Brad ancora parcheggiato nel vialetto. Accanto, c'era l'auto di servizio dello sceriffo.

Si fermò dietro il pickup e lei e Taylor scesero.

Anche Nick scese dall'auto. In uniforme, aveva un aspetto forte e capace. Sapendo che c'era lui a vegliare su di loro, Dani si sentì più a suo agio all'idea di tornare nel cottage.

«Buongiorno, signore» le salutò in tono gentile. «Vediamo se riesco a trovare qualcosa. Apritemi la porta e restate fuori. Io entro a dare un'occhiata.»

«Grazie, Nick» disse Taylor. «Ci sentiremo tutti meglio una volta che ci confermerai che non ci sono pericoli.»

Le sorrise. «Non crederete al fantasma della signora Maynard, vero?»

«Preferirei pensare che i fantasmi non esistono, ma tengo la mente aperta» replicò Taylor. «So che sembra sciocco, ma non voglio avere a che fare con un fantasma.»

«D'accordo» disse lui, procedendo insieme a loro verso la porta d'ingresso. «Mi assicurerò che non ce ne siano.»

Dani aprì la porta e fece un passo indietro. «Fai un fischio, se hai bisogno di me» disse coraggiosamente, ma poi scese i gradini del portico per tornare da Taylor, che non aveva nemmeno fatto il gesto di avvicinarsi.

Mentre aspettavano sul prato, Dani studiò la casa. Con una mano di vernice fresca e gli interni ristrutturati, sarebbe stata una splendida seconda casa, per lei e le sue sorelle.

Con il passare dei minuti, Dani cominciò a preoccuparsi.

Quanto ci metteva a guardarsi attorno, Nick?

Quando finalmente riapparve sul portico, Dani lasciò uscire il fiato che non si era resa conto di aver trattenuto. «Tutto okay?» gli gridò.

Lui scese verso di lei. «Ho esaminato ogni stanza, ogni armadio e persino la soffitta e non ho trovato nulla di sospetto. Potrebbe essere andata come pensa Brad, ed è semplicemente inciampato. Può succedere a chiunque.»

«Grazie per aver fatto questo per noi. Vorremmo riuscire a iniziare i lavori di ristrutturazione il prima possibile. Sto ancora lavorando sui bozzetti preliminari, ma una volta che ci saremo messi d'accordo e che gli elettricisti e gli idraulici li avranno approvati, potremo redigere i disegni tecnici per tutti i soggetti coinvolti.»

«Sembra che tu stia procedendo in modo molto professionale.» Nick sembrava impressionato.

«GG sapeva che avremmo voluto farlo in quel modo. La casa stessa se lo merita» disse Taylor.

«È un sollievo sentirlo» replicò Nick. «È un punto di riferimento sul lago, da tanti anni.»

«Fammi chiudere a chiave, e poi torniamo alla macchina insieme a te.» Dani si sforzava di nascondere la propria ansia, ma non riusciva a dimenticare la visione di Brad che precipitava giù dalle scale.

CAPITOLO 23
TAYLOR

In piedi accanto a Nick, Taylor osservava le sue spalle larghe, il modo in cui i capelli scuri si arricciavano sulla nuca e la sua lunga falcata. Memorizzò ogni aspetto che le piaceva di lui, perché era materiale da romanzo, un eroe perfetto.

«State andando a pranzo?» le chiese Nick.

Agitata, rispose: «Con te?»

Lui scrollò le spalle. «Perché no? Venite con me alla caffetteria? Comodo e veloce. Così posso fare altre domande a Dani.»

Taylor lanciò un'occhiata a Dani.

«Certo, volentieri. Apprezzo il tuo aiuto, Nick» disse lei.

Risalirono in macchina e tornarono in centro. Dopo aver vissuto a New York, Taylor adorava che lì tutto fosse raggiungibile in fretta. E c'erano così tante persone interessanti da conoscere, in una cittadina di quelle dimensioni. In special modo, un certo sceriffo.

CAPITOLO 24
DANI

Dani stava rientrando da una passeggiata con Pirata, quando notò la Mercedes argento parcheggiata dietro il pickup di Brad, nel suo vialetto. L'auto di Rachael. L'aveva vista alla guida, in giro per la città.

Non volendo essere vista, Dani si affrettò verso casa sua. Vivere accanto a Brad le era sembrata una situazione ideale, ma ora la metteva a disagio. Non voleva che lui pensasse che lo spiava. Era libero di fare ciò che voleva, di vedere chi voleva.

Stava attraversando il prato quando sentì qualcuno che la chiamava per nome e si voltò.

Rachael le fece un cenno di saluto e si avvicinò. «Grazie per aver aiutato Brad stamattina, dopo la sua caduta. Sia lui sia io lo apprezziamo.»

Il tono e quell'aria di possesso la irritarono. Riuscì a malapena a nascondere la sua frustrazione. «Sono stata ben felice di farlo.»

«Sì, è a questo che servono i buoni vicini» disse Rachael con un ampio sorriso. «Anche se Brad se la sta prendendo comoda, gli ho portato un po' di zuppa.»

I buoni vicini? Dani si costrinse a mostrare un'espressione cordiale. «Meglio che vada. Pirata deve mangiare.» Pirata, che di solito era fin troppo amichevole, le era rimasto fermo al fianco, con suo grande divertimento. *I cani hanno un loro modo di scegliere le persone.*

Dani rientrò a casa, chiuse la porta dietro di sé e vi si appoggiò contro. Doveva tenere sotto controllo i suoi complicati sentimenti per Brad. Solo perché sentiva una connessione tra loro non significava che lui provasse la stessa cosa. Col tempo, avrebbe superato quell'infatuazione. Era contenta che Taylor fosse di sopra a scrivere e non potesse vedere la delusione sul suo viso. *È ora di smetterla di sognare*, si intimò.

La mattina seguente, come concordato, Dani posteggiò davanti al cottage, dove aveva appuntamento con Aaron. Subito dopo, il pickup argento si fermò dietro la sua auto e lei tirò un sospiro di sollievo. Il buon senso le diceva che non c'era nulla di cui aver paura, ma in ogni caso aveva visto cosa era successo a Brad.

Lei e Pirata scesero dall'auto. Aspettò che Aaron finisse una telefonata per poi scendere dal pickup. Un po' più alto di Brad e con i capelli lisci e scuri e gli occhi neri, era attraente quanto il fratello minore. Il suo sorriso addolciva i lineamenti decisi.

«Speriamo di non rotolare dalle scale come Brad» scherzò, facendola ridere.

«Nick ha dato un'occhiata in giro ieri e ha dato alla casa un verdetto di via libera.» Si strinse nelle spalle. «Ma sono contenta che tu sia qui. Volevo discutere con te degli spazi e dell'impianto idraulico ed elettrico.»

«Nessun problema. Sono curioso di vedere cos'hai in mente.» Poi la studiò per un momento. «Brad mi ha raccontato quanto la vostra amicizia significhi per lui. Apprezza molto di poter parlare apertamente con te di tutto. Se sta uscendo un po' di più dal suo guscio è solo grazie a te.»

Dani sbatté le palpebre, sorpresa. «Grazie. È un ragazzo speciale.»

Aaron fissò un punto in lontananza e poi si voltò di nuovo verso di lei. «E, giusto perché tu lo sappia, questa cosa con Rachael non andrà da nessuna parte.»

«Oh, ma...»

La bloccò con un gesto della mano. «Dai retta a me, non mi sbaglio. Ora, mettiamoci al lavoro.»

Si avvicinarono all'ingresso. Aaron sollevò il grosso anello portachiavi che portava attaccato alla cintura e aprì la porta.

Dani aspettò che entrasse per primo e poi lo seguì, guardandosi attorno. Sembrava tutto tranquillo.

Aaron sollevò un dito e poi, con voce forte e chiara, disse: «Veniamo in pace.»

Nel silenzio che seguì, Dani sussurrò: «Non sapevo che credessi ai fantasmi.»

«Gli spiriti fanno parte della vita, che scegliamo di ammetterlo o meno. Sono ricordi di persone del passato. Mia madre mi ha insegnato a rispettarli. Era una discendente della tribù Abenaki.»

Dani aveva sentito la storia del suo passato e annuì. Aaron aveva due anni più di Brad, ma ne aveva dieci quando la madre, che stava morendo di cancro, lo aveva lasciato a casa dei Collister, dove nessuno, nemmeno il padre, sapeva della sua esistenza. La famiglia lo considerava un dono speciale, soprattutto Brad, perché, con due sorelle più piccole, aveva desiderato disperatamente un fratello.

«Mi piace l'idea di rispettare quelli che ci hanno preceduto» disse Dani, che cominciava a vedere le cose sotto una nuova luce. Non c'era da stupirsi che Taylor si fosse trovata così bene con lui. Sarebbero stati perfetti insieme. Ma non poteva dirglielo, Taylor in quel momento era in fissa con Nick. C'era qualcosa di irresistibile in un bell'uomo in uniforme.

«Bene, iniziamo» propose Aaron.

Dani gli mostrò una serie di disegni che aveva elaborato. «Voglio segnarmi dove dovrebbero andare i cavi elettrici e le tubazioni. A quel punto potremo farci fare un preventivo per il lavoro.»

«Credo che uno dei nostri subappaltatori riuscirà a farti un'ottima offerta. Inoltre, faremo in modo che possano incastrare questo incarico tra i loro altri lavori, dato che lavorano sempre per noi ai Meadows.»

«Perfetto. Vogliamo che la casa sia ultimata prima dell'inverno.»

«D'accordo» disse Aaron.

Procedendo di stanza in stanza, discussero sui punti migliori in cui installare prese elettriche, punti luce e interruttori, quindi stilarono i requisiti per l'impianto idraulico.

Quando arrivarono alla porta che conduceva verso la soffitta, Dani si riparò dietro Aaron, come se lui potesse proteggerla dalla signora Maynard o da qualunque altro fantasma potesse infestare la casa.

Aaron l'aprì e fece un passo indietro mentre una folata d'aria fredda li investiva.

«Possiamo salire» disse poi, facendo strada.

La luce delle due finestre invadeva il locale, rivelandone le possibilità. Dani sperava che sarebbe stato un luogo speciale, dove lei e le sorelle avrebbero potuto riunirsi, una specie di salotto. La vista era spettacolare, come una finestra sul mondo, pensò, con un pizzico di fantasia.

Presero altre misure, discussero i requisiti elettrici, parlarono di riscaldamento e raffreddamento dello spazio e concordarono che si poteva installare un bagno, ma a un costo aggiuntivo che avrebbe potuto non essere coperto dal budget di GG.

«Quanto ha messo a disposizione la nonna per i lavori?» chiese ad Aaron.

Lui scosse la testa. «Mi dispiace, non posso dirtelo. È un accordo confidenziale tra la signora Wittner, Brad e me. Per ora vuole che resti tale.»

«Okay, ho capito» disse Dani, chiedendosi perché GG volesse tenerlo segreto. Sapeva che aveva messo da parte abbastanza da coprire tutti i costi e che non avrebbe voluto che rinunciassero a nulla. Lei e Taylor avevano avuto intenzione di farle visita il giorno prima, per parlare della signora Maynard, ma poi avevano avuto altro per la testa. Ma Dani si ripromise di farlo quel pomeriggio.

Una volta a casa, Dani appoggiò i disegni annotati sul tavolo in cucina e andò a vedere cosa c'era in frigorifero per pranzo. Non poteva continuare a spendere soldi per mangiare fuori tutti i giorni.

Prese uno yogurt e tornò a mangiarlo nel suo spazio di lavoro, pensando a cosa avrebbe dovuto fare per aggiornare i progetti. Le piaceva mettere insieme i disegni, strato su strato, per essere certa di non perdersi nulla.

Taylor entrò in cucina. «Hai passato una mattinata interessante con Aaron?»

«Sì, sa il fatto suo. Mi piace molto. Dopo che siamo entrati in casa, questa mattina, ha pronunciato un messaggio alla casa, per pacificare eventuali ricordi che potrebbero ancora aleggiare lì dentro.»

«Davvero? Super interessante» disse Taylor. Si prese una sedia e si accomodò. «Cos'ha detto?»

«"Veniamo in pace." Non trovi sia perfetto? Lui non crede ai fantasmi, ma onora il ricordo di chi c'è stato prima.»

Taylor sorrise. «Mi piace. È un uomo così interessante.»

«Più interessante di un certo sceriffo?» la stuzzicò Dani.

Taylor scoppiò a ridere. «Ci sono così tante persone che mi intrigano qui che avrò ispirazioni per scrivere diversi libri.»

«Non siamo riuscite ad andare a trovare GG ieri, ti va se lo facciamo ora? La chiamo e le chiedo se è un buon momento.»

Pochi minuti dopo, erano in viaggio.

Mentre guidava verso Woodlands, Dani ripensò a GG e si chiese se il suo ricordo avrebbe continuato a guidare la loro famiglia. Di sicuro, GG sarebbe sempre stata una parte di lei, ma i suoi figli l'avrebbero conosciuta grazie a lei? Dani pensò di sì, se gliene avesse parlato. Inoltre, GG aveva fatto così tante cose generose e inattese per le persone, esaudito così tanti desideri che il suo spirito si estendeva ben oltre la famiglia.

Parcheggiò di fronte all'edificio principale e si avviò all'interno con Taylor, improvvisamente ansiosa di abbracciare la nonna.

Quando entrarono nella stanza, GG era seduta sul divano e si stava tamponando gli occhi con un fazzoletto.

«Cos'è successo?» Dani corse da lei.

GG sollevò la testa. «Oh, è solo un film in TV. Mi sono sempre piaciute queste storie d'amore strappalacrime.»

Dani si chinò a baciarle la guancia. «Sono contenta che sia

solo questo.»

«Anch'io.» GG sorrise, mentre Taylor si chinava a baciarla. «E voi, cosa state combinando?»

«Siamo venute a parlarti della signora Maynard.» Taylor si sedette sul divano accanto a lei.

Dani prese posto sulla poltrona di fronte alla nonna. «Al cottage c'è stato un incidente che ha coinvolto Brad. All'inizio, ha giurato che qualcuno lo aveva spinto giù dalle scale, poi ha detto di essere inciampato. Ma, GG, lì dentro succede qualcosa di strano.»

«Abbiamo fatto fare un sopralluogo a Nick, per controllare se non fosse stata occupata da qualche vagabondo, ma ha detto che non c'è alcuna traccia di qualcuno che viva lì» disse Taylor.

GG rimase seduta in silenzio per un momento. «Be', sapete che non credo ai fantasmi, ma non voglio sminuire le storie di altre persone che li hanno visti. Cosa volete sapere della signora Maynard? Tutte le storie sul suo fantasma sono solo chiacchiere di paese, niente di più. È stato orribilmente triste che sia morta fuori dalla casa da sola, ma non c'è stato alcun crimine o nient'altro di sospetto, è morta per cause naturali.»

«Ma che ci dici della sua famiglia? Perché era lì da sola?» chiese Dani.

«Dopo la morte del marito, Addie Maynard ha dovuto lasciare la canonica che la chiesa locale aveva messo a disposizione della famiglia, in modo che un nuovo ministro potesse trasferirvisi. Mi sono offerta di ospitare Addie e sua figlia al cottage. A quel punto, io avevo deciso che sarei andata ad abitare nell'appartamento privato alla locanda e la casa era vuota.»

«La signora Maynard aveva una figlia?» si stupì Dani. In

tutte le storie popolari sulla signora Maynard, quella figlia non compariva mai.

«Sì» confermò GG. «Quella è un'altra triste storia. La figlia, una notte, è fuggita e nessuno l'ha più rivista. All'epoca si diceva che fosse incinta e che se ne fosse andata per cercare il suo fidanzato.»

«Se è vero, forse è per questo che il fantasma della signora Maynard è ancora lì!» Taylor sgranò gli occhi.

«Non c'è nessun fantasma, ricorda» disse Dani. Non voleva alimentare le dicerie. Non avrebbero portato che guai.

«Come procedono i lavori al cottage?» chiese GG.

«Bene. Ho chiesto ad Aaron del budget, ma ha detto che era una questione riservata tra te e lui, e Brad.»

«Esatto.» Negli occhi di GG passò un lampo divertito. «Apprezzo che se lo tenga per sé.»

«È perché non vuoi che sperperiamo denaro, oppure perché non vuoi che facciamo economia su nulla?» chiese Dani.

GG rise. «Entrambe le cose. Voglio che quella casa sia come la volete, ma anche che sia pratica. Non conoscendo la cifra, mi auguro che sceglierete in base a ciò che vi sarà davvero utile, senza preoccuparvi se ve lo potete permettere o meno.»

«Aaron è un uomo molto interessante» dichiarò Dani. «Abbiamo parlato di spiriti. Sua madre gli ha insegnato a rispettarli.»

GG spostò lo sguardo da Dani a Taylor. «Aaron e Brad sono due giovani uomini meravigliosi, provenienti da una famiglia di onesti lavoratori. Li ho visti crescere e so quanto sono autentici.»

«Come ho detto a Dani, questa città è piena di persone intriganti. È una fonte di ispirazione continua.»

GG rise. «Maschera bene quei personaggi. Ci sono un sacco di persone qui che hanno vissuto in zona abbastanza a lungo da riuscire a riconoscerli.»

Più tardi, dopo aver condiviso il tè con GG, Dani guidò verso casa sentendosi più serena riguardo al cottage e al lavoro che l'aspettava. Alla base di tutto c'era il messaggio d'amore che GG stava lasciando a lei e alle sue sorelle.

CAPITOLO 25
DANI

Dani non era molto abituata a cucinare, ma aveva imparato a insaporire la salsa di pomodoro in bottiglia con aglio fresco, funghi e condimenti vari. Messa sugli spaghetti, con una spolverata di parmigiano grattugiato sul momento, costituiva un pasto sostanzioso. Qualche fetta di pane all'aglio croccante, un'insalata verde fresca e un bicchiere o due di un buon vino rosso italiano secco, ed ecco la cena perfetta.

Si era offerta di cucinare anche per Taylor, ma lei aveva già fatto dei programmi con Aaron, quando lo aveva chiamato per saperne di più sugli spiriti. Lui l'aveva invitata da Chica, un rinomato ristorante fuori città in cui si mangiava messicano.

Dopo aver esaminato i pro e i contro di sentire Brad, Dani decise di provare a vedere se era a casa. Non sarebbe mai stato un fidanzato, forse, ma erano amici e non lo avrebbe evitato solo perché lui non la vedeva sotto una luce romantica.

Compose il suo numero con i nervi tesi e le farfalle nello stomaco.

Lui rispose subito. «Ciao, Dani. Come va?»

«Sto preparando gli spaghetti e mi chiedevo se ti andasse di venire a cena. Niente di elaborato, ma è un piatto gustoso.»

Lui ridacchiò. «Ne sono sicuro. Devo vedermi con Rachael questo pomeriggio, ma dovrei finire in tempo per venire a cena. Va bene se te lo confermo più tardi?»

«Certo» disse Dani. Alla peggio, le sarebbe avanzato del

sugo, ed era sempre utile averne un po' in frigo.

Tirò fuori gli ingredienti e preparò il sugo alla sua maniera. All'ultimo minuto, aggiunse mezzo bicchiere di vino rosso e lo lasciò sobbollire.

Mentre si dava da fare, il profumo di aglio e pomodoro invase la cucina, tanto da spingerla a prendere in considerazione l'idea di realizzare un piccolo orto, giù al cottage. Era troppo tardi per piantare lattuga e piselli, ma adorava i pomodori appena raccolti. Un'altra cosa che adorava, d'estate, erano dei semplici tramezzini con pomodori a fette e maionese, su pane bianco morbido.

Stava riportando lo schema degli impianti – idraulico ed elettrico – sui disegni, quando il suo telefono squillò. *Rachael.*

Dani aggrottò la fronte. «Pronto?»

«Dani, sono Rachael. Brad mi ha detto che stasera l'hai invitato a cena. Che significa?»

«Solo che sono una buona vicina.»

«Lo sai che sono interessata a Brad. Perché mi fai questo?»

Dani prese un profondo respiro per calmarsi. «La moglie di Brad è morta e a lui non piace mangiare da solo. Gli sto solo offrendo un pasto. Non è pronto per iniziare a frequentare seriamente qualcuno.»

«Non sarà pronto a frequentare te, ma sono abbastanza sicura che faccia sul serio, con me. O lo farà, se gliene verrà data la possibilità. Non voglio che tu ti metta in mezzo.»

«Senti, Rachael, io non mi immischio nella tua vita personale e non ti voglio nella mia. È una piccola città, ma sono certa che possiamo andare tutti d'accordo, ciascuno vivendo la propria vita come meglio crede. Non so Brad, ma per quanto mi riguarda ho intenzione di invitarlo a cena quando mi pare.»

«Sembra che non ti sia chiaro che, di norma, se voglio una cosa la ottengo. E, in questo momento, vorrei avere una giusta possibilità con Brad. Staremo a vedere chi di noi due la spunterà.»

«Rachael, questa non è una gara. Voglio solo mantenere buoni rapporti con tutti. Come ho detto, questa è una piccola città.»

«Che sta per diventare ancora più piccola, per te» concluse Rachael prima di interrompere la chiamata, lasciandosi dietro un silenzio inquietante.

Dani guardò la bellezza del panorama fuori dalla finestra e fece diversi respiri profondi. Non poteva lasciare che un'arrogante come Rachael le impedisse di fare ciò che voleva. Non voleva fare del male a nessuno, ma non avrebbe permesso a quella donna di dettare legge sulle sue amicizie.

Quando ricevette un messaggio da Brad per chiederle a che ora fosse atteso per cena, gli rispose suggerendo le sei.

Dani fece un passo indietro per esaminare il tavolo della cucina, che aveva liberato e apparecchiato. Sull'onda del momento, uscì a tagliare qualche rosa color cipria dai cespugli di Margaret, le mise in un tumbler di cristallo intagliato e le posò al centro del tavolo. Aveva sempre apprezzato che sua madre facesse cose del genere e le capitava di seguire il suo esempio anche quando mangiava da sola.

Brad arrivò puntuale alle sei, con i capelli ancora bagnati dalla doccia e una bottiglia di vino in mano, che le porse. «Grazie per avermi invitato a cena. Non avevo voglia di mangiare di nuovo da Jake. È pratico, ma non è cucina casalinga.»

«Non farti troppe illusioni» gli sorrise Dani. «Ho preparato giusto una pasta, con un'insalata e un po' di pane all'aglio. Non sono una grande cuoca, ma ho alcuni cavalli di battaglia che di norma mi vengono bene.»

Gli prese la bottiglia di mano e lo accompagnò in cucina. «Ho aperto un vino rosso, prima, per farlo respirare. Ti va?»

«Sì, grazie.» Brad si avvicinò al tavolo della cucina e lo studiò. «Che eleganza. Mi piace.»

«Mia madre mette sempre fiori freschi in tavola e anche a me piace. Dà un'aria di festa a ogni pasto.»

Lui sorrise. «È bello.»

«Usciamo sul patio» disse Dani. «Così posso tenere d'occhio Pirata.» Gli porse un calice di vino e ne versò uno per sé.

Fuori, il sole stava scendendo verso la linea dell'orizzonte e la quiete della fine della giornata regnava tutt'attorno, mentre si accomodavano sulle sedie di legno Adirondack sul patio.

Brad levò il calice e le sorrise. «Grazie per avermi salvato da un'altra cena di lavoro con Rachael.»

«Cena di lavoro? Pensavo che vi frequentaste. Lei lo pensa, in ogni caso. È furiosa perché ti ho invitato a cena.»

«Davvero? Ho messo in chiaro con lei che non sono pronto per avere una storia» si stupì Brad. «Di che stai parlando?»

«Poco fa mi ha chiamata, incazzata, perché ha scoperto che avremmo cenato assieme.»

«Stai scherzando?»

«Non è una cosa su cui potrei confondermi.»

«Ma che problemi ha?» Brad rimase per un attimo a fissare l'orizzonte e poi cercò i suoi occhi. «La ristrutturazione della locanda è un incarico importante per noi. Sarà una conferma, dopo Woodlands, e pensiamo che ci darà quella credibilità a lungo termine che ci serve. Ecco perché sono stato così disponibile con Rachael. Questa storia deve finire, ha passato il segno.»

Dani rimase in silenzio. Non spettava a lei dirgli come trattare Rachael.

«Mi dispiace. Non roviniamoci la cena» disse Brad. «Sono qui per rilassarmi e passare del tempo piacevole con te.»

«Anch'io.» Dani sollevò il calice di vino. «All'amicizia.»

Lui sorrise. «Come va con tua nonna? Ci sono novità sul recupero del suo capitale? Ci ha raccontato quello che le è successo. Da quello che ho letto sui giornali, anche se hanno beccato il tizio, che si era nascosto ai Caraibi e viveva su una barca a vela, le cose andranno per le lunghe. Nessuno riavrà indietro tutti i soldi. Ma spero che gli "investitori" possano recuperare almeno una parte delle loro perdite.»

«Quando ho sentito la notizia al telegiornale, a Boston, non avevo idea che GG fosse una delle persone che aveva truffato. Mia nonna è stata una persona generosa per tutta la vita. È così ingiusto che qualcuno abbia fatto questo proprio a lei. E anche agli altri, ovviamente.»

«Tua nonna è ancora generosa con tutti. Sono felice che tu sia qui, perché avere te e le tue sorelle vicine significa molto per lei.»

«Grazie. Come vanno le cose ai Meadows? Non ho ancora avuto modo di farci un giro.»

«Vieni con me domani mattina» propose Brad. «Dato che è domenica, la squadra non sarà sul posto se non tardi, nel caso. Ti vengo a prendere alle sette.»

«Okay.» Le piaceva l'idea di un tour privato del cantiere e anche di trascorrere più tempo con lui.

Chiacchierarono di cosa avevano fatto quel giorno, di

alcune delle loro speranze lavorative per il futuro e della celebrazione del 4 luglio. La Collister Construction avrebbe sponsorizzato un carro della parata, del quale si stava occupando Crystal.

Più tardi, mentre Brad si rilassava sul patio, Dani rientrò a cucinare la pasta. Aveva già composto l'insalata e l'aveva messa in frigorifero. Tutto quello che le restava da fare era condirla con la sua speciale vinaigrette all'aceto balsamico e finire di tostare il pane all'aglio.

Tirò fuori la teglia dal forno, riempì i bicchieri dell'acqua, condì l'insalata e scolò la pasta, proprio mentre Brad rientrava in cucina.

«Giusto in tempo. Qui c'è il tuo piatto. Serviti pure.»

Brad le prese il piatto caldo dalle mani e si versò il sugo sopra gli spaghetti, per poi tornare verso il tavolo. «Proprio come piace a me» disse, aspettandola, prima di sedersi di fronte a lei.

«Niente di elaborato» ripeté lei, lusingata dal suo entusiasmo.

Cominciarono a mangiare in silenzio e poi Brad iniziò a parlare della vita con Patti, di come aveva scoperto di avere il cancro e dei lunghi giorni e mesi che erano seguiti.

Dani ascoltava, rendendosi conto che ne parlava sempre di più al passato, come se farlo lo aiutasse a elaborare la perdita.

Come al solito, quando ebbe finito di parlare, la ringraziò per averlo ascoltato. «Sei una persona gentile, Dani. Qualcuno sarà molto fortunato a essere più di un amico per te.»

Difficile interpretare quelle parole. Le stava dicendo che escludeva di essere lui quel qualcuno?

«Passiamo al dolce?» gli chiese, ancora confusa.

«Volentieri.»

Gli servì una grossa pallina di gelato al suo gusto preferito, il *rocky road*, cioccolato con scaglie di mandorle e marshmallow, e poi se ne servì una più piccola.

Rimasero seduti in un piacevole silenzio per un po', assaporando quella delizia. Infine, Brad la guardò. «Immagino che sia meglio che vada. Domattina devo alzarmi presto, sai com'è.»

Dani controllò l'orologio, stupita. Quasi le dieci. Avevano parlato per ore. «Ti accompagno fuori.»

«Hai bisogno di aiuto con i piatti?» le chiese.

«Grazie, ma non serve. Non sono molti.»

Sulla soglia, Brad si fermò di fronte a lei, con uno sguardo che sembrava scavarle dentro.

Le pulsazioni di Dani accelerarono. Lui si fece avanti e l'abbracciò, stringendola forte. «Grazie per questa serata.»

Poi la lasciò andare, le fece un cenno di saluto e uscì.

Lei lo guardò andar via e ancora una volta dovette ricordarsi che erano solo amici. E che lei desiderava di più, sospirò. *Ma non sempre ottieni quel che desideri.*

CAPITOLO 26
DANI

La mattina dopo, Dani si svegliò appena prima del suono della sveglia. Scese giù con Pirata e lo fece uscire in giardino per fare i suoi bisogni. Non c'era tempo per la passeggiata mattutina. Più tardi, avrebbe cercato di inserirla in agenda.

Si preparò una tazza di caffè e se la portò fuori. La mattina era grigia. Avevano previsto pioggia e pareva che il meteorologo ci avesse azzeccato.

Diede da mangiare a Pirata e salì di sopra per farsi una doccia e prepararsi per la gita con Brad. Era entusiasta dell'opportunità di vedere il complesso residenziale in quella fase. L'avrebbe aiutata a capire come avrebbe potuto essere d'aiuto a Brad e Aaron, così come ai loro clienti, in futuro. Le persone volevano case personalizzate in base alle loro esigenze, e avere progetti flessibili era fondamentale.

Alle sette, Brad bussò alla sua porta, tenendo in mano una tazza di caffè di *Beans*, la caffetteria in centro. «Ho pensato che ti avrebbe fatto piacere un cappuccino. Ho ragione?» disse, sollevando la tazza.

«Che lusso, grazie!»

«Se sei come me, una bella tazza di caffè è l'unico modo per iniziare la giornata. Vieni, andiamo con il mio pickup.»

L'aveva già parcheggiato nel suo vialetto. Anche se non era propriamente in ordine, era pulito.

«Mi dispiace, puoi spostare i documenti dietro» si scusò

Brad, spostando un rotolo di scartoffie sui sedili posteriori.

Dani accatastò i fogli e li appoggiò accanto alle planimetrie prima di sedersi sul sedile del passeggero.

Brad si mise al volante e si voltò a guardarla. «Il pickup è il mio ufficio itinerante.»

Dani sorrise della sua espressione mortificata. «Nessun problema.»

Si diressero verso l'estremità più lontana del lago e quindici minuti dopo entrarono ai Meadows. Il terreno era stato spianato per la costruzione di diverse case. Due erano in costruzione. Strade e lampioni erano a posto e i lotti erano stati attentamente delimitati. Subito davanti all'ingresso del cantiere, c'era un container con un grosso cartello "Ufficio vendite".

«Chi è l'agente immobiliare?» chiese Dani.

Brad ridacchiò. «Indovina.»

«Qualcuno che lavora per Melanie Perkins» sorrise Dani.

«Bingo. È la migliore in circolazione, e giuro che conosce ogni singolo abitante del New England» disse Brad. «Kellie Yates, la ragazza che lavora per lei, è brava. Il suo fidanzato è uno degli idraulici che lavora per noi in subappalto, ed è molto motivata a concludere vendite.»

«Qui funziona tutto come in una grande famiglia, vero?» Sembrava che in zona si conoscessero tutti e lavorassero tutti insieme.

Brad sorrise. «Qualcosa del genere. Ed è un vantaggio, in generale. Forza. Ti faccio vedere le due case su cui stiamo lavorando. La prima è finita e parzialmente arredata.» Parcheggiò davanti a quella più vicina all'ingresso con un grande cartello VENDUTO nel giardino sul davanti. Era una villa contemporanea in due blocchi, a due piani, inserita in una splendida cornice di alberi di alto fusto che addolcivano le linee pulite della casa. Dani scese dal pickup e lo seguì, ansiosa di vedere gli interni.

Notò l'espressione orgogliosa di Brad mentre le apriva la porta e si faceva da parte per farla entrare.

Dall'ingresso col soffitto alto, si accedeva a un'ampia zona giorno, sulla destra, con un camino a gas in pietra. Il salone confinava con un salottino, appena fuori dalla cucina, che ospitava un paio di poltrone imbottite. Sulla sinistra dell'ingresso c'era una stanza progettata per essere uno studio, con scaffali su una parete e doppie porte che la separavano da un guardaroba. Più avanti, c'era un bagno di servizio e poi una lavanderia/disimpegno da cui si accedeva al box triplo. La cucina, che si estendeva per tutta la lunghezza della casa, sul retro, era il punto focale del piano terra con mobili in ciliegio, piani in granito verde e scintillanti elettrodomestici in acciaio inossidabile di alta gamma. Gli sgabelli da bar attorno all'isola centrale invitavano le persone a mettersi comode per osservare il cuoco al lavoro. Lontano dall'area di lavoro, il tavolo da pranzo godeva di una bella vista sui boschi attraverso vetrate doppie scorrevoli che affacciavano su una veranda, protetta da zanzariere.

«Mi piace quello che vedo» disse Dani, guardandosi attorno.

«Ma?» la stupì Brad.

Dani ricambiò il suo sorriso. «Ho notato dei punti in cui si potrebbero facilmente aggiungere delle armadiature. Gli spazi in cui riporre le cose non sono mai abbastanza, per le famiglie attive di oggi.»

«Mi sembra giusto. Cosa ti piace di più?» chiese.

«Le modanature e gli altri dettagli di falegnameria sono

superbi. Non so a quanto vendete le case, ma sono arricchimenti importanti, se parliamo di edifici di fascia alta.»

«Sono contento che la pensi così. Sono un costo aggiuntivo, ma sia Aaron sia io crediamo che ne valga la pena. Voglio proprio sentire la tua opinione su quello che abbiamo fatto al piano di sopra.»

«E io sarò ben felice di dartela, ma capisci che adesso sto dando solo una veloce occhiata d'insieme, non sto facendo un'ispezione dettagliata.»

«Sì, naturalmente. Dobbiamo farti avere tutte le planimetrie, così potrai dirci quali miglioramenti pensi che possiamo apportare nelle prossime case, nel caso. Stiamo procedendo con calma, e abbiamo aspettato di firmare i contratti di vendita per le prime due case, prima di procedere. Ma ora che sono state vendute entrambe e abbiamo due nuovi ordini, possiamo fare il passo successivo.»

Le fece cenno di seguirlo e salirono le scale fino a trovarsi di fronte una panchetta, in una nicchia nel muro, con librerie su entrambi i lati e un cassetto per ulteriore spazio sottostante.

«Un angolo lettura! Bellissimo» esclamò Dani.

Brad la condusse poi alle due grandi camere da letto sulla destra, divise da un bagno di dimensioni considerevoli.

«E adesso il meglio» le annunciò.

Dani entrò nella camera da letto padronale e rimase senza fiato. Di fronte alla porta c'era un enorme letto matrimoniale. Alla sua destra, un'area soggiorno e una porta-finestra che si apriva su una terrazza affacciata sul giardino sul retro. Proprio sopra il letto, un lucernario permetteva alla luce del sole di inondare la stanza, colorandola di giallo limone.

A sinistra del letto, un camino si apriva sia sulla camera da letto che su una vasca idromassaggio. Un breve corridoio con armadi a muro su entrambi i lati portava al bagno, dotato di doppi lavandini e una doccia per due.

«Allora?» chiese Brad.

Dani aveva un grande sorriso stampato in faccia. «È meravigliosa.»

«Lo penso anch'io. Abbiamo parlato con un sacco di persone, abbiamo fatto un sondaggio online per scoprire cosa avrebbero voluto, potendo scegliere.»

«Chi è il tuo decoratore d'interni?» chiese Dani.

«Una donna di Boston» disse Brad. «Ha una casa per le vacanze qui in zona e ci fa dei prezzi ragionevoli, perché ci tiene a questo incarico. Le offriamo una vetrina per mostrare il suo stile. Qualche suggerimento per le armadiature?»

Dani rise. «Ci penserò.»

Rimasero per un attimo fermi a guardarsi sorridendo. «Voglio che tu veda anche l'altra casa. È molto diversa.»

«Non vedo l'ora.»

Passarono accanto al pickup e raggiunsero una casa a un piano rivestita in legno grigio, con una cassapanca accanto all'ingresso principale, per riporre stivali e scarpe.

All'interno, superarono un bagno di servizio su un lato del corridoio e un salottino sull'altro, per raggiungere la cucina a vista e la zona giorno. Un caminetto in pietra si apriva su entrambe le aree. A destra della zona giorno, si accedeva all'ala che si sviluppava sul retro della casa, con vista sul bosco, e in cui era prevista la camera da letto padronale con bagno privato. In un'altra ala, questa sul davanti della casa, c'erano altre due camere da letto, che condividevano un bagno di dimensioni generose, nonché un piccolo studio. Dalla zona giorno si usciva su un ampio portico schermato da zanzariere, a cui aveva accesso diretto anche la camera da letto padronale. Una spa all'aperto si trovava appena fuori dal portico, insieme a un braciere.

«Questa l'adoro» disse Dani. «È perfetta.»

Brad sorrise. «Ci avrei scommesso che ti sarebbe piaciuta di più. È anche la mia preferita.»

Dani aprì la vetrata scorrevole e uscì nella luce del mattino estivo. Aveva notato che dietro quel lotto e quello accanto erano stati piantati dei cespugli di lillà, sul confine del bosco. Osservò il paesaggio e fece un sospiro soddisfatto.

Brad le arrivò da dietro. «Un penny per i tuoi pensieri.»

Si voltò verso di lui. «Questo posto è incantevole. Tu e Aaron avete fatto un lavoro meraviglioso. Sono orgogliosa di voi.» Fece una pausa. «Aspetta, così sembro una maestrina venuta a dare i voti. Volevo solo dire che è perfetto.»

Brad le sorrise e la strinse a sé. «Hai un'idea di quanto sei adorabile?» Si fissarono, senza nascondere di apprezzare ciò che vedevano. La corrente erotica tra loro era palpabile. Dani si sporse in avanti per incontrare le labbra di Brad, quando un grido irritante squarciò l'aria.

«Eccoti qua.»

Dani si tirò indietro, proprio mentre Rachael entrava in casa. «Pensavo avessimo un appuntamento per colazione, Brad.»

Lui scosse la testa. «No, non ricordo di aver accettato di vederti.»

Rachael si puntò le mani sui fianchi. «Cosa ci fai qui con Dani? Hai tempo per lei, ma non per me?»

«Quello che faccio con il mio tempo sono affari miei e di nessun altro. Se proprio devo dirtelo, questo è un incontro di lavoro. Dani, come sai, è il nostro architetto.»

«Bene, allora puoi portarmi a colazione» disse Rachael. «Come sai, io sono la tua cliente.»

Brad lasciò uscire un sospiro e scosse la testa. «Non è così che Aaron e io gestiamo la nostra attività. Prima di tutto, non avevamo un appuntamento. Siamo lieti di incontrare te e i tuoi soci per discutere di affari, secondo un'agenda concordata da tutti. Se lo ritieni necessario, e se hai qualcosa di importante da discutere, possiamo chiamare Quinn e chiedere a lui e Liam di raggiungerci alla caffetteria. Altrimenti, continuerò il mio giro con Dani.»

Dani nascose un sorriso. Era chiaro che Rachael fosse dibattuta, non sapeva se rassegnarsi a far colazione anche con gli altri oppure rinunciare del tutto alla colazione con Brad.

«D'accordo» accettò alla fine. «Li chiamo subito.»

Qualche minuto dopo, entrò nel bagno dove Brad e Dani stavano ispezionando l'impianto idraulico. «Okay, ho fatto. Ci raggiungono lì.»

Brad si voltò verso Dani. «Sei la benvenuta a partecipare alla riunione. Potrebbe essere utile.»

«Grazie, ma non posso. Devo mettermi sul serio al lavoro. Questa settimana incontrerò idraulici ed elettricisti.»

«Va bene, Rachael. Raggiungerò te e gli altri al bar» disse Brad con riluttanza. «Sarà meglio che sia importante.»

Poi scortò Dani al suo pickup e, dopo averle tenuto aperta la portiera, si mise al volante. «Mi dispiace. Per quanto possa essere irritante, ho bisogno di mantenere aperte le comunicazioni con Quinn, Ross e lei per il lavoro. Rachael pensa di poter buttare la relazione sul personale, ma non ci riuscirà. Ho cercato di mettere le cose in chiaro, ma non ha capito il messaggio. Ne parlerò durante la riunione.»

«È abituata a ottenere ciò che vuole» gli ricordò Dani.

Brad scosse la testa. «È molto irritante. Questo di sicuro.»

Si fermarono davanti a casa. «Grazie per essere venuta con me a vedere il nuovo cantiere. E non scherzavo quando ho detto che mi sarebbe piaciuto rimediare a questo inaspettato cambiamento nei miei piani. Mi permetti di portarti fuori a cena, stasera?»

«Sì, certo.» Dani era sorpresa ma compiaciuta.

«Vengo a prenderti alle sei. C'è una tavola calda fuori città che serve deliziosi piatti a base di aragosta e frutti di mare fritti e al vapore. Ti va?»

Lei sorrise e si diede un colpetto sullo stomaco. «Sicuro. Ci vediamo, allora.»

Dopo che fu scesa dall'auto, lui le fece un cenno di saluto e se ne andò.

Non appena entrata, Pirata le corse incontro con guaiti, latrati e scodinzolii, come se fosse stata via per giorni interi, non per qualche ora. Ridacchiando, gli strofinò le orecchie. «Dov'è Taylor?»

Entrò in cucina e la vide seduta fuori sul patio, con una tazza di caffè.

Se ne versò una tazza anche lei e uscì a farle compagnia.

«Ti sei alzata presto» disse Taylor.

«E tu sei tornata tardi» la prese in giro Dani.

Risero.

«Aaron e io ci siamo divertiti un sacco. Come hai detto tu, è così interessante. Se me lo chiede, uscirò di nuovo con lui. Ci vuole un po' prima che si senta a suo agio a parlare di sé, ma quando lo fa, vedo un lato sensibile e bello in lui.»

«Mi piace Aaron» disse Dani.

«Quanto ti piace Brad?» la prese in giro Taylor.

«Magari no.» Dani sentì una vampata di calore alle guance. «Pensavo che oggi stesse per baciarmi, ma poi ha fatto irruzione Rachael. Lei gli sta di sicuro alle costole.»

«Non può competere con te» sentenziò Taylor.

«Mi piacerebbe pensare che sia vero, ma so che non è così. Lo tiene in trappola giocandosi la carta del cliente.»

«Mmh. Capisco che questo complica le cose. Il progetto della locanda è importante per la loro attività. Aaron è stato molto chiaro al riguardo.»

«Il problema è proprio questo. Comunque, Brad mi porta fuori a cena stasera.» Sorrise. «E per quanto ne so, saremo solo noi due.»

«Fantastico! Quindi, non è a senso unico!» Taylor le diede il cinque.

«Forse no» rispose Dani, incrociando le dita.

CAPITOLO 27
WHITNEY

Non contava se avrebbe mai vinto un Emmy o un Oscar, Whitney aveva già dimostrato a se stessa di meritarsene uno, per come era rimasta concentrata e cordiale durante le riprese dell'ultimo paio di episodi della serie. Zane aveva commesso un grave errore quando l'aveva attaccata verbalmente per la loro rottura; le aveva dimostrato ancora una volta quanto fosse cambiato, dai tempi in cui si era innamorata di lui. Già prima di trasferirsi a Los Angeles per cercare lavoro, Whitney aveva promesso a se stessa di stare alla larga dalla droga e dagli altri lati sordidi del mondo dello spettacolo. Era stata molto grata per il ruolo di "Hope", la protagonista della serie, ma dopo aver ripensato attentamente alla sua vita, era giunta alla conclusione che avrebbe potuto lasciarselo alle spalle, se avesse dovuto. Tornare nel New Hampshire e rivedere la nonna e le sorelle le aveva fatto capire di aver preso la decisione giusta, separandosi da Zane.

Da allora, lui si divertiva a provocarla sul set, durante le scene romantiche, con assurde pretese. Sapeva che lo faceva per farla arrabbiare, ma non gli avrebbe dato quella soddisfazione. Circolavano già voci sul suo uso di droghe, sia sul set che su alcune riviste scandalistiche da supermercato. E anche se lei non le commentava, c'era chi era più che felice di farlo. Sapeva che ben presto si sarebbero diffuse anche voci sulla sua sfrenata vita sessuale e, come gli aveva detto, non voleva averci niente a che fare.

La sua agente, per quanto la sostenesse nella decisione di porre fine alla sua cosiddetta relazione con Zane, spingeva perché non lasciasse la California, con la scusa che aveva già una sceneggiatura da farle leggere. Ma quando Whitney scoprì che il film parlava di una donna che lottava contro problemi di tossicodipendenza, non provò alcun entusiasmo all'idea di accettare il ruolo.

CAPITOLO 28
DANI

Per la cena informale con Brad, Dani scelse un paio di jeans e una maglia leggera. Si domandò ancora una volta se le sue aspettative sulla possibilità di una vera relazione con lui fossero realistiche. La morte della moglie l'aveva devastato e forse, al momento, era meno in grado di superarla di quanto pensassero tutti. Di una cosa era certa: non voleva competere con il fantasma della donna che lui aveva così profondamente amato.

Puntuale, Brad parcheggiò il pickup nel vialetto di casa. Pirata corse alla porta ad abbaiare e scodinzolare, felice del suo arrivo.

Dani rimase a osservarli con il sorriso sulle labbra.

Taylor li raggiunse. «Ciao, Brad. È bello vederti.»

«Grazie. Esci di nuovo con Aaron?»

«Stasera no. Più in là, questa settimana.» Tenne fermo Pirata per il collare, mentre Dani e Brad si allontanavano verso il pickup.

Una volta che furono partiti, Brad si voltò verso Dani. «Sono felice di poter passare un po' di tempo con te.»

«Com'è andata la colazione?» gli chiese.

«Abbastanza bene. Siamo riusciti a concordare un programma per la demolizione delle ali. I proprietari hanno anche accettato di mantenere il più possibile lo stile dell'edificio principale e stanno elaborando nuovi progetti in merito. Penso che ne sarai contenta.»

«Ottime notizie. Credo che anche GG ne sarà contenta. Anche se sapeva di non poter continuare a gestire la locanda, sperava che i nuovi proprietari avrebbero rispettato ciò che aveva creato.»

«Molti dei suoi ospiti erano clienti abituali, il che è stato un fattore importante per convincere i nuovi proprietari a cambiare idea sulla ristrutturazione.»

«A proposito, come ti ho già detto, le due case che mi hai mostrato mi sono piaciute moltissimo. Sono certa che saranno ben accolte sul mercato di Boston e New York. Penso che il complesso residenziale sarà un successo.»

Brad sorrise. «Grazie. Detto da te, significa molto. Avevamo dei dubbi se correre il rischio, ma sta già dando i primi frutti.»

Si fermò davanti a un edificio rustico in legno a un solo piano, sulla riva di un ruscello. Un'insegna di metallo colorata, appesa alla porta d'ingresso, prometteva frutti di mare e birre artigianali. Sopra la porta, una semplice tavoletta intagliata indicava il nome del locale, *Stan's*. Dani intuì da tutti i pickup nel parcheggio che i frequentatori erano in gran parte gente del luogo.

«È il posto ideale per rilassarsi» disse Brad. Anche lui indossava un paio di jeans, con una polo verde come i suoi occhi che ne evidenziava il torace muscoloso.

Dani scese dal pickup, decisa a godersi la serata.

Lui le sfiorò il gomito facendole strada. «Spero che tu abbia sete. Hanno dell'ottima birra qui.»

All'interno, il bancone del bar occupava tutto un lato del locale. La maggior parte degli sgabelli era già occupata. C'erano poi diversi tavoli da quattro, con tovaglie di plastica a quadri rossi e bianchi, in linea con l'atmosfera informale.

«Accaparriamoci un tavolo finché ce ne sono» disse Brad.

Ne scelsero uno nell'angolo più appartato e si accomodarono sulle sedie di legno. Furono presto raggiunti da una cameriera in jeans attillati e top rosso allacciato dietro il collo. Jenn, stando al suo cartellino. «Ciao, ragazzi. Cosa vi porto?» Così dicendo versò loro dell'acqua e appoggiò due menù sul tavolo.

Brad guardò Dani.

«Io prendo la stessa birra che prendi tu» disse lei.

Brad ordinò una IPA locale artigianale per entrambi.

Poco dopo, Jenn tornò con le loro birre. «Se volete le vongole al vapore, vi conviene ordinarle subito. Stanno andando a ruba» li avvertì.

«E le vongole fritte invece?» chiese Brad.

«Per quelle non c'è problema»

«Mi puoi far tenere una porzione di quelle al vapore?» chiese Dani. Accompagnate da una burrosa salsa all'aglio, erano tra i suoi piatti preferiti.

«Okay, lo dirò allo chef.» Si voltò verso Brad. «E tu sei pronto per ordinare?»

«Non ancora. Vorremmo prendercela con calma» disse Brad. La cameriera rivolse un sorrisetto a Dani e se ne andò.

«Mi dispiace che ci abbiano interrotto stamattina. Rachael è un problema. Sto facendo del mio meglio per gestirlo senza coinvolgere Quinn o Ross.»

«Di sicuro è determinata» commentò Dani, che voleva evitare di parlare di lei.

Brad sollevò la sua birra. «A noi, e al tempo di qualità che passeremo insieme.»

Dani toccò la bottiglia con la propria. «A noi.»

Bevvero entrambi un sorso gelato. «Non c'è niente di meglio di una birra fresca in una calda giornata estiva. Di norma cerco di limitarmi a un paio, ma questa è rinfrescante» disse Brad.

Un uomo robusto e barbuto si avvicinò al tavolo.

Brad si alzò per stringergli la mano. «Come va, Jim? Voglio presentarti Dani Gilford, una delle proprietarie del cottage nella proprietà del Lilac Lake Inn.» Si voltò verso Dani. «Lui è Jim Kirkland, lavora con noi come idraulico. È il fidanzato di Kellie Yates, la nostra agente immobiliare.»

Jim sorrise e le tese la mano. «Piacere di conoscerti. Non vedo l'ora di lavorare con te su quel cottage. Dovremmo vederci la prossima settimana, giusto?»

«Esatto» confermò Dani. Le piaceva quel ragazzone massiccio e amichevole con la barba castano-rossiccia come i capelli.

Dopo che Jim se ne fu andato, Brad spiegò che lui e Jim erano andati a scuola insieme, ma invece di andare al college, Jim si era messo subito in affari con suo padre e le cose gli andavano molto bene.

Parlarono di altri membri della squadra, e poi decisero di ordinare da mangiare. Dani aspettava con ansia le sue vongole al vapore. Insieme a quelle fritte, alle cozze e agli astici, erano i cibi speciali quando trascorreva le estati con GG, e ancora li adorava.

Brad aveva optato per la passera al forno, un pesce delicato dalla carne bianca, spesso oggetto di battute e risate da parte dei ragazzini. Un pesce delizioso, comunque.

Cominciarono a mangiare in un piacevole silenzio e poi la conversazione riprese sui nuovi progetti di case in costruzione ai Meadows. Avere il supporto di Brad e Aaron, per Dani, significava più di quanto potesse esprimere, dopo essere stata costantemente sfidata dai suoi colleghi maschi, e dopo aver visto le proprie idee rubate.

«Ti va di fare una passeggiata?» propose Brad, quando ebbero finito di mangiare. «Ci sono dei sentieri lungo il ruscello e anche qualche panchina. È uno dei luoghi preferiti dagli appassionati di birdwatching.»

Dani si diede una pacca sulla pancia. «Una passeggiata ci vuole proprio. La cena era deliziosa e ho finito tutto, anche il pane francese che servivano con le vongole.»

Lui le sorrise. «Mi piace quando le persone apprezzano il loro cibo. Mia madre è una cuoca eccezionale. Non vedo l'ora che tu la conosca. La sua più grande passione, in questo momento, dopo la famiglia, è il suo maialino domestico, Pansy.»

«Un maialino domestico? Ma che meraviglia! Ho sentito dire che sono animaletti bravissimi in casa e molto puliti» disse Dani. Non le era sfuggito come Brad si era illuminato parlando della madre. Era un'importante dimostrazione di carattere.

Uscirono dal ristorante e percorsero un sentiero ben segnato sulla sponda del ruscello. L'acqua sembrava accarezzare le rocce più grandi scorrendovi sopra e intorno, e formava piccole increspature e mulinelli che gorgogliavano dolcemente nel silenzio della sera.

Dani ascoltò il cinguettio degli uccelli e distinse il canto familiare di un cardinale rosso. Si fermò a scrutare gli alberi e presto vide un lampo scarlatto prendere il volo.

«È così bello qui.» Si voltò verso Brad.

«*Tu* sei bellissima» le rispose lui con dolcezza, attirandola a sé. «Posso?»

Con il cuore che le martellava nel petto per l'impazienza, Dani annuì.

Le labbra di Brad incontrarono le sue e il desiderio la travolse. Ricordava i suoi baci precedenti e ora sapeva che i sentimenti che avevano suscitato in lei erano reali.

Erano così presi dal bacio che non si accorsero nemmeno di non essere più soli, finché una voce non disse: «Scusate il disturbo. Tranquilli, continuate pure. Noi passiamo oltre.»

Dani non riuscì a trattenere le risate. Brad nemmeno e rimasero lì, abbracciati a ridacchiare, felici.

«Immagino che questo posto non sia così intimo come pensavo» disse Brad. «Andiamo da me.» Prese la mano di Dani e, con un ampio sorriso sul volto, la guidò verso il pickup.

Con la mano nella sua, il polso di Dani non si era ancora normalizzato dopo il bacio. Brad la faceva sentire così preziosa. Si rese conto che si era stancata degli uomini, a causa delle sue brutte esperienze con i colleghi, ma Brad era così onesto, gentile e sexy, che sembrava uscito da un sogno. Gli lanciò un'occhiata e sorrise quando lui le fece l'occhiolino.

Brad le aprì la porta invitandola a entrare. Dani esitò solo per un attimo e poi si disse di non essere sciocca. Patti era un ricordo, non una presenza reale in quella casa.

«Ti va qualcosa da bere? Acqua, caffè, birra?» chiese Brad.

«Mi andrebbe un bicchier d'acqua ghiacciata.» Dani lo seguì in cucina.

Brad versò due bicchieri d'acqua. «Mettiamoci comodi in salotto» propose poi. Lo sguardo che le rivolse le fece accelerare il battito cardiaco. Sapeva cosa voleva. Lo voleva anche lei.

Si sedettero sul divano e si guardarono.

«Come ho già detto, tu mi piaci e voglio conoscerti meglio. Abbiamo concordato di non affrettare le cose, ma sei la prima donna dopo Patti con cui mi sento veramente a mio agio, abbastanza da voler continuare a vederti. Quando ti ho detto che sei bella, dicevo sul serio. E non parlo solo del tuo aspetto.»

«È da tanto che un uomo non mi interessa sul serio. Mi emoziona l'idea di conoscerti meglio, se tu ne sei sicuro. Non voglio che ti butti in qualcosa nella quale non sei pronto a impegnarti emotivamente.»

Lo sguardo di Brad restò fermo su di lei e i suoi lineamenti si ammorbidirono. «Ne sono sicuro. Ci ho pensato molto. Sei tu che mi hai fatto accettare che è tempo di andare avanti.»

Le si avvicinò e Dani si gettò con gioia tra le sue braccia.

Quando sentì di nuovo il contatto tra le loro labbra, Dani si perse nelle emozioni vorticose del desiderio, felice che lui non stesse affrettando le cose, ma si stesse prendendo il tempo di scoprirla con calma.

Si accoccolarono insieme sul divano. Quando divenne evidente che non era abbastanza per nessuno dei due, si sdraiarono. Facendo l'amore, impararono come darsi piacere a vicenda.

Più tardi, Dani percorse con un dito una cicatrice sulla spalla di Brad. «Cosa ti è successo qui?»

Lui le rivolse un sorrisetto timido. «Sono caduto da una scala, da piccolo, e mi sono rotto la clavicola. Da allora, ho passato la maggior parte della mia vita su e giù per le scale.»

Lei riprese a far scorrere le dita sul suo corpo, imparandone la forma. «Quando hai capito che volevi conoscermi meglio?»

«Questa è facile» disse Brad. «La prima volta che ti ho vista, alla locanda. Mi sono sentito un po' turbato, ma dopo aver visto com'eri gentile con tutti e con quanta cura trattavi le foto di famiglia, ho capito che la prima impressione era giusta. Che forse avremmo potuto condividere qualcosa di speciale.»

«Mi hai interessato fin dall'inizio, ma ti consideravo non disponibile» ammise lei. «Tuttavia sono davvero felice che tu ti senta abbastanza a tuo agio con me da fare questo passo.» Poi sollevò il viso e si baciarono di nuovo.

Qualche tempo dopo, Brad la accompagnò alla porta, le diede il bacio della buonanotte e tornò in casa, lasciandola ferma sotto il portico per un minuto, a ripetersi che non era stato tutto un sogno.

CAPITOLO 29
TAYLOR

Quando Dani rientrò, Taylor era seduta sul divano a guardare la televisione. Si voltò verso di lei e, dopo averla studiata, sorrise. «Sembra che il tuo appuntamento sia andato bene.»

Dani si lasciò cadere sul divano accanto a lei. «Sono innamorata. Lo sono da un po', e adesso so per certo perché.»

«Wow.» Taylor le sorrise. «Sono così felice per te.»

«C'è qualcosa di così speciale in lui, e in quello che c'è tra noi» affermò Dani, e sentì che le si chiudeva la gola. Sapeva che ciò che lei e Brad condividevano non era una cosa che accadeva tutti i giorni.

«Sono contenta che le cose stiano funzionando tra voi. Aaron mi ha detto che pensa tu sia perfetta per Brad.»

«Grazie. Lo penso anch'io.» Dani si alzò e si stiracchiò. «Stasera ho conosciuto l'idraulico che lavorerà per noi. Un altro ragazzo competente. È fidanzato con Kellie Yates, l'agente immobiliare che si occupa dei Meadows. Ci sei stata?»

Taylor scosse la testa. «Non ancora. Ma spero di farlo presto. Aaron me ne ha parlato.»

«Ora vado a letto. Ci vediamo domani.»

Taylor le fece un piccolo cenno e tornò a guardare la televisione, chiedendosi se sarebbe arrivato anche per lei il giorno in cui si sarebbe innamorata perdutamente. Aveva incontrato un sacco di ragazzi interessanti da quelle parti, ma fino a quel momento nessuno di loro le aveva fatto provare le stesse emozioni di Dani quando parlava di Brad. C'era da dire che non aveva dedicato loro abbastanza tempo.

CAPITOLO 30
DANI

Al risveglio, Dani rimase un po' sdraiata a letto a ripensare a Brad. Fare l'amore con lui era stato qualcosa di prezioso, una condivisione di anime e dei loro più profondi desideri. Si chiese cosa sarebbe successo, e decise di mantenere la riservatezza sulla loro relazione appena nata, così che Brad non sentisse alcuna pressione a muoversi più in fretta di quanto fosse pronto a fare.

Si preparò per la giornata e scese a fare colazione. Era seduta fuori sul patio a guardare Pirata quando il suo cellulare squillò. *Brad.*

Sorrise e rispose. «Ehi.»

«Buongiorno» le rispose in tono allegro. «Volevo solo iniziare la giornata sentendo la tua voce. Preferisci che venga anch'io con te al cottage per incontrare Jim e discutere il preventivo per l'impianto idraulico?»

«Sarebbe utile» disse Dani. «Non voglio perdermi nulla, e due paia di occhi sui disegni e sul contratto sono molto meglio di uno.»

«Okay. Jim mi ha detto che avete appuntamento alle dieci. Ci vediamo lì.»

«Grazie ancora per la cena e tutto il resto.»

«È stato un piacere. Soprattutto per quanto riguarda "tutto il resto"» rispose Brad.

Dani ridacchiò, anche se le sue guance diventarono calde.

«Ci vediamo dopo.»

Chiuse la chiamata e, quando Taylor la raggiunse sul patio, stava ancora sorridendo.

«Buongiorno» la salutò la sorella. «Stamattina sei frizzante. Mi è sembrato di sentirti parlare con Brad?»

«È così. Verrà al cottage con me, alle dieci, per parlare con l'idraulico.»

«Io invece stamattina accompagnerò GG dal dentista. Mi ha chiamata ieri sera e sono felice di farlo. Immagino che sia saggio anche per noi tre conoscere i professionisti della zona, come dottori e dentisti, se abbiamo intenzione di restare qui.»

«Stai pensando di trasferirti in modo permanente?» si stupì Dani.

«Almeno per una parte dell'anno. Durante i mesi invernali potrei spostarmi a sud, verso un clima più caldo. Per me non è complicato, posso scrivere ovunque.»

«Vero. Non sarebbe bello se ci trasferissimo tutte e tre qui?» disse Dani.

«Hai notizie da Whitney?»

Dani scosse la testa. «Nel suo caso, penso che valga il detto "nessuna nuova buona nuova".»

Si sedettero con le loro tazze di caffè a guardare Pirata che trotterellava in giardino. Quando Dani fece per andarsene, il cane le corse dietro.

«È ora di colazione» gli disse, grattandogli le orecchie prima di farlo entrare.

Mentre gli preparava la pappa, Dani pensò alla possibilità che le sue sorelle venissero a vivere lì e decise che l'idea le piaceva. Erano abbastanza diverse da non entrare in competizione.

Come se l'avesse evocata, il nome di Whitney lampeggiò sul

display del cellulare. Lo sollevò e lesse il messaggio: *Sto per tornare a Lilac Lake. Non badare alle voci su di me, non c'è niente di vero. Baci.*

Dani uscì per mostrarlo a Taylor.

Si guardarono e scossero la testa.

«Che vita dev'essere» disse Dani. «Non c'è da stupirsi che voglia lasciare la California.»

«C'è un sacco di spazio per lei e Mindy qui» rispose Taylor. «Speriamo che sia il prima possibile.»

Parcheggiando davanti al cottage, Dani fu felice di trovare già lì il pickup rosso di Brad, insieme a un grosso furgone bianco. Scese dall'auto e liberò Pirata per poi dirigersi alla porta d'ingresso.

Sentì delle voci e avvisò di essere arrivata. Mentre aspettava che apparisse qualcuno, si rese conto che l'idea di rivedere Brad la rendeva nervosa, dopo quello che era successo tra loro la sera prima.

Lui uscì dalla cucina e le venne incontro. «Ehilà. Come stai?» le chiese, prima di darle un tenero bacio.

«Bene» gli sorrise. Con la coda dell'occhio, vide quelli che apparivano come raggi di sole che scintillavano, sullo sfondo, e sentì qualcosa di altrettanto caldo e luminoso dentro di sé.

«Jim ha già qualche suggerimento» disse Brad, guidandola verso la cucina.

Quando entrarono nella stanza, Jim li guardò. «Felice di vederti, Dani. I tuoi disegni per l'impianto idraulico sono ottimi, ma avrei alcune cose da aggiungere. E, a proposito, sei fortunata. Quando hanno costruito questa casa, negli anni Sessanta, hanno impiegato tubi di rame, ma in alcuni casi dovremo impiegare componenti idraulici diversi, per gli elettrodomestici.»

Trascorsero diverso tempo a rivedere i progetti e a parlare di modifiche.

«Cercherò di farmi vivo entro un paio di giorni, con il preventivo di manodopera e materiali» disse Jim. «Posso farti un buon prezzo, dato che collaboro con Brad ai Meadows, ma il costo delle materie prime continua ad aumentare e dobbiamo tenerlo in considerazione.»

«Ti ringrazio per la franchezza» rispose Dani. «Una volta che avremo ricevuto tutti i preventivi potremo prendere delle decisioni.»

«Domani parliamo con gli elettricisti» intervenne Brad.

«Va bene, io qui per ora ho finito» disse Jim. «Devo andare, ma sono contento che ci siamo presi questo tempo per vedere tutto insieme.»

Quando se andò, Brad prese la mano di Dani e le fece scivolare il pollice lungo il palmo. «Ti ho pensata.»

Lo sguardo sexy che le rivolse e il suo tocco sensuale la infiammarono. «Anch'io ho pensato a te. Voglio che questa cosa tra noi funzioni.»

«Anch'io. Sono pronto. Devo solo superare la prossima settimana con mia cognata. Viene ogni anno, da quando Patti è morta.» Si fece avanti e la prese tra le braccia. «Mi sono innamorato follemente di te» le mormorò all'orecchio, facendole correre la pelle d'oca su e giù per la schiena.

Dani si voltò a cercare le sue labbra. Il bacio, tenero all'inizio, si fece più profondo man mano che il desiderio in loro cresceva. Dani era così assorbita dalle emozioni che lui le provocava che non sentì nemmeno la brezza fresca dietro di sé, finché la porta della cucina non si chiuse di colpo.

Si ritrasse per lo spavento e vide di nuovo quelle lucine scintillanti che i baci di Brad le facevano sempre immaginare. Sorrise tra sé, compiaciuta della chimica che c'era tra loro.

Brad le cinse le spalle e insieme uscirono sotto il portico.

«Non c'è bisogno di chiudere a chiave» disse Brad. «Una parte della mia squadra stamattina mollerà il lavoro alla locanda per venire a vedere il cottage. Vedere il "prima" di qualsiasi progetto è eccitante. Li accompagnerà Aaron, per mostrare loro la casa e i progetti, e poi chiuderà lui.»

«Okay, io tornerò a casa e mi metterò all'opera per inserire le modifiche ai disegni. Sto aspettando il preventivo di Garth. Magari passo a salutare Bethany e vedo se ha qualche aggiornamento.»

«Sono contento che ti piaccia Bethany. È un tesoro. Lei e Patti erano molto unite.» Aspettò che lei facesse salire il cane sul sedile posteriore dell'auto. «Stasera ci vediamo?» disse poi.

«Certo. Vieni a cena. Non so cosa mangeremo, ma qualcosa mi inventerò.»

«Mi va bene tutto, se ci sei tu» mormorò lui, prima di baciarla. Per un attimo, Dani pensò che avrebbero potuto restare ancora un po', ma poi lui fece un passo indietro. «Mi aspettano ai Meadows e sono in ritardo. A dopo.»

Mentre tornava verso il suo pickup, Dani ne approfittò per ammirarlo. Amava tutto di lui.

Dani non ci mise molto ad arrivare alla sede dei Legnami Beckham. Situata a metà strada tra il centro di Lilac Lake e il nuovo complesso residenziale dei Meadows, era piuttosto impressionante. Sul davanti, vicino all'ingresso, c'era un fienile rosso ristrutturato, che ospitava gli uffici e il negozio di articoli regalo. Sul retro, c'erano i magazzini per il legname, insieme a un'area di carico servita da ogni genere di mezzo.

Dani vide un cartello sulla porta in cui si diceva che i cani erano i benvenuti e fece scendere Pirata dall'auto, mettendolo al guinzaglio.

Una volta dentro, si rese subito conto che quello che Bethany aveva definito "negozio di articoli regalo" era in realtà molto più grande di quanto avesse immaginato. Vi era esposta un'enorme varietà di oggetti, dalle mangiatoie per uccelli alle lampade, alle decorazioni per il giardino. Legò Pirata nella zona riservata ai cani e vagò per il negozio per qualche istante, prima che una commessa le si avvicinasse.

«Posso aiutarla?»

Dani scosse la testa. «Sto solo dando un'occhiata, grazie. Ma se c'è Bethany, mi piacerebbe salutarla.»

«È in ufficio. Gliela chiamo subito» disse la donna con gentilezza. «Intanto si guardi pure in giro. Abbiamo tante belle cosette.»

Dani aveva appena preso in mano una ciotola per cani di ceramica quando Bethany la raggiunse. «Sono così felice che tu sia passata» la salutò, abbracciandola in fretta per poi sorriderle. «Come va con Brad? Garth mi ha detto che l'ha visto di recente e gli ha parlato di te.»

«Davvero? Per rispondere alla tua domanda, le cose stanno andando molto bene tra Brad e me.» Dani non riuscì a non farsi sfuggire un sorriso.

«Ah!» Anche Bethany sorrise. «Ero sicura che fosse scattata la scintilla. Eravate così carini insieme. Sono felice per entrambi.»

«Grazie» disse Dani. «Abbiamo deciso di non divulgarlo,

prima che venga sua cognata in visita.»

Bethany si accigliò. «Se stai parlando di JoEllen, faresti meglio a stare attenta. Ha messo gli occhi su Brad da quando Patti è morta. Una volta si è lasciata sfuggire che gli avrebbe dato due anni per superare il lutto e poi si sarebbe fatta avanti.»

«Brad è interessato a lei?» chiese Dani, colta di sorpresa dall'informazione. «Mi ha detto che fino a questo momento non aveva provato a uscire con nessuna.»

«Non voglio dire troppo, te ne accorgerai tu stessa. Non sarebbe giusta per lui. Esteticamente somiglia molto a Patti, ma è molto diversa da sua sorella. Volevo solo metterti in guardia, perché sarà una fonte di guai. Ma cambiamo discorso. Voglio farti fare un giro del negozio.»

«Quel che ho visto mi piace» esclamò Dani. «Tante belle cose, sia per esterni che per la casa.»

«Come cliente dei Legnami Beckman, hai uno sconto del dieci per cento» disse Bethany illuminandosi.

«Tu come stai? Hai un aspetto radioso» chiese Dani. Sperava di avere figli un giorno, e ora che aveva incontrato Brad, lo desiderava più che mai.

«Sei carina a chiedermelo» disse Bethany. «Nel complesso mi sento bene, solo un po' di nausea di tanto in tanto. Ma Garth e io siamo così emozionati all'idea che avremo un bambino che ne vale la pena.»

«La vostra emozione mi dice che il bambino sarà molto fortunato a far parte della vostra famiglia.» disse Dani, commossa dal modo in cui Bethany si stava accarezzando la pancia.

«Emozionati lo siamo di sicuro» rispose Bethany, con un sorriso. «Dai, voglio mostrarti tutto.»

Dani decise che era come passeggiare nel paese delle meraviglie, il suo sguardo si posava su un oggetto delizioso dopo l'altro. Sapeva già che avrebbe preso diversi articoli per il cottage, una volta pronto.

Dopo aver terminato il giro del negozio, Dani chiese a Bethany se ci fosse in giro Garth.

Bethany sorrise. «No, ma gli ricorderò che stai aspettando quelle cifre. È un periodo dell'anno molto intenso per noi, ma mi assicurerò che se ne occupi quanto prima.»

Poi consegnò a Dani una placca in ottone per la porta d'ingresso del cottage con la lettera G iniziale al centro. «Un pensiero per le ragazze Gilford. Sono così emozionata al pensiero che vi vedremo molto più spesso.»

Dani le diede un rapido abbraccio. «Sono contenta che ci siamo conosciute.»

«Fammi sapere se JoEllen ti dà problemi. E vieni a trovarmi quando vuoi.»

Dani uscì dal negozio stringendo tra le mani la targa. Un regalo prezioso da una nuova amica.

Dani era in cucina a disegnare i suoi progetti quando rientrò Taylor.

«Ciao. Com'è andata con GG?» le chiese.

«Bene. È stato bello passare del tempo con lei. Dopo il dentista, siamo andate a pranzo e a fare un po' di shopping. Ho preso una giacca di jeans e due maglie fatte a mano. GG si è presa un paio di camicie da notte estive.» Taylor si lasciò cadere su una sedia lì vicino. «E le ho chiesto di nuovo di quella busta con il certificato di nascita del bambino e il certificato di morte.»

«Davvero?» chiese Dani, sorpresa. «Cosa ha detto?»

«Ha ripetuto che si era dimenticata di avere quella busta, e che la stava solo conservando per conto di un'amica. Dice di non sapere da dove provengano quei documenti e di non conoscere la storia che c'è dietro.»

Dani aggrottò la fronte. «Mi pare un po' strano ma capisco perfettamente. Deve avere a che fare con qualcuno che ha aiutato e su quelle cose è sempre stata estremamente riservata.»

«Io mi sono già fatta mille ipotesi nella testa» disse Taylor.

«Non lo so come fai a inventarti tutte quelle storie per i tuoi libri» commentò Dani.

«Non funziona sempre così bene. Ho avuto diverse false partenze per quest'ultimo. Ecco perché ho deciso di rimanere per tutta l'estate. Questo è un rinfrescante cambiamento di scenario.»

«Mi chiedo come se la cavi Whitney» sospirò Dani.

Taylor le rivolse un'occhiata sorpresa. «Non lo sai? Ieri sera ho visto un servizio sulle novità di Hollywood in cui dicevano che lei e Zane sono tornati insieme. Hanno mostrato una foto di loro due che uscivano insieme da un negozio.»

«Dev'essere per questo che Whitney mi ha scritto di non credere a nulla di ciò che avrebbe detto la stampa. Deve aver saputo che sarebbe successo qualcosa del genere.»

«Nonostante tutto il fascino del suo lavoro, e quanto lo ami, Whitney è una persona con i piedi per terra. Odia mentire. Quindi, qualsiasi cosa sia successa tra lei e Zane dev'essere seria, dato che è così irremovibile nel non voler tornare con lui.»

«Per questo mi domando cosa le stia succedendo adesso» commentò Dani. «Farà meglio a restare qui per tutto il tempo che le sarà possibile, quest'estate.»

«Concordo. A proposito, hai programmi per stasera?» chiese Taylor.

«Ho invitato Brad a cena. Vuoi unirti a noi?»

«No, grazie. Ho promesso di vedermi con Crystal, da Jake. Lei ha un mezzo appuntamento con Ross e spera che si faccia vivo.» Taylor sorrise. «Crystal sta cercando di imparare il gergo del baseball.»

«Ross Roberts è sexy di sicuro, ma mi sembra difficile che si faccia coinvolgere da qualcuno qui, in questa piccola città. Anche se ha dovuto ritirarsi, fa ancora un sacco di soldi sponsorizzando vari marchi sportivi.»

«Ma è uno dei nuovi proprietari della locanda» protestò Taylor. «Non riesco a credere che non passerà del tempo qui. Ha una stanza al Lilac Lake B&B per il resto della settimana.»

«E tu come lo sai?» chiese Dani.

«L'ha scoperto Crystal» disse Taylor. «È uno dei vantaggi, quando servi la migliore colazione e il miglior pranzo della città.»

Dani scoppiò a ridere. «Non sono ancora abituata a questa vita di provincia.» Un pensiero le si affacciò alla mente. «Quando vedi Crystal, prova a chiederle della sorella di Patti, JoEllen.»

«Perché? Che succede?»

«Brad mi ha detto che sarebbe venuta a trovarlo, e sembrava un po' in ansia. E poi, quando ho accennato la cosa a Bethany, al suo negozio di articoli regalo, lei mi ha riferito che JoEllen ha messo gli occhi su Brad. Ho avuto la netta impressione che quella donna non le piaccia.»

«Forse JoEllen pensa che, ora che sono passati un paio d'anni dalla morte di Patti, sia arrivato il suo turno» disse

Taylor. «Ho usato questa situazione in uno dei miei libri.»

Dani sorrise. «Ah sì? E com'è finita?»

«Piuttosto male, per lei.» Taylor sorrise.

CAPITOLO 31
TAYLOR

Taylor andò in centro a piedi, contenta di avere quella possibilità, quando sapeva che avrebbe bevuto dell'alcol. Le faceva piacere che Crystal avesse chiesto il suo supporto. Un dolce segno di amicizia crescente.

Passò prima da lei, che abitava sopra la caffetteria, e insieme si diressero da Jake. Ross aveva detto che sarebbe venuto e, poiché lui e Nick erano in buoni rapporti, avevano accettato di ritrovarsi tutti lì.

Taylor non vedeva l'ora di conoscere meglio Nick, lo sceriffo sexy, anzi, *molto* sexy. L'uniforme sembrava gli fosse stata cucita addosso. Era la fonte di ispirazione per un nuovo personaggio nel suo ultimo libro e sapeva che i lettori lo avrebbero adorato.

«Tu e Ross avete parlato di uscire insieme?» chiese a Crystal mentre camminavano.

Crystal si voltò verso di lei con un sorriso. «Chiacchieriamo alla caffetteria da settimane e quando gli ho proposto di incontrarci da Jake stasera, ha detto che ci stava.»

«Non sarà imbarazzante, con Nick in giro?» chiese Taylor.

«No, ora siamo amici. Lui sta cercando qualcuno di nuovo nella sua vita. Prima o poi, si renderà conto di essere il tipo d'uomo che dovrebbe sposarsi. Gli piace prendersi cura delle persone» rispose Crystal. «Il fatto è che io non voglio che nessuno si prenda cura di me.»

Taylor inarcò un sopracciglio. «Come pensi di coniugare questo con un nuovo uomo nella tua vita?»

Crystal scoppiò a ridere. «Non sto dicendo che vorrei risposarmi, in generale. Mi piace la mia libertà.»

«Io sono un tipo romantico» ammise Taylor. «Ma dev'essere con l'uomo giusto.»

«Be', per stasera, pensiamo solo a divertirci» concluse Crystal. «Ecco, siamo arrivate.»

Entrate nel bar, Taylor cercò Nick e Ross con lo sguardo.

Nick le salutò da un tavolo e si alzò per accoglierle. Ross scivolò fuori dalla panca raddrizzandosi in tutta la sua altezza. Sebbene Taylor l'avesse già brevemente incontrato in precedenza, non erano mai stati presentati. Osservò i capelli color sabbia, gli occhi azzurri e il sorriso da ragazzino e sentì il suo corpo reagire. Non c'era da stupirsi che per un po' fosse stato considerato il giocatore di baseball più affascinante di tutto il Paese.

Nick le presentò Ross e aspettò che lei si infilasse sulla panca accanto a lui. Poi si voltò verso di lei. «Sei molto carina, stasera. Io ho pensato di lasciare a casa la mia uniforme da sceriffo.»

Lei sorrise. «Sono contenta che tu abbia la serata libera. Mi fa piacere fare un po' di vita sociale locale. Soprattutto dato che vivrò qui per qualche mese, o anche di più.»

«Stai pensando di restare fino all'autunno?» le chiese.

«Forse anche di trasferirmi qui in modo permanente, con qualche pausa altrove» disse Taylor, sorpresa della facilità con cui le erano venute quelle parole. Aveva continuato a rimuginare su quel pensiero, ma non si era resa conto di aver già deciso.

«È bello quando qualcuno della vecchia banda estiva

decide di tornare, di tanto in tanto. Avere qui le ragazze Gilford è fantastico.» Nick le sorrise. «Ho dei bei ricordi di quelle estati.»

Taylor si crogiolò nel calore del suo sorriso. «Per le mie sorelle era un po' più facile, mentre io, essendo più piccola, a volte venivo lasciata indietro. Ma crescendo è diventato meno un problema.»

«Dani ci batteva in alcuni dei giochi più tosti e Whitney aveva la fissa di organizzare spettacolini, finché non siamo diventati tutti troppo grandi per quel genere di cose» ricordò Nick.

«A entrambe piace recitare e cantare» disse Crystal.

«Me li ricordo i vostri duetti» esclamò Taylor, con un sorriso. Si rese conto di quanto si fosse sentita sola a New York.

Crystal si rivolse a Ross. «Spero che non ti stiamo annoiando con le nostre memorie estive. Tu dove sei cresciuto?»

«A Cincinnati, e ho trascorso tutte le mie estati sui campi da baseball o giocando in qualche lega» rispose Ross. «Lo sport è ancora la mia passione, anche se non posso più giocare a livello professionistico a causa dei danni che ho riportato.»

«Giusto. Mi ero dimenticata di quell'incidente in moto» mormorò Taylor. «Dev'essere stato tremendo.»

«Spiacevole, sì» si limitò a dire Ross, ma Taylor vide il suo viso riempirsi di rughe di dolore e capì quanto fosse stato devastante per lui. Con l'intento di confortarlo, si sporse a sfiorargli la mano, prima di prendere la sua bottiglia di birra e berne un sorso rinfrescante.

Quando guardò di nuovo Ross, lui era chino su Crystal, che gli parlava di alcuni dei suoi ruoli a teatro. Taylor si voltò verso

Nick e si accorse che i suoi occhi erano puntati su di lei.

«Mi ha fatto piacere rivederti stasera» disse Nick. «Ma devo andar via, mi dispiace. Mi è appena arrivata una chiamata importante.» Così dicendo diede un colpetto al suo cellulare agganciato alla cintura.

Taylor si rese conto che la vibrazione che aveva avvertito poco prima doveva essere dovuta allo squillo del cellulare, a pochi centimetri da lei. «Grazie per essere venuto. Penso che andrò anch'io.»

Si alzarono entrambi.

«Dove state andando?» chiese Crystal.

Nick spiegò di aver ricevuto una chiamata e Taylor, tenendo gli occhi fissi su Crystal, disse che doveva andare anche lei. Non voleva impedirle di trascorrere del tempo con Ross.

Crystal le rivolse uno sguardo riconoscente. «Va bene, ragazzi, ci vediamo domani.»

Taylor seguì Nick fuori dal bar.

Lui si voltò a guardarla. «Mi dispiace di dover andar via così presto. Saluta Whitney e Dani da parte mia.»

Delusa, Taylor si sforzò di sorridere e lo salutò con la mano. «Ci si vede in giro.»

Quella serata era stata un fallimento.

CAPITOLO 32
DANI

Dani si agitava in cucina, cercando di fare del suo meglio per preparare un pasto delizioso. Sapeva che la moglie di Brad era una stata un'ottima cuoca e, sebbene non fosse esattamente in competizione con lei, voleva dimostrare di non essere un totale disastro in cucina. Era abituata a preparare piatti semplici e ipocalorici per se stessa, non a preparare una sostanziosa "cena da lavoratore".

L'ultima volta gli aveva cucinato gli spaghetti, mentre quella sera aveva optato per pollo al limone in casseruola, un piatto che le aveva insegnato sua madre. Era facile da preparare, ma aveva un aspetto piuttosto sofisticato, con fette di limone adagiate sopra petti di pollo croccanti, cotti in una salsa agrodolce. Contava che, con l'aggiunta di riso pilaf e un'insalata con l'avocado, avrebbe costituito un pasto gustoso per Brad.

Quando sentì il campanello, Dani alzò lo sguardo verso l'orologio, stupita. Era stata così concentrata a cucinare e apparecchiare la tavola che aveva perso il senso del tempo.

Lei e Pirata arrivarono insieme alla porta.

Brad, perfetto in pantaloncini corti e polo, si chinò ad accarezzare Pirata sulla testa.

Dani si scostò i capelli dal viso sudato. «Sono contenta che tu sia qui. Il tempo mi è un po'sfuggito, ma vieni pure in cucina. La cena sarà pronta tra poco.»

Brad le porse una bottiglia di vino. «Ho pensato che potremmo berne un calice prima di cena.»

«Perfetto. Andiamo a sederci fuori.»

Di nuovo in cucina, Dani aprì il vino e lo versò per entrambi. «Sembra delizioso.»

«È uno dei miei preferiti. O almeno, lo era.»

Dani capì che lui e Patti dovevano averlo condiviso con piacere. «Andiamo fuori a godercelo.»

Le sedie erano all'ombra e, nonostante fosse una piacevole serata estiva, Dani fu contenta di sedersi al riparo dal sole, dopo essersi affannata in cucina.

«Com'è andata la tua giornata ai Meadows?» chiese a Brad.

«Bene. Ho raccontato a Kellie di alcuni dei cambiamenti che integreremo nei nuovi progetti, così quando parlerà con potenziali clienti potrà sottolineare che ci sarà un sacco di spazio per riporre le cose. Aaron è d'accordo con te sul fatto che non sia mai troppo.»

«Sono contenta di essere stata d'aiuto. Quelle case sono già meravigliose.»

«Ti farò avere tutte le planimetrie, così potrai esaminarle. Per la fascia di prezzo a cui le stiamo offrendo, vogliamo che siano il più perfette possibile. Sono contenta che tu abbia deciso di trasferirti qui. Significa molto per me... per noi.»

Si studiarono, con il sorriso sulle labbra.

«Dimmi cosa intendevi quando hai detto che dovrai passare una settimana con tua cognata.»

Il sorriso di Brad si spense. «Patti era molto legata a sua sorella. Pensava che avrei dovuto sposare JoEllen dopo la sua morte, così non sarei rimasto da solo. E anche JoEllen l'avrebbe voluto.» Scosse la testa. «Ma non posso farlo. JoEllen non ne ha più parlato, fino a qualche mese fa, quando abbiamo commemorato il secondo anniversario della morte di Patti. Ora vuole che io rispetti i desideri di sua sorella.»

«Che c-osa?» sbottò Dani.

«JoEllen dice che rispettare il desiderio di Patti sarebbe la prova del mio amore per lei. Piuttosto inquietante. Ha detto che verrà la prossima settimana per parlarne.»

Dani lasciò uscire un lungo sospiro. D'accordo essere comprensiva, ma la realtà era peggiore di quanto pensasse. Non voleva rimanere coinvolta in un pasticcio del genere. D'impulso, si strinse le braccia attorno, con un senso di nausea e le lacrime che le bruciavano negli occhi.

Brad si alzò, le si avvicinò e la prese tra le braccia. «Non voglio che niente si metta tra noi.»

«Nemmeno io» rispose Dani. «Ed è per questo che questa folle idea deve essere dimenticata. Subito.»

«Le ho già detto di non venire» disse prendendole il viso tra le mani.

«Ehi. C'è qualcuno in casa?» si udì la voce di Taylor.

Dani si separò da Brad. «Siamo qui.» Tornò in cucina. «Cos'è successo? Pensavo che saresti rimasta fuori, stasera.»

Taylor si strinse nelle spalle e fece un sorrisetto amaro. «Lo pensavo anch'io. Poi Nick è dovuto andar via e io non potevo più restare lì, dato che avevo promesso a Crystal che l'avrei aiutata a trascorrere del tempo insieme a Ross. Quindi, rieccomi qui.»

«Ti va di cenare con Brad e me?» Dani si sforzò di nascondere la propria delusione.

«Certo, grazie. Che profumino delizioso.»

Brad rientrò in quel momento e Dani gli rivolse un sorriso luminoso. «Taylor si ferma a cena con noi.»

«Bene.» Brad si rivolse direttamente a lei. «Non abbiamo

passato molto tempo insieme, ma ho sentito molto parlare di te e dei tuoi libri.»

«E io ho sentito parlare di te e del tuo nuovo progetto, i Meadows» rispose Taylor con un sorriso.

I tre tornarono a sedersi fuori e la conversazione fluì sulla nuova area residenziale di Brad e sui libri di Taylor. Dani non voleva sentirsi infastidita, ma non riusciva a non pensare che i momenti da sola con lui sarebbero già stati messi a rischio dall'imminente visita della cognata.

Quando Brad e Taylor le fecero i complimenti per la cena, Dani si crogiolò nei loro elogi e decise che si sarebbe impegnata di più in cucina. Anche quello era un modo per esercitare la creatività. E per rendere felici gli altri.

«Posso aiutarti a sistemare?» chiese Taylor, quando ebbero finito.

Dato che i suoi piani per una serata intima e sexy con Brad erano già andati a rotoli, Dani sorrise. «Non c'è bisogno. Ci penserò io più tardi.»

«Okay, allora vado in camera mia a cercare di lavorare un po'. Grazie per la cena. È stato un piacere, Brad.» Taylor li salutò con la mano salendo le scale.

Rimasto solo in cucina con lei, Brad arrivò alle spalle di Dani e la strinse tra le braccia. «Mi dispiace, ma è meglio che vada anch'io. Con il sole che sorge sempre prima, ci piace cominciare presto, la mattina. Domani dovremmo iniziare a demolire le ali della locanda.»

Dani si girò verso di lui. «Vorrei che potessi restare, ma capisco.»

«Domani vieni a cena a casa mia. Non ci saranno interruzioni.»

Lei lo guardò. «Perfetto.»

Brad chinò la testa per baciarla e Dani chiuse gli occhi, assaporando la sensazione delle sue labbra e il fresco profumo di lime del suo dopobarba. È questo, pensò, che ho aspettato per tutta la sera. Non possiamo lasciare che JoEllen o chiunque altro rovini quel che c'è tra noi.

Quando finalmente si separarono, Brad sostenne il suo sguardo e sorrise.

«Grazie per la cena. Domani, da me.»

«Affare fatto» disse lei, accogliendo un altro bacio e desiderando di più, ma lui si tirò indietro con un sospiro. «Meglio che vada, finché riesco a farlo.»

Dani sollevò lo sguardo verso le scale, sentì Taylor che lavorava al computer e annuì. Accompagnò Brad alla porta e lo guardò mentre attraversava il prato davanti a casa, poi lo salutò e rientrò. Delusa per il fallimento dei suoi piani, si chiuse la porta alle spalle e si avviò verso la cucina, dove l'attendevano i piatti sporchi.

La mattina dopo, Dani guidò fino alla locanda per assistere alla demolizione delle ali con le camere. Invece di usare esplosivi, gli appaltatori avevano portato macchinari pesanti: una gru con una palla da demolizione, un escavatore e una ruspa. Enormi camion con cassone ribaltabile erano lì in attesa di essere riempiti di detriti.

Mentre guardava gli edifici che si trasformavano in macerie, la tristezza le strinse il cuore. La locanda aveva significato così tanto per la sua famiglia, ed era stata il suo rifugio estivo. Ma nuovi edifici, più moderni, sarebbero sorti al suo posto. Quindi, non tutto andava perduto.

Aaron la vide e le si avvicinò. «Ciao. Come va?»

«Bene» rispose Dani. «Ho già parlato con Jim per l'impianto idraulico del cottage e oggi vedrò gli elettricisti.»

«È un gruppo di gente in gamba» disse Aaron. «Brad mi ha chiesto di farti avere delle planimetrie. Te le porterò a casa più tardi, se per te va bene.»

«Benissimo. Se non ci fossi io, ci sarà Taylor.»

«Okay. Vado a vedere come se la cavano i ragazzi. Odio vedere abbattere gli edifici, ma quelli nuovi saranno fantastici.»

Dani era grata che GG avesse chiesto aiuto ai Collister. Rendeva il suo lavoro al cottage molto più semplice.

Salì al volante della sua auto e guidò fino all'imboccatura del lungo vialetto che conduceva al cottage. Lì si fermò a riflettere, chiedendosi se ci fosse un modo per rendere quel punto di accesso più attraente e allo stesso tempo scoraggiare le persone a percorrere la strada privata. Pensò che un nuovo cancello con un codice di accesso potesse essere la soluzione.

Si fermò accanto a un furgone giallo con il logo della Wilson's Electric Services. Controllò l'interno dell'abitacolo, ma era vuoto.

Mentre camminava verso l'ingresso, vide un uomo in piedi sul prato che fissava il lago e lo chiamò: «Salve!»

L'uomo si voltò e alzò una mano per salutarla. «Ehilà. Sono Harry Wilson.» Era un uomo alto, magro, di mezza età, con una folta chioma di capelli castani che gli sfuggiva dal berretto da baseball dei Red Sox.

Si avvicinarono e Dani gli strinse la mano. «Piacere, Dani Gilford. Sia Brad che Aaron Collister mi hanno detto cose molto belle su di lei.»

«Sono due dei migliori nel settore. Lieto di conoscerla.» I suoi occhi castani brillavano di cordialità. «Questo posto è così bello. Non c'è da stupirsi che non veda l'ora di sistemare la casa. Ho gli schemi elettrici che mi ha mandato.»

«Entriamo a dare un'occhiata in giro, per essere sicuri di non aver tralasciato nulla. Mi piace essere precisa e sono aperta a qualsiasi modifica necessaria.»

Dani andò ad aprire, contenta che Harry fosse proprio dietro di lei. Sapeva che avrebbe dovuto superare la paura di entrare in casa. Ma, finché la casa non fosse stata veramente loro, supponeva che sia lei che le sue sorelle si sarebbero sempre sentite come delle intruse.

Dentro, la casa era immobile, silenziosa in modo quasi inquietante. Rimase così mentre lei e Harry andavano di stanza in stanza, controllando e segnando dove sarebbero state posizionate prese e interruttori. Parlarono di illuminazione da incasso, prese aggiuntive in cucina e all'esterno per eventuali future verande e affrontarono tutte le domande sulla lista di Dani.

Circa un'ora dopo, Harry parve soddisfatto. «Penso proprio che abbiamo visto tutto. Sostituire il vecchio cablaggio è la cosa più sensata, soprattutto quando si abbattono le pareti interne. Vediamo come va. Ci sono sempre delle sorprese nei lavori di ristrutturazione.»

«Grazie per essere venuto» disse Dani. «Quando pensa di riuscire a farmi avere il preventivo?»

«Prima del fine settimana, promesso. Questo è un periodo impegnativo per me, ma metterò mia moglie al lavoro sulle cifre, al posto mio.»

«Bene, grazie.» Dani pensava che sarebbe stato più facile presentare a GG un preventivo unico che riunisse tutti i costi, ma non voleva mettere troppa pressione ai subappaltatori.

Mentre accompagnava Harry alla porta d'ingresso, arrivò

Brad. «Sono in ritardo? Ho provato a venir via prima, ma non ce l'ho fatta.»

Harry attese che fosse Dani a rispondere.

«Penso che abbiamo tutto sotto controllo, Brad, ma grazie. Harry ha un paio di idee interessanti per me e mi farà avere il preventivo entro la fine della settimana.»

«Mi fa piacere sentirlo» disse Brad, stringendo la mano a Harry. «Grazie.»

Quest'ultimo si tolse il cappello e li salutò.

Brad la guardò. «Come stai? Mi dispiace che la nostra serata sia stata interrotta. Spero che stasera avremo un po' di privacy.» Si avvicinò, le prese il viso tra le mani grandi e la baciò.

Dani gli passò le braccia dietro al collo e lo baciò a sua volta, assaporando le sue labbra. Si chiese come sarebbe stato baciarlo ogni mattina.

Quando si separarono, Dani fissò le luci scintillanti che fluttuavano intorno a loro e chiuse gli occhi. Brad la faceva sempre sentire come se i suoi baci fossero magici. Aprì gli occhi e si accorse che Brad le stava sorridendo.

«Sì, la sento anch'io, quella... non so... quella magia.» La strinse a sé e lei si rannicchiò contro di lui, sicura di amarlo.

Rimasero così per qualche istante, poi Brad si tirò indietro. «Immagino che sia meglio andare a vedere cosa sta succedendo alla locanda.»

«Lasciami chiudere a chiave e vengo anch'io.» Era interessata a vedere come procedevano i lavori lì, ma ancor di più era ansiosa di restare sola con Brad quella sera a casa sua.

Dopo aver lavorato diligentemente per tutto il pomeriggio,

Dani si fece una doccia e si preparò per la serata con Brad. L'unica volta in cui avevano fatto l'amore era stata la prova che la loro relazione era fondata su qualcosa di più della semplice attrazione fisica. Era stata scossa fino nel profondo dal modo in cui si erano donati l'uno all'altra, dal desiderio di darsi piacere a vicenda, dall'incontro di anime che avevano condiviso.

Indossò un nuovo completino intimo di pizzo rosa, sotto un prendisole rosa che le stava bene, ma era anche pratico da mettere e togliere. Si spruzzò un leggero profumo fresco sui polsi e ne mise un po' di più tra i seni e sul collo. Un ultimo tocco di lucidalabbra ed era pronta.

Scese le scale, prese la bottiglia di vino bianco dal frigorifero e si diresse verso casa di Brad. Si chiese se entrare o meno e decise di suonare il campanello.

Pochi secondi dopo, una donna bionda aprì la porta e la guardò accigliata.

Dani barcollò all'indietro. «E tu chi sei?»

«Dovrei chiedere la stessa cosa a te. Cosa ci fai qui?» La donna la studiò con sguardo sospettoso.

«Sono Dani Gilford, un'amica e vicina di casa di Brad.» Fu un sollievo vedere Brad che si avvicinava.

«Ciao, Dani» la salutò. «Vieni dentro. Vedo che hai già conosciuto JoEllen Daniels. Mi ha fatto una sorpresa, anticipando la sua visita di un paio di giorni.»

«Non abbiamo avuto modo di scambiarci i nomi, ma io le ho detto il mio» disse Dani, ancora in piedi sotto il portico. Era chiaro che JoEllen non intendeva assolutamente lasciarla entrare.

Brad le passò davanti e spalancò la porta. «Entra e beviamo un bicchiere di vino insieme, prima che vi porti entrambe fuori a cena da Fins.»

Dani gli lanciò uno sguardo interrogativo e gli porse la bottiglia di vino. «Ho pensato che potesse piacerti.»

«Credevo che saremmo stati solo io e te qui a cena» disse JoEllen. «Oltretutto, lo sai che mi piacciono solo alcuni cibi.»

«Sono sicuro che troverai qualcosa che ti piace da Fins.» Brad stava dimostrando una pazienza notevole.

Si spostarono in cucina, dove Brad stappò il vino per versarne tre calici.

«Usciamo» disse poi. Alle due donne non restò altra scelta se non seguirlo sul patio, dove si sedettero in cerchio.

Dani aspettò che Brad facesse un brindisi e quando non lo fece, lo imitò e bevve un sorso del suo vino.

JoEllen indicò l'angolo in fondo al giardino. «Vedo che non hai ancora iniziato a costruire il gazebo.»

«No, ho cambiato idea. Farò qualcosa di diverso» disse Brad.

«Ma è quello che voleva Patti» protestò lei.

«Sono passati due anni, Jo» replicò Brad. «È ora che faccia le mie scelte.»

JoEllen lo scrutò, come se fossero soli. «Questo ha qualcosa a che fare con la presenza di Dani qui?»

Brad le rivolse uno sguardo determinato e poi affrontò JoEllen. «Sì, è così.»

«Sai che Brad si è impegnato in pratica a sposarmi.» L'aveva detto come se ormai la decisione fosse presa.

«Non ho intenzione di intromettermi nelle vostre beghe familiari» dichiarò Dani, posando il suo bicchiere. «Dovrai parlarne con Brad.» Si alzò e guardò lui. «Mi dispiace, ma è meglio che vada.»

Brad balzò in piedi. «Per favore, non farlo.»

«Non posso restare.» Sapeva che la situazione poteva solo peggiorare.

«Va bene, ti accompagno.» Brad le sfiorò il gomito e si diressero insieme verso la porta.

«Mi dispiace, Dani. Non sapevo che si sarebbe presentata oggi e, ovviamente, non abbiamo avuto modo di parlare. Ho pensato che sarebbe stato più facile farle capire la situazione, se avesse visto quanto sono felice con te. Ma non è cambiata. Non capisco come Patti abbia mai potuto pensare che io e JoEllen avremmo potuto essere una coppia. Patti non ha mai visto sua sorella come la vedono gli altri.»

«Dispiace anche a me. Nessuno di noi due era preparato alla sua visita. Di sicuro, lei si è fatta un'idea sbagliata. Ma sta a te risolvere questo problema.» Dani esitò, poi le parole uscirono da sole. «Ti amo, Brad.»

Un sorriso gli illuminò il viso. «Ti amo anch'io.» Si sporse in avanti per baciarla.

«Quindi, è così che stanno le cose?» JoEllen era apparsa accanto a loro. «Mi sono data una settimana per farti cambiare idea, Brad, e fare quel che è giusto, per Patti.»

Brad si allontanò da Dani e si rivolse a JoEllen. «Dobbiamo fare un discorso serio.»

«A presto» disse Dani, allontanandosi, con le emozioni in subbuglio. Aveva chiarito cosa provava per lui. Ora toccava a Brad mettere a posto le cose.

CAPITOLO 33
WHITNEY

Whitney fissò la sua foto con Zane sul portale di notizie di intrattenimento e strinse i denti. Era riuscita a ingannarla, dandole appuntamento in un noto negozio su Rodeo Drive, con la scusa di parlarle di un centro di riabilitazione, che si era rivelata solo un'altra delle sue bugie. Quando era arrivata, l'aveva trovato lì con un sorriso a trentadue denti, che le porgeva un elegante pacchetto regalo. Uno scoop costruito ad arte. All'improvviso, Zane era ovunque: sulle riviste, nei talk show, sulla stampa spazzatura ma anche su quella rispettabile, a parlare del suo tentativo di riconquistarla. Ma Whitney sapeva che lo faceva solo per salvarsi reputazione e carriera. La droga a Hollywood non era una sorpresa per nessuno, ma il sospetto che lui abusasse delle donne era un altro paio di maniche, contro il quale valeva la pena di combattere.

Aveva fatto la sua parte per aiutarlo, con il proprio silenzio, ma a breve la gente avrebbe scoperto l'entità dei suoi problemi e si sarebbe resa conto che la sua dipendenza dalla droga e gli eccessi della sua vita sessuale stavano rovinando il suo aspetto e il suo talento. Qualcuno avrebbe potuto definirla una puritana perché ci teneva così tanto alla propria reputazione, ma non avrebbe fatto mai nulla per ferire i suoi genitori o GG. Nonostante tutto quello che le aveva fatto passare, si era offerta ancora una volta di aiutare Zane a trovare una struttura di riabilitazione discreta, ma ora sapeva che lui non aveva alcuna intenzione di curarsi.

I produttori avevano accettato di tenerla fuori per un paio di episodi imminenti, ma se la serie fosse stata confermata per un'altra stagione, volevano che tornasse. Per allora, Zane avrebbe dovuto tornare pulito, oppure l'avrebbero cacciato. Erano stanchi di cercare di fargli capire che doveva rimettersi in riga.

Whitney rimase seduta al tavolo della cucina, con Mindy in grembo, a guardare la luminosa giornata di sole. Per quanto potesse essere sereno a Los Angeles, il cielo non era mai così azzurro come nel New Hampshire. Non vedeva l'ora di andar via.

Mindy si allungò a leccarle una guancia.

Whitney scoppiò a ridere e la coccolò. «Sei così dolce, tu. Sei la cosa migliore che mi sia capitata da molto tempo.» Prese il cellulare per chiamare Dani. Non vedeva l'ora di sapere come stavano procedendo i lavori al cottage.

CAPITOLO 34
DANI

L'umore di Dani si rischiarò, quando vide il nome sul display. Era da un po' che non parlava con Whitney e sarebbe stato rassicurante sentire la sua voce.

«Ciao, Whitney» sorrise. «Ho visto la tua foto con Zane sulla copertina di una rivista spazzatura. Mi hai detto di non credere a niente di ciò che sentivamo o leggevamo. Cos'è successo?»

«Zane è un casino e peggiora di giorno in giorno. Presto cadrà rovinosamente, e non voglio restare coinvolta. Mi sono offerta ancora una volta di aiutarlo a entrare in un programma di riabilitazione, ma si rifiuta di ascoltare me o chiunque altro.»

«Mi dispiace. Ricordo quanto ti piaceva, quando avete iniziato a lavorare insieme» disse Dani.

«Era più di questo. Prima che iniziasse a cambiare, lo amavo sul serio» sussurrò Whitney. Poi la sua voce divenne più ferma. «Tu come stai? E Taylor?»

«Sono stata meglio» ammise Dani con onestà. «Amo Brad e lui ama me, però si è presentata la sua ex cognata, che sostiene che hanno accettato di sposarsi per onorare Patti, la sua defunta moglie. Ora lei è qui, a casa sua, per qualche giorno. Lui si è trasferito da Aaron finché lei non se ne sarà andata.»

«È come una storiella piccante di Hollywood» commentò

Whitney. «Cosa pensi di fare?»

«Io? Niente. È Brad che deve risolvere la cosa. Gli ho detto che non volevo avere niente a che fare con le sue questioni familiari.»

«Mi piace Brad, sembra un tipo a posto. Sono sicura che le cose si sistemeranno. E, ora che ci penso, hai ragione a lasciare che risolva da solo i suoi problemi. In questo modo, potrai essere sicura delle sue intenzioni.»

«Sì, sono d'accordo, ma JoEllen è molto determinata.»

«E Taylor come se la passa?» passò a chiedere Whitney.

«Bene. Sembra che stia scrivendo e annotando idee. Penso che vivere a Lilac Lake le faccia bene. Ha detto che potrebbe trasferirsi qui in pianta stabile, a patto di poter trascorrere del tempo altrove, di tanto in tanto.»

«Sarà così divertente stare tutte insieme. Avevo dimenticato quanto fossero preziosi i momenti che condividevamo quando ci ritrovavamo, d'estate» disse Whitney. «Voglio arrivare il prima possibile. Nel frattempo, ti manderò un po' di roba. Ho impacchettato dei vestiti e alcuni oggetti personali da portarmi nel New Hampshire.»

«Non c'è problema. Troverai i tuoi scatoloni qui ad aspettarti.» Sarebbe stato un bene avere Whitney a casa con loro. Lei era la sorella maggiore, da sempre la loro leader naturale e benevola.

Chiuse la chiamata, felice che Whitney approvasse la sua decisione di restare fuori dai problemi familiari di Brad.

Taylor si affacciò alla cucina. «C'è ancora del caffè?»

Dani le indicò la macchina sul bancone. «Serviti pure. Ho appena parlato con Whitney. Sta impacchettando un po' della sua roba per mandarcela qui.»

Taylor sorrise. «Un segnale incoraggiante. Come le vanno

le cose?»

Dani le raccontò della loro conversazione.

«Le farà bene allontanarsi da Los Angeles» disse Taylor. Poi la studiò. «Mi sei sembrata piuttosto sconvolta ieri sera. Stai bene?»

Dani fece una smorfia. «Devo solo lasciare che le cose facciano il loro corso.»

Taylor si versò il suo caffè e tornò al piano di sopra.

Dani si alzò dal tavolo e uscì. Pirata era disteso al sole. La sentì subito e aprì gli occhi.

«Bella giornata, eh?» gli disse sedendosi su una delle poltrone di legno.

Il cane si alzò e le si avvicinò in cerca di coccole.

Lo grattò per un po' dietro le orecchie e stava pensando di rientrare per rimettersi al lavoro, quando sentì una voce che proveniva dalla casa accanto. Non riuscì a distinguere le parole, ma il tono era arrabbiato.

Con un sospiro, tornò in cucina.

Più tardi, Dani stava lavorando ai suoi disegni quando il cellulare squillò. Vide il nome del suo vecchio studio e aggrottò la fronte, chiedendosi cosa volessero da lei.

Prese la chiamata. «Pronto?»

«Ciao, Dani. Sono Herb Watkins.»

Dani trattenne il fiato. Il suo ex capo. «Ciao» disse, in tono asciutto.

«Voglio che tu sappia che abbiamo allontanato Frank, dopo aver scoperto che si era attribuito il tuo lavoro. Il cliente nel Rhode Island vorrebbe che fossi tu a supervisionare il progetto. Gli ho detto che avrei fatto del mio meglio per convincerti.»

«Oh, capisco.» Si era chiesta quanto ci sarebbe voluto, prima che i suoi colleghi si rendessero conto che Frank non era solo una persona scorretta, ma anche uno scansafatiche.

Herb cominciò a parlare più in fretta. «Sono serio, ti vorrei a bordo per questo progetto. Ti daremo un nuovo titolo, un aumento consistente e l'opportunità in futuro di diventare socia...» Le sue parole si spensero. Dani sorrise e sollevò la mano destra in un pugno trionfante.

«Cosa ne dici?» disse Herb, in tono baldanzoso.

Fu proprio quel tono, la sicurezza che lei sarebbe tornata indietro strisciando, a convincerla. Dani prese un profondo respiro e lo lasciò uscire con calma, intimandosi di stare attenta.

«Ti ringrazio, Herb, per aver pensato a me. In questo momento però sono costretta a rifiutare la tua offerta, perché ho già preso altri impegni qui a Lilac Lake.»

«Sono certo che questi impegni non possano essere prestigiosi quanto il progetto che stiamo gestendo per il nostro cliente. Posso convincerti a riconsiderare la questione?» La voce di Herb aveva perso sicurezza.

Dani pensò a quanto Brad e Aaron fossero emozionati di averla in squadra, a quanto fossero flessibili, a quanto lavorare con loro le permettesse di essere creativa.

«Grazie ancora, ma non posso piantare in asso i miei clienti. Tra le altre cose, sto anche lavorando a un progetto per la mia famiglia.»

«Va bene, allora che ne dici di lavorare per noi a questo progetto solo part-time?» insisté Herb, ritrovando un po' di fiducia.

«Dubito che tu possa permettertelo» Dani cominciava a prenderci gusto in quell'inversione di ruoli.

«Mettimi alla prova» rispose lui.

Gli propose un onorario doppio rispetto a quello che prendeva di solito, certa che il suo ex capo avrebbe riso di lei e poi forse, solo forse, avrebbe capito quanto fosse stato frustrante per lei lavorare nel suo studio.

«Penso che possiamo farcela» dichiarò invece Herb. «Questo cliente ha già lavorato con te, e hai la sua fiducia.»

«Okay, domani verrò a Boston e potremo discutere dei dettagli.» Era il momento perfetto per lasciare Lilac Lake. I preventivi per la ristrutturazione del cottage non erano ancora arrivati e, con JoEllen in città, Dani preferiva prendere le distanze.

Chiuse la chiamata, emise un grido di gioia e si lasciò in una piccola danza di trionfo in cucina.

«Cosa sta succedendo?» chiese Taylor entrando nella stanza.

Dani ridacchiò. «Sembra che il mio vecchio studio non possa andare avanti senza di me. Mi pagheranno una cifra esorbitante per lavorare part-time a un progetto. Non preoccuparti, non mi impedirà di lavorare al cottage.»

«Congratulazioni! Ti hanno sminuita e poco apprezzata per anni.» Taylor le diede il cinque.

«Domani torno a Boston. Starò via un paio di giorni, per discuterne con lo studio e con il cliente. Con JoEllen qui, è il momento ideale per lasciare la città.»

«Terrò d'occhio io la situazione, mentre sei via. Non è a questo che servono le sorelle?» Taylor sollevò la mano per un altro cinque.

Dani fu felice di ridarglielo.

Poi chiamò Brad e gli lasciò un messaggio in cui gli diceva che aveva bisogno di parlargli. Gli chiese se poteva raggiungerla al cottage il prima possibile. Eccitata da tutto ciò che si era messo in moto, caricò Pirata in macchina e partì.

Lungo il tragitto, ricevette una chiamata da GG e si fermò sul ciglio della strada per darle le ultime notizie.

«Non dovrebbe influire sui lavori al cottage» le spiegò.

«È una bella notizia, Dani. È ora che quella gente riconosca la tua abilità, non solo per il lavoro che fai, ma anche per il modo in cui gestisci i clienti.»

Dani si rimise in strada e guidò fino alla locanda, poi lungo il vialetto fino al cottage, dove parcheggiò, di fronte alla rimessa, accanto al pickup vuoto di Brad.

Fece scendere Pirata dall'auto e andò a cercarlo.

Non vedendolo sul prato o sotto il portico, scese verso la riva del lago, fino alla grossa pietra piatta.

Brad era lì seduto e fissava l'acqua.

Dani lo chiamò. Vedendolo così, le tornarono in mente le estati del passato e tutte le volte in cui lei stessa si era seduta sulla roccia a contemplare la vita.

Mentre si avvicinava, lui si voltò e le sorrise.

Dani si tolse i sandali e attraversò l'acqua bassa per raggiungere la roccia. Poi si arrampicò e si sedette accanto a lui.

«Ciao» gli disse, mentre lui la cingeva con un braccio per tirarla più vicina. «Come va?»

«La presenza di JoEllen mi ha riportato alla mente tutti quei brutti ricordi di Patti malata e di me lì, impotente, che la guardavo svanire lentamente.»

Dani gli prese la mano e gliela strinse. «Mi dispiace. Capisco quanto sia doloroso per te.»

«Sì, ma ho deciso che non farò alcun passo indietro; voglio andare avanti. Ho detto a JoEllen che la relazione con te è una cosa seria, che ti voglio nella mia vita.»

«E?»

«Ha risposto che sto infrangendo una promessa che ho fatto a Patti e a lei. Ha già il biglietto aereo per tornare nella sua città natale, fuori Cleveland, tra cinque giorni. Le ho detto che non la caccerò di casa, ma mi aspetto che se ne vada. Aaron mi è davvero d'aiuto, permettendomi di stare da lui.»

«Capisco che lei voglia diventare tua moglie, ma non ho notato traccia di vero affetto tra voi due» disse Dani. «Di sicuro, anche lei vorrebbe di più.»

«Non lo otterrà da me» affermò Brad. «JoEllen non ha avuto relazioni di successo in passato. Pensava che venire a vivere con me sarebbe stato semplice. Per farti capire quant'è superficiale.» Fissò l'acqua, seguendo con gli occhi una coppia di anatre che nuotavano verso l'altra sponda del lago.

«Domani partirò per Boston. Starò via per un paio di giorni, credo» disse Dani. Alla sua espressione sorpresa, gli raccontò dell'offerta di lavoro del suo ex studio.

«Questo significa che non hai intenzione di fermarti a Lilac Lake?» chiese lui, sostenendo il suo sguardo.

«No, significa che collaborerò con loro part-time, solo su questo progetto. Sono felice di lavorare con te e Aaron. Non abbiamo ancora stipulato un contratto formale tra noi, però mi piacerebbe, perché le mie intenzioni sono serie.»

«Okay. Quando tornerai da Boston, Aaron e io ci siederemo con te e metteremo giù un accordo» disse Brad, passandosi le dita tra i capelli scoloriti dal sole.

La strinse di nuovo a sé e unì le labbra alle sue. «Mmh» mormorò, mentre il bacio diventava più intenso.

Dani ricambiò il bacio e tutti i suoi timori sulla loro relazione svanirono.

CAPITOLO 35
DANI

Quella sera, dopo essere tornata da una visita a GG e aver parlato al telefono con Brad, Dani era seduta nella propria cucina insieme a Taylor e Crystal, a condividere pizza e insalata.

«È un vero lusso per me» esclamò Crystal. «Sto in mezzo al cibo tutto il giorno, ma non metterei mai la pizza nel menu, quando abbiamo già una pizzeria così rinomata in città.»

«Trovo che i tuoi orari di lavoro siano intelligenti» le disse Dani. «Chiudere la caffetteria alle quattro ti dà il tempo di sistemare e di avere poi la serata per te.»

«Sì, ma mi tocca alzarmi alle cinque» rispose Crystal. «Però la caffetteria è un successo, e sono orgogliosa che si sia fatta un nome.»

«Ti meriti di esserne orgogliosa» dichiarò Dani. «Ricordo com'era ai vecchi tempi.»

«Vuoi dire quanto era povera la mia famiglia?» Crystal fece una risatina. «Sono grata che mia madre sia vissuta abbastanza a lungo per essere testimone del mio successo, prima di andarsene. Da madre single, con un ex marito violento, voleva che io e mia sorella Misty fossimo forti e avessimo una vita migliore della sua.»

«Cosa fa Misty ora?» chiese Dani. La ricordava come una ragazza bionda, atletica e competitiva.

«Vive in Florida e insegna softball femminile in una scuola

superiore, fuori Orlando.» Crystal sorrise. «A proposito di dure.»

«È per questo che ti piace il baseball?» le chiese Taylor.

«Sto imparando ad apprezzare il baseball grazie a un certo tizio di nome Ross Roberts. Ma, Taylor, devo dirti che dopo che te ne sei andata via, l'altra sera da Jake, Ross mi ha chiesto di te. Penso che ti chiederà di uscire. E la cosa non mi dispiace.»

Dani diede un colpetto a Taylor con la spalla. «Ecco qua. Un'occasione per conoscerlo.»

«Magari posso usarlo in uno dei miei libri.»

«Dai, ci sono ragioni migliori per uscire con lui. Semplicemente non è quello che fa per me» disse Crystal.

Taylor le lanciò un'occhiata imbarazzata. «Veramente, speravo davvero di conoscere meglio Nick.»

«Oh, be', ho paura che lui abbia sempre avuto una cotta per Whitney.» Non sembrava darle fastidio parlare del suo ex in quel modo.

Dani vide la delusione sul volto di Taylor e si sporse per darle una stretta di incoraggiamento. «Forse dovresti dare un'occasione a Ross. Sembra un bravo ragazzo.»

«Magari lo farò» disse lei.

La mattina dopo, mentre Dani stava caricando la macchina, Brad arrivò con il suo pickup, scese e le andò incontro.

«Divertiti a Boston, ma non dimenticarti di tornare. Abbiamo bisogno di te qui.»

Lei gli sorrise. «Starò via solo un paio di giorni. Spero che, quando tornerò, JoEllen se ne sia andata. Questo dovrebbe rendere le cose più facili per tutti noi.»

«Lo spero» disse Brad. «Aaron si rifiuta di avere a che fare con lei, e Crystal mi ha preso da parte per dirmi che è decisa a spararmi, se non caccio via JoEllen.»

Dani rise. «Crystal può essere molto diretta, ma la capisco. Ho sentito che JoEllen non si è fatta molte amicizie qui, con la sua aria di superiorità.»

Brad sospirò. «Ha promesso di andarsene questo fine settimana, come previsto.» La baciò e poi si raddrizzò. «Devo andare, ma fai buon viaggio. Va bene se ti chiamo, mentre sei via?»

«Mi farebbe piacere.» Dani all'improvviso desiderò di non dover più partire. «Mi mancherai.»

Taylor uscì con Pirata al guinzaglio. «Vuole salutarti.»

Dani abbracciò il cane e lo riempì di carezze sul testone. «Mi spiace, ma stavolta non puoi venire con me. Tornerò presto.»

Pirata uggiolò e le rivolse uno sguardo afflitto.

Dani lo baciò sulla fronte. «A presto, Pirata. Fai il bravo con Taylor.»

Poi scivolò al volante della sua auto rendendosi conto di quanto fosse cambiata la sua esistenza.

Uscì dal vialetto, salutò Taylor e tornò verso la sua vecchia vita con un senso di trionfo. Per quanto quel nuovo incarico fosse un'iniezione di autostima per lei, aveva già imparato ad amare il suo presente a Lilac Lake.

Muoversi nel suo appartamento dava una strana sensazione a Dani, mentre andava su e giù per prepararsi per l'appuntamento in ufficio. Si era abituata a portare jeans e pantaloncini corti e si sentiva costretta nella gonna scura, i tacchi e la camicetta bianca candida.

Ma quando entrò nello studio, fu contenta di essersi presa il tempo per darsi un aspetto professionale.

«Felice di rivederti» disse la receptionist.

«Grazie.» Dani si diresse verso l'ufficio con doppia esposizione di Herb, ricambiando i sorrisi e i saluti dei colleghi lungo il tragitto.

Herb era in piedi davanti alla porta, pronto ad accoglierla. «Felice di rivederti. Entra, così possiamo parlare. Il signor Albono vuole vederti domani mattina, qui in ufficio.»

«Va bene. Immagino che tu abbia già preparato il contratto tra me e lo studio» disse Dani. Non avrebbe mosso un dito prima di firmarlo. Aveva imparato la lezione.

Herb la fece entrare e le offrì una sedia davanti alla sua scrivania. «Speravo che riconsiderassi il tuo onorario per questo progetto, è piuttosto alto.»

«Ne sono consapevole, ma si tratta di un enorme sconvolgimento per la mia nuova vita e non prenderei nemmeno in considerazione di farlo, se non fosse per il signor Albono. Quindi, no, non abbasserò il mio onorario. È un problema per te?»

Un moto di frustrazione attraversò il volto di Herb. Scosse la testa. «Il cliente non è disposto a lavorare con nessun altro. Si sarebbe rivolto altrove, se non avessi accettato che ti occupassi tu del progetto. Frank è quasi riuscito a rovinare il rapporto del signor Albono con lo studio.»

«Frank sapeva benissimo che il cliente era mio.» Indirizzò a Herb uno sguardo fermo. «Così come lo sapevano tutti gli altri. Come ho detto, è solo per lui che sono qui.»

«Capisco» disse Herb, facendo scivolare alcuni documenti

sulla scrivania verso di lei. «Questo è il nostro contratto standard di subappalto. Mi sono preso la libertà di inserire il tuo onorario e ho chiarito che valeva solo per questo progetto. Se riusciremo a convincerti a tornare, sarà per una cifra inferiore.»

«Certo» concesse Dani, grata che non sarebbe stato un problema. Le era bastato rientrare in ufficio, dopo un paio di settimane di assenza, per sentire una stretta allo stomaco al ricordo di come era stata trattata, certe volte. Era appagata dalla sua vita nel New Hampshire e dalle opportunità che l'aspettavano lì. Aveva già parlato con Aaron della progettazione di un'area ricreativa per il loro nuovo complesso residenziale.

Si alzò. «Esaminerò il contratto nella sala riunioni e se avrò domande, verrò da te. Va bene?»

«Va bene» disse Herb. «Penso che sarai contenta.»

Nel corridoio della sala riunioni, la receptionist le si avvicinò. «Hai un'aria favolosa, Dani. Sana, abbronzata e felice. Sono così contenta per te. Mi sei mancata.»

«Grazie. Resterò qui solo per un paio di settimane, part-time» disse Dani. «Andiamo a pranzo insieme, uno di questi giorni.»

«Non vedo l'ora.» La donna, più grande di lei, le fece un grande sorriso.

In sala riunioni, Dani si prese il tempo di esaminare attentamente il contratto. Non trovò nulla di sospetto, quindi modificò le date in cui avrebbe potuto lavorare e tornò nell'ufficio di Herb, il quale accettò i nuovi limiti di tempo e firmò.

Dani sorrise. Avere il pieno controllo, una volta tanto, la fece sentire libera.

###

Quella sera, seduta con due delle sue amiche nel ristorante del Boston Harbor Hotel, Dani ascoltò tutti i pettegolezzi su chi usciva con chi e ripensò a Brad. Strano, proprio quando aveva deciso di smettere di cercare una relazione seria, aveva incontrato lui. Ora, ascoltando quei racconti, si sentiva davvero fortunata che tra loro fosse subito scoccata la scintilla. Fantasticare non le sarebbe servito a nulla, se non ci fosse stata quell'attrazione iniziale.

«Allora, dicci di più su Brad» disse una delle amiche.

«Facci vedere una foto» intervenne l'altra.

Dani trovò una foto di Brad che aveva scattato sul prato del cottage. Era in piedi sotto al sole e le sorrideva.

«Wow» commentò l'amica che le aveva chiesto la foto. «È davvero sexy. E guarda come ti sorride. Sei una donna fortunata.»

«Grazie. Lo penso anch'io.» Non vedeva l'ora di tornare da lui.

CAPITOLO 36
WHITNEY

Whitney masticò l'ultimo boccone di lattuga e posò la forchetta, ripensando al cibo delizioso di Lilac Lake. Non programmava di darsi alla pazza gioia mangiando tutto quello che le capitava a tiro, una volta tornata nel New Hampshire, ma si sarebbe goduta la vita. Per la prima volta dopo anni, non sarebbe stata obbligata a nutrirsi in quel modo. O a farsi fotografare insieme a Zane.

«Ti ringrazio, Whitney, per aver capito quanto è importante per me» disse lui. Le mani gli tremavano per l'astinenza dalle droghe, che si stava negando fintanto che restava sul set. «Quando hai annunciato che tra noi era finita, per poco non mi ha rovinato la carriera.»

«Ehi, mettiamo in chiaro le cose. *Tu* ti sei quasi rovinato la carriera. Ora che siamo quasi certi che la serie non verrà riconfermata per la prossima stagione, possiamo andare avanti con le nostre vite, cosa di cui sono decisamente grata. Zane, spero che farai davvero quei cambiamenti di cui abbiamo parlato.»

Quando si erano incontrati, Whitney era affascinata dalle celebrità come qualsiasi ragazza della sua età, e le era stato facile innamorarsi di lui. Era stato sconvolgente, doloroso quasi, accorgersi che quel sentimento tenero e profondo si era deteriorato fino al disgusto.

«Ragazzi, siete pronti per la scena d'amore?» chiese uno

degli assistenti alla regia.

«Tra poco» rispose Whitney. «Devo farmi ritoccare il trucco.»

Zane si alzò. «Meglio che mi prepari anch'io.»

Whitney gli rivolse un'occhiata severa. «Lavati i denti e fatti una doccia, prima di passare al trucco.»

Zane le fece un cenno di saluto e uscì.

Whitney sapeva che l'aspettava una delle sue interpretazioni più dure: fingere di amare qualcuno che era arrivata a detestare.

CAPITOLO 37

DANI

La mattina dopo, entrando in ufficio, Dani vide Anthony Albono e gli andò incontro con un sorriso.

Quando lui la vide aprì le braccia e lei vi si rifugiò. Sapeva che non era proprio la maniera più professionale di salutare un cliente, ma Anthony era speciale. Il settantaseienne magro, calvo eccetto che per un ciuffo di capelli grigi, con i lineamenti segnati dal tempo, era alto quanto lei. La piccola statura non influiva sull'aura di potere che emanava da lui. I suoi occhi nocciola non sembravano perdersi nulla, mentre la osservava con approvazione. Ma, ben lontana dall'essere infastidita dal suo franco apprezzamento, Dani lo conosceva abbastanza bene da sapere che non c'era niente di sessuale nel modo in cui la stava giudicando. Era più come un genitore o un nonno che rivedeva una bambina dopo diverso tempo.

«Allora, come sta la mia ragazza?» le chiese. Lanciò un'occhiataccia a Herb e aggiunse, con voce aspra: «Hanno provato a rifilarmi un imbecille, ma io mi fido solo di te, Danielle. Mi hai provato la tua onestà e questa è una cosa che non dimentico, nelle persone.»

«Grazie, Anthony. È importante anche per me. Per questo te lo dico sempre, se penso che una cosa non funzionerà o che un'altra funzionerebbe meglio.»

Lui le sorrise e poi si rivolse di nuovo a Herb. «Lo vedi perché lei mi piace? Ma non tutti sono così onesti.»

«Sono felice che possiamo continuare a occuparci di questo progetto» disse Herb. «È davvero interessante. Vi lascio tranquilli a parlarne con calma.»

Dani accompagnò Anthony in sala riunioni. Si portò dietro la sua cartelletta di pelle. Aveva da tempo imparato come parlare ai clienti, per capire cosa ci vedevano in un edificio e per scoprire cosa contava davvero per loro, nella vita.

La famiglia di Anthony era piuttosto conosciuta, a Providence. Alcuni di loro erano considerati loschi, Anthony invece aveva a cuore il prossimo. Il progetto che aveva in mente era una nuova costruzione di appartamenti per i meno abbienti. Era la sua maniera di bilanciare le cose, le aveva detto, visto che aveva accumulato una piccola fortuna nel campo immobiliare.

Dani non vedeva l'ora di aiutarlo.

Mentre lo interrogava e lo ascoltava descrivere come lui immaginava il complesso, prese appunti dettagliati su quello che avrebbe voluto includerci, e su come avrebbero potuto economizzare, pur realizzando un prodotto eccellente. Aveva già lavorato su uno dei suoi edifici, perciò conosceva i suoi gusti. Avrebbe disegnato delle semplici planimetrie da sottoporre alle agenzie governative per l'approvazione, prima di cominciare il lavoro vero e proprio.

«Sei pronta a tornare a Providence con me per vedere il sito?» chiese Anthony.

Dani non se l'aspettava, ma non esitò. «Certo. Posso venire già oggi pomeriggio.»

«Perché non mi permetti di accompagnarti con la mia limousine? Puoi restare a dormire da noi. Mia moglie sarebbe felice di rivederti, e poi, dopo che avremo parlato d'affari, domani, il mio autista ti riporterà a Boston.» I suoi occhi scintillavano di allegria. «Così non dovrai preoccuparti del traffico. Ci penserà il mio autista.»

Lei ridacchiò. «Grazie.» Se non avesse conosciuto Anthony e sua moglie Bella, non l'avrebbe nemmeno preso in considerazione. Ma per lei erano come dei nonni.

Più tardi, accomodata sui sedili posteriori della limousine, Dani era grata che fosse l'autista a doversi destreggiare nel traffico al posto suo. Si era ormai abituata a strade molto più tranquille.

«Allora, raccontami le novità, Dani» disse Anthony, sorseggiando un sorso di champagne dalla bottiglia che aveva appena stappato per loro. «Sei sempre interessata a farti presentare uno dei miei nipoti?»

Dani scoppiò a ridere. «No, ti ringrazio. Non volevo parlarne, ma sto frequentando qualcuno a Lilac Lake. È davvero un brav'uomo e lavora nel ramo delle costruzioni.»

«Ah, era ora che ti sistemassi.» Anthony le rivolse uno sguardo pensieroso.

Dani posò il bicchiere e fece una smorfia. «Ora parli come mia madre.»

Lui rise. «Bella vorrà sapere tutto nei dettagli. Ha un'opinione così alta di te. È davvero un peccato che noi non abbiamo avuto figli, ma evidentemente non era destino.»

«I vostri nipoti vi adorano» esclamò Dani. «Me li ricordo alla festa per il vostro anniversario.»

Lui incurvò le labbra in un sorriso. «Sapevo che Bella era la donna della mia vita, fin dal primo momento che l'ho vista.»

«Ti trovo in forma. Anche lei sta bene?»

«Invecchiamo tutti e due, ma stiamo bene» replicò

Anthony. «Anche se invecchiare non è una passeggiata.»

Dani finì la sua coppa di champagne e la ripose nella rastrelliera dietro il sedile anteriore della limousine. Si era accorta che Anthony aveva l'aria stanca e si finse assorta nell'ammirazione del paesaggio, per dargli l'opportunità di appisolarsi.

Quando lo sentì russare piano, si voltò. Pensò che ci doveva essere una ragione se quell'uomo era entrato nella sua vita. Si erano capiti dal primo momento. Il suo sostegno significava moltissimo per lei.

Poco dopo, si fermarono nel vialetto di casa sua.

Anthony si svegliò. «Un viaggio liscio come l'olio, vero?»

«Non avrei potuto chiedere di meglio. Grazie» assicurò lei, studiando la grande villa in stile colonico di Wayland Square. Aveva già visto la casa prima, un'altra volta in cui era venuta in visita, ma guardarla ora, dopo quello che aveva detto Anthony sui bambini che non erano arrivati, le fece pensare a come doveva essere stato triste, per loro, vivere in una casa così grande senza una famiglia a riempirla.

Bella li accolse sulla porta. Una donnina paffuta dal volto gentile che si illuminò, quando vide Dani e corse ad abbracciarla. «Be', ma guarda chi c'è. Tony mi ha chiamata per avvisarmi del tuo arrivo. Era emozionato all'idea quanto me. Cara ragazza.»

«Grazie per l'ospitalità» disse Dani. «Anthony vuole che esamini il sito per il nuovo edificio che vuole costruire. E, dopo che mi ha prospettato l'idea di rivederti, come potevo rifiutare di venire ospite qui?»

Bella le prese il mento tra pollice e indice. «Mi fa così piacere rivederti, dolcezza.»

Dani le restituì il sorriso, sentendosi come se avesse di

nuovo dodici anni. L'avrebbero coccolata e viziata un po', e lei non si sarebbe tirata indietro.

Quella sera, dopo un pasto delizioso con i piatti preferiti di Anthony – antipasto all'italiana, spaghetti al ragù e scaloppine di vitello – Dani fece del suo meglio per declinare il dessert. Ma quando le piazzarono di fronte una fetta di tiramisù se ne godette ogni boccone, dicendosi che, una volta tanto, non le avrebbe fatto male mangiare così.

Più tardi, si distese sul letto a baldacchino, come una principessa viziata nel suo delizioso castello. Sapeva qualcosa della storia familiare di Anthony e pensò a quanto potessero essere diversi i vari membri della stessa famiglia. Si chiese quando avrebbe avuto l'opportunità di passare un po' di tempo con i genitori di Brad. Le avrebbe fatto capire molto, sul futuro con lui e sul supporto morale che la sua famiglia sarebbe stata in grado di fornire a loro due come coppia. Vivere nella stessa città non sarebbe stato sempre semplice.

Il suo cellulare vibrò. *Brad.*

«Ciao. Stavo giusto pensando a te.»

«Posso dirti la stessa cosa.» Riusciva a distinguere la gioia nella sua voce.

«Sono a Providence, ospite di Anthony e Bella Albono, così domani mattina posso andare con lui a ispezionare il sito e possiamo parlare ancora un po' dei suoi progetti. Non hai idea di che cena mi hanno preparato. Deliziosa.»

«Suona come uno stacco piacevole» disse Brad. «Così poi sarai pronta a tornare. Mi manchi.»

«JoEllen è ancora lì?»

«Sì, ancora un paio di giorni e poi dovrebbe andarsene. Non vedo l'ora che parta. Oggi ho parlato con sua madre e ho messo in chiaro che, per quanto amassi Patti, non ho alcuna intenzione di sposare JoEllen.»

«Sono felice che tu l'abbia fatto. Era un'idea malsana.»

«Sono d'accordo. JoEllen aveva raccontato alla madre che io ero felice dell'idea, per questo era sorpresa quando l'ho chiamata. Patti era una persona speciale, ma è arrivato il momento in cui io viva la vita che voglio, e questo include te. Muoio dalla voglia di rivederti, Dani.»

Una calda ondata di gioia la pervase. Dopo aver visto Anthony e Bella così felici, dopo tanti anni insieme, poteva immaginare la stessa dolcezza per lei e Brad. Il pensiero di una vita con lui la rendeva sempre più felice. Se un giorno le avesse chiesto di sposarlo, sapeva che gli avrebbe detto sì.

La mattina dopo, Dani seguì il profumo del caffè fino alla cucina. Al suo ingresso, Bella sollevò lo sguardo su di lei. «Buongiorno, dolcezza. Ho appena sfornato il mio famoso rotolo alla cannella, e il caffè è pronto.»

«Grazie. Il profumo è delizioso.» Dani se ne versò una tazza, ne buttò giù un sorso fumante e si sedette a tavola.

Bella la raggiunse. «Tony se la prende comoda, la mattina, e ne sono felice. Volevo fare due chiacchiere con te. Voglio che tu sappia che Tony non era sicuro di voler costruire un altro palazzo, ma, quando ha chiamato il tuo studio per chiederti cosa ne pensassi, e quel Frank ha sostenuto che lui avrebbe fatto un lavoro migliore di te, si è infuriato. È allora che ha deciso di andare avanti con il progetto. Ha chiamato il tuo capo e gli ha detto che voleva che te ne occupassi tu, oppure si sarebbe rivolto a qualcun altro.»

Dani sentì le lacrime che le bruciavano gli occhi. «Davvero ha fatto questo per me?»

«Assolutamente. Ha capito benissimo com'eri stata trattata in quello studio e ha deciso che doveva fare qualcosa. Non si scherza con Tony, quando ha a cuore il benessere di qualcuno.» Bella incrociò le mani sul petto e la guardò seria. «E nemmeno con me.»

«Oh, Bella, tu e Anthony siete così dolci. Ammetto che non è stato facile per me lavorare in quello studio. È una delle ragioni per le quali ho deciso di trasferirmi nel New Hampshire. Volevo sentirmi apprezzata, e tornare ad amare il mio lavoro. Il progetto di Tony è speciale, e sono onorata di farne parte.»

«Far parte di cosa?» chiese Anthony, entrando in cucina.

«Sono molto eccitata all'idea di aiutarti a realizzare il tuo palazzo» rispose Dani. «Avere la tua fiducia vuol dire moltissimo per me.»

«Be' sì, non potevo permettere che un tizio ti tagliasse fuori dall'accordo, pensando di valere più di te. Specialmente visto che non è così.» Si avvicinò alla moglie per darle un bacio sulla guancia. «Buongiorno.»

Lei gli sorrise.

«L'edificio si chiamerà *Bella Apartments*» annunciò Anthony sedendosi a tavola, mentre lei si alzava per servirgli la colazione.

«Semplicemente perfetto» disse Dani, che ancora non riusciva a credere a quello che aveva fatto Anthony per lei. «Lo renderemo bellissimo.»

«Gliel'ho già detto, che sarà meglio» borbottò Bella, e tutti ridacchiarono.

Più tardi, in piedi accanto a Anthony a studiare il sito edificabile e la sua posizione nel quartiere centrale, Dani era soddisfatta. Loro due lavoravano bene insieme, e potevano discutere di tutte le loro idee liberamente. L'edificio che avevano in mente sarebbe stato gradevole e funzionale, adatto per le famiglie.

«Ora possiamo tornare a casa. Chiederò a mio nipote di riportarti a Boston» disse Anthony.

«Il tuo autista è tuo nipote?» si sorprese Dani.

«Bis-nipote. Le famiglie devono restare unite. È un bravo ragazzo.»

Dani salì sulla limousine insieme a Anthony e non riuscì a impedirsi di fissare l'autista. Spalle larghe, capelli neri ondulati e occhi scuri a cui non sembrava sfuggire nulla, aveva un aspetto pericoloso. In sua presenza era sempre rimasto in silenzio, all'erta. Aveva la netta impressione che sotto la giacca nascondesse una pistola. Quello non l'avrebbe stupita.

A casa di Anthony, recuperò la borsa che si era portata per trascorrere la notte fuori, poi baciò Bella e abbracciò Anthony. «Grazie di tutto.»

«Tony mi ha raccontato di quel ragazzo nel New Hampshire. Se vi sposerete, non dimenticate di invitarci al matrimonio.» Bella le fece l'occhiolino.

Dani rise. «Promesso.»

Di nuovo a Boston, si incontrò con Herb e gli raccontò degli accordi con Anthony.

«Disegnerò i progetti nel New Hampshire. Mi sono creata uno spazio di lavoro, però mi serviranno altre cose da qui. Quando i primi disegni saranno pronti, tornerò per aiutarvi con le licenze edilizie, se Anthony ha bisogno di me. L'edifico sarà molto simile all'altro che ho già realizzato insieme a lui.»

«Un'eccellente partenza, mi fa piacere. Tienimi aggiornato e fammi sapere quando tornerai qui a Boston. Mi farebbe piacere passare un po' di tempo con te» disse Herb. «Sono felice che tu abbia deciso di lavorare su questo progetto.»

Dani fece una smorfia. «Anthony mi ha detto che Frank ha provato a prenderselo.»

«Un pessimo errore da parte sua.» Herb scosse la testa. «Lo sapevo che Frank era ambizioso, ma non mi ero accorto che fosse anche disonesto. Mi dispiace.»

«Be', alla fine tutto è venuto a mio vantaggio» replicò Dani, incapace di celare una nota di soddisfazione.

Si strinsero la mano, poi Dani recuperò ciò di cui aveva bisogno e lasciò lo studio.

CAPITOLO 38
TAYLOR

L'invito a cena di Ross non la colse di sorpresa. Crystal le aveva anticipato che l'avrebbe chiamata. Eppure, non appena ebbe messo giù, Taylor fu invasa dall'eccitazione all'idea di conoscerlo meglio.

La sera in cui si erano visti tutti insieme, era stata così concentrata su Nick che non aveva dedicato molta attenzione a Ross. In ogni caso, in città vivevano diverse persone della sua età che avrebbe voluto conoscere meglio, con la prospettiva di trasferirsi lì nell'immediato futuro. Nella sua mente, era un po' come i primi giorni al campeggio estivo, quando i bambini cercano di conoscersi tutti quanti, per poi decidere quali saranno i loro amici.

Dopo aver condotto un'esistenza piuttosto solitaria a New York, Taylor era felice di fare nuove amicizie. Ma, mentre si preparava per la cena di quella sera, sapeva di desiderare più che nuovi amici. Avrebbe voluto trovare l'amore. Dopo essersi rintanata in casa a seguito di diversi appuntamenti disastrosi, con uomini che l'avevano sminuita perché scriveva sdolcinate storie d'amore, si sentiva pronta a riprovarci. Lilac Lake era piena di persone interessanti e di mente più aperta.

Si guardò allo specchio, cercando di valutarsi in modo onesto. Con i suoi capelli lisci, scuri come gli occhi, aveva un aspetto molto diverso dalle sorelle. Da bambina si era chiesta se fosse finita nella famiglia giusta, ma poi le era bastato guardare suo padre, il patrigno delle sue sorelle, per vedere la realtà. Eppure, le persone ancora si sorprendevano a volte, scoprendo che Dani e Whitney, con i loro capelli chiari e gli occhi azzurri, erano le sue sorelle.

Quella sera, approvò la maniera in cui i capelli le cadevano sulle spalle e anche l'abito estivo che aveva scelto. Si augurò che anche Ross avrebbe apprezzato. Senza dubbio, era abituato a uscire con donne eleganti. Spesso veniva fotografato in loro compagnia.

Il campanello suonò e Taylor si affrettò verso la porta, arrivando solo pochi secondi prima di Pirata.

Ross era in piedi sotto il portico e sorrideva a entrambi. «Bel cane» commentò, mentre Taylor apriva la porta. Pirata annusò la mano che lui gli tendeva, prima di farsi da parte per lasciarlo entrare.

«È il cane di mia sorella Dani. Lei è via per un paio di giorni.»

«È la sorella architetto, vero?» chiese Ross.

Taylor annuì. «Collabora con Aaron e Brad, ma sta anche seguendo un incarico part-time per un cliente a Rhode Island.»

«Mi auguro che tu abbia voglia di mangiare pesce. Pensavo di portarti da Fins.»

«È uno dei miei locali preferiti» disse Taylor. «Se ti va, possiamo andarci a piedi.»

Ross sollevò le sopracciglia. «Magari! Non faccio abbastanza esercizio ultimamente. Passo troppo tempo alla locanda a parlare con l'impresa che segue i lavori.»

«Anch'io sto seduta a scrivere per la maggior parte del tempo, per cui mi ci vuole una passeggiata» disse Taylor. «Lasciami solo chiudere Pirata in cucina e poi possiamo andare. È bravo, ma non vogliamo dargli l'occasione di rovinare qualcosa, dato che siamo qui in affitto.»

«Ho sentito che tu e le tue sorelle pensate di trasferirvi a Lilac Lake» disse Ross, qualche minuto dopo, mentre uscivano di casa.

«È così. Almeno per una parte dell'anno. Finché non avremo finito di sistemare il cottage vicino alla locanda, dovremo stare in affitto. Siamo state fortunate a trovare questa casa.»

«Io ho acquistato una delle case del nuovo complesso residenziale che stanno tirando su Aaron e Brad. I miei piani per il futuro sono incerti al momento, però mi piace l'idea di mettere radici qui.»

«Sì, sono arrivata anch'io alla stessa conclusione. Ma non lascerò il mio appartamento a New York. Per quanto piccolo, non riuscirei mai a trovarne uno così carino per quel prezzo.»

«Una saggia decisione» commentò Ross. Erano già arrivati in centro.

Taylor non si era ancora stancata di mettere a confronto il centro della cittadina con la pulsante realtà di New York. Amava la metropoli, ma era eccitata all'idea di sperimentare la vita "di campagna". Lì, le persone passeggiavano lungo gli ampi marciapiedi ammirando il paesaggio, fermandosi a curiosare nelle vetrine dei negozi, magari godendosi un cono gelato. La maggior parte dei negozi avevano tende parasole colorate ed erano ben tenuti. C'erano grossi vasi di fiori accanto alle porte, ad aggiungere altro colore e movimento.

Ross le indicò il paesaggio con un ampio gesto della mano. «Affascinante, non è vero?»

«Oh sì. Anni fa, quando io e le mie sorelle trascorrevamo qui l'estate, la cittadina era graziosa, ma non era ancora stata riqualificata per assumere quest'aspetto. Questa scena sembra uscita da un film di Hallmark.»

Ross ridacchiò. «Piuttosto preciso, sì.»

Arrivarono da Fins e Ross la accompagnò all'interno, dove vennero accolti da Susan, la madre di Melissa Hendrickson. «Mi fa molto piacere rivederti, Ross» gli sorrise. Poi si voltò verso di lei. «Come stai Taylor? Scrivi sempre quei libri?»

Taylor sorrise e si strinse nelle spalle. «Ci provo.»

Susan li guidò a un tavolo accanto alla finestra. «Vi mando la cameriera» disse, porgendo a ciascuno un menu rilegato in pelle. «Vi auguro una buona cena. È un piacere avervi qui.»

La cameriera, una donna di mezz'età dal volto gentile, si avvicinò reggendo una brocca di acqua ghiacciata. «Possiamo offrirvi l'acqua della casa, oppure acqua frizzante in bottiglia.»

Ross e Taylor si scambiarono un'occhiata. «A me va bene l'acqua della casa, grazie» rispose Taylor.

Anche Ross annuì. «Anche per me. Ma vorrei vedere la carta dei vini, grazie.»

«Naturalmente» disse lei, versando acqua nei loro bicchieri. «Per aiutarvi nella scelta, stasera come piatti speciali abbiamo: sgombro al forno con panatura *panko* alle erbe e limone, pesce spada alla griglia con salsa *beurre blanc* e pollo della Cornovaglia arrosto, con aglio e rosmarino.»

Poi si allontanò, per lasciare il posto a un sommelier. «Come posso aiutarvi?»

«Preferisci vino bianco o rosso?» le chiese Ross.

«Un vino rosso leggero direi. Magari qualcosa delle cantine Chandler Hill» rispose Taylor. Una volta, un uomo con cui era uscita le aveva detto che doveva essere specifica.

Ross annuì. «Va bene, vediamo cosa possiamo fare. Hai già un'idea su cosa ti va di mangiare?»

«Prenderò il pesce spada» disse Taylor, che già riusciva a pregustarlo con l'immaginazione.

«Io invece pensavo allo sgombro. Questo rende la scelta più semplice.» Ross si voltò verso il sommelier.

Dopo aver discusso le opzioni, quest'ultimo si allontanò per tornare un attimo dopo con una bottiglia che mostrò a Ross.

Taylor lo osservò mentre valutava il profumo e il gusto del vino. «Penso che questo ti piacerà. È il più simile ai Chandler Hill che possiamo trovare qui.»

Il sommelier versò il vino prima nel suo calice e poi in quello di Ross, per poi allontanarsi con un breve inchino.

Ross levò il calice. «A una piacevole serata.»

Anche Taylor sollevò il proprio. «È già meravigliosa.»

«Quindi, tu nella vita scrivi romanzi» esordì Ross.

«È molto più complicato di quanto pensino le persone. C'è tutta la questione del marketing da tenere presente, scrivere il libro è solo una parte della faccenda.»

«Che genere di libri scrivi?»

Taylor prese un respiro profondo. Era la domanda che odiava di più. Molti degli uomini con cui era uscita pensavano che i romance fossero spazzatura. «Scrivo storie edificanti e a lieto fine, su donne che trovano l'amore e danno un senso alla propria vita.»

«Ah, a mia madre piace il genere. Io sono un lettore forte, ma di norma prediligo fantascienza o fantasy.» Nel suo tono non c'era traccia di biasimo.

Taylor si illuminò. «Allora avrai letto la serie *Son of Orion?*»

Ross sbatté gli occhi, sorpreso. «Sì, è una delle mie preferite.»

«Alla base di quella storia c'è un bellissimo romance.»

Ross parve stupito. «Non ci avevo riflettuto da questo punto di vista, ma sì, hai ragione.»

Il battito cardiaco di Taylor accelerò per il modo in cui le sorrideva.

CAPITOLO 39

DANI

Dani si infilò nel vialetto della villetta che aveva affittato insieme a Taylor e lasciò uscire un sospiro felice. Lilac Lake non le era mai sembrata tanto *casa*.

Taylor uscì sul portico e Pirata corse fuori a salutarla.

Dani scoppiò a ridere vedendolo arrivare al galoppo verso di lei, con la bocca aperta e la lingua che svolazzava di lato. Aprì le braccia per accoglierlo e lui per poco non la buttò a terra in un eccesso di entusiasmo.

Gli passò le mani tra il pelo setoso sussurrandogli parole dolci, mentre Taylor veniva verso di loro.

«Bentornata a casa» le disse. «Ci sei mancata, ma sono felice che il tuo viaggio sia stato un vero successo.» Ne avevano parlato poco prima.

«Di sicuro è stata un'iniezione di autostima» ammise Dani. Poi spostò lo sguardo verso il prato di Brad e notò che non c'erano auto nel vialetto. «JoEllen è partita?»

«Parte domani» rispose Taylor.

«Penso che chiamerò Brad per vedere se riusciamo a pranzare insieme» disse Dani. «Non mi ha telefonato ieri sera, come al solito, e stamattina ho perso una sua chiamata. Ho così tante cose da raccontargli.»

«Qui accanto è stato tutto piuttosto silenzioso» Taylor si sporse verso di lei. «Crystal dice che JoEllen la sera girava per bar. Da sola.»

«Mi dispiace quasi per lei» commentò Dani, rendendosi conto che era la verità. Era così triste e anche un po' spaventoso immaginare una persona in attesa di sostituirsi alla sorella morta, fin nel suo letto.

Non appena ebbe sistemato le sue cose e ripristinato il suo "ufficio" in cucina, Dani telefonò a Brad.

«Ehi, che bello sentirti» disse lui. «Ho provato a chiamarti stamattina.»

«Lo so. Mi stavo appunto chiedendo se possiamo vederci a pranzo, per aggiornarci.»

«Mi dispiace, oggi non riesco. Vediamoci stasera. Vorrei portare te e JoEllen a cena, per la sua ultima sera in città. Con un po' di fortuna, nessuno dei due la rivedrà mai più.»

Dani non pensava che passare la serata con JoEllen fosse un'idea brillante, ma decise di prenderla con sportività. «Va bene, affare fatto.»

«Mia madre ti vuole invitare a cena, domenica. Cerca sempre di riunire la famiglia, almeno una volta al mese. Anche di più, se ce la fa.»

«Mi piace l'idea. Non ho visto in giro tua madre, ma ricordo le sue celebri torte alla sagra estiva annuale. E quelle deliziose verdure dell'azienda agricola.»

«Sì, l'azienda è ancora operativa. Ora che Aaron, Ami e io abbiamo lasciato tutti il nido, i miei hanno dovuto assumere qualcuno per aiutarli. La povera Becca è rimasta a casa, mentre il suo fidanzato è in servizio attivo.»

«Non vedo l'ora di rivedere tutti» disse Dani, sentendosi più a casa che mai. «Ci vediamo più tardi. Grazie per l'invito, a stasera.»

Una volta chiusa la chiamata, telefonò a GG. «Ti andrebbe una visitatrice per pranzo?»

«Puoi scommetterci» rispose GG. «Mangiamo presto, per cui vieni subito. Non vedo l'ora di sapere tutte le novità.»

Alla vista di GG seduta nella propria stanza, il cuore di Dani si riempì d'amore. Lei e Anthony avevano circa la stessa età e, come lui, la nonna aveva ancora una mente lucida. Ma cominciava a portare i segni di tutto l'impegno e la fatica impiegati per gestire la locanda.

Quando le sorrise, il volto di GG si illuminò. «Sono così felice di vederti. Raccontami del tuo viaggio a Boston. Dev'essere stato entusiasmante. Hai un'aria radiosa.»

Dani scoppiò a ridere. «Più che altro compiaciuta. È stato così piacevole avere il controllo della situazione, per una volta. Herb si è mostrato estremamente corretto. C'è da dire che Anthony Albono ha messo ben in chiaro cosa pensasse di Frank e dello studio, per avermi mancato di rispetto in quel modo.»

«È splendido che ci sia qualcuno anche al di fuori della famiglia pronto a schierarsi al tuo fianco» disse GG con una risatina.

«Anthony e la moglie Bella sono persone dolcissime. Ho persino promesso che li avrei invitati al mio matrimonio.»

GG sollevò di scatto le sopracciglia. «Hai altre notizie da darmi?»

Dani scosse la testa. «In realtà no. Ma sono innamorata di Brad Collister e lui prova lo stesso per me. Sua madre mi ha invitato a cena, domani sera.»

«Ah, allora la cosa è più seria di quanto pensassi. Le cene di MaryLou Collister sono importanti eventi familiari, non è una cosa da poco essere invitati!» GG le rivolse un ampio sorriso.

Un brivido di nervosismo corse lungo la schiena di Dani. Non voleva che niente e nessuno potessero rovinare quello che lei e Brad avevano trovato l'uno nell'altra.

Di ritorno nella sua cucina, Dani si sforzò di restare concentrata sul lavoro, ma la mente continuava a balzare in avanti, verso la serata che l'attendeva. Dopo essere stata lontana per due giorni, non vedeva l'ora di stare con Brad. Il rovescio della medaglia era che ci sarebbe stata anche JoEllen.

Pirata abbaiò per annunciarle che il pickup era entrato nel vialetto e insieme corsero fuori ad accogliere Brad.

Il sorriso di lui quando la vide gli illuminò tutto il volto e i brividi di nervosismo con cui Dani aveva combattuto per tutto il pomeriggio cessarono.

Brad la prese tra le braccia e la strinse forte, per poi abbassarsi a cercare le sue labbra.

Con un sospiro di gioia, Dani sprofondò nel bacio, che la faceva vibrare fin nel profondo di piacere e desiderio. Rassicurata dalla consapevolezza della magia che c'era tra loro, si lasciò sfuggire un piccolo gemito.

Lasciandola andare, Brad le sorrise. «Sono felice di scoprire che anch'io ti sono mancato.»

Lei ridacchiò. «Il mio viaggio è andato molto bene, ma non vedevo l'ora di tornare. Ti racconterò i dettagli quando saremo solo io e te. Dov'è JoEllen? Non vedo la sua auto a noleggio.»

Brad si accigliò. «Ho provato a chiamarla per tutto il giorno, ma non mi ha mai risposto. Abbiamo avuto un altro faccia a faccia onesto e poi lei mi ha detto che oggi aveva delle cose di cui occuparsi prima di ripartire, domani mattina.»

«Forse ti sta evitando di proposito» disse Dani, pensando

che era proprio una cosa da JoEllen.

«Non ce ne preoccupiamo adesso. Mentre eri via, i miei ragazzi hanno abbattuto i primi muri, giù al cottage. Andiamo a dare un'occhiata.»

Dani chiamò Pirata, aprì la portiera posteriore per farlo salire e infine prese posto sul lato del passeggero.

«Sono felice che i lavori siano finalmente partiti» disse poi. «Vorremmo riuscire a trasferirci in autunno.»

«Se continuiamo a lavorarci ogni giorno, sarà così» dichiarò Brad. «Oggi dovevano tirare via la cucina.»

Con loro grande sorpresa, trovarono l'auto a noleggio di JoEllen parcheggiata di fronte al cottage. «Cosa ci fa JoEllen qui? È proprietà privata.»

«È venuta ieri a vedere l'avanzamento dei lavori. Magari è tornata per scoprire cosa hanno fatto in cucina.» La voce di Brad era tranquilla, ma gli si era formata una ruga in mezzo alla fronte.

Dani scese dal pickup per liberare Pirata, che corse fuori, felice di essere libero.

Brad le prese la mano e insieme si avviarono verso il cottage. La porta era aperta e dondolava nella brezza.

«Pensavo che i muratori chiudessero a chiave, prima di andare via» disse Dani.

«È così. Lasciamo la chiave sotto una pietra, accanto alle scale. Non è un'idea originale, ma con così tante squadre che vanno e vengono è un metodo pratico.» Brad salì i gradini.

Ancora in tensione per le strane sensazioni che le dava la casa, Dani lo lasciò entrare per primo.

«Ehi?» gridò Brad.

«Qui! Sono qui» rispose una voce.

Brad e Dani accorsero in cucina e rimasero a fissare la

scena, senza parole. JoEllen, seduta in mezzo a un mucchio di macerie, sollevò lo sguardo su di loro. Era evidente che avesse pianto.

«Cos'è successo?» chiese Brad, avvicinandosi. Dovette spostare un grosso pezzo di muro per liberarla.

«Ho visto i tuoi uomini che buttavano giù i muri ieri e quando mi sono accorta che avevano dimenticato una mazza ho voluto provare» disse JoEllen. «Non mi ero resa conto che il muro mi sarebbe crollato addosso.»

Brad continuò a rimuovere con cautela i detriti dal corpo di JoEllen e, quando ne ebbe tolti a sufficienza, la aiutò a rialzarsi.

«Stai bene?» le chiese Dani, avvicinandosi. JoEllen non sembrava ferita.

«Mi sono solo presa uno spavento. Non mi sono mossa perché avevo paura che mi crollasse altra roba addosso. Non potevo chiedere aiuto perché ho lasciato il cellulare in auto» disse JoEllen. «Sapevo che si diceva che la casa fosse infestata. Penso sia la verità. Giuro che ho visto apparire una figura spettrale, poco prima che il muro crollasse e poi l'ho vista evaporare.»

Brad aggrottò le sopracciglia. «Hai battuto la testa, quando il muro ti è caduto addosso?»

«No.» JoEllen gli lanciò uno sguardo di sfida. «Sto dicendo la verità.» Spostò lo sguardo su Dani. «Tu sai di cosa sto parlando, vero?»

«Io... io non ne sono sicura» ammise Dani. JoEllen aveva fatto una cosa stupida, ma di norma per un colpo non veniva giù l'intera parete. Anche a lei pareva strano.

«Be', ho imparato la lezione. Me ne vado e non metterò mai più piede qua dentro. C'è qualcosa di sinistro in questa casa.»

JoEllen parve controllare di essere tutta intera, poi si allontanò in fretta verso la porta, zoppicando un po'.

Dani guardò Brad. «Ho paura.»

Lui la cinse con un braccio. «Non devi avere paura. Ci sono io.»

Mentre sollevava il viso verso di lui, poco prima che si baciassero, vide delle lucine che sfavillavano nei raggi del sole e si rilassò.

Quella sera, Dani era seduta in un séparé da Jake, insieme a Brad e JoEllen. Avrebbe voluto avere Brad tutto per sé, ma dovevano sopportare la presenza di JoEllen ancora per una sera.

Seduta alla panca di fronte a lei, Dani sorseggiava la sua bevanda e si chiedeva cosa fosse a rendere quella donna così sgradevole. Non era brutta, era un'aiuto-infermiera qualificata ed era istruita. Come mai, allora, alla gente non piaceva?

JoEllen rivolse la propria attenzione a Brad. «Ho una sorpresa per te. Per entrambi, in realtà. Ho accettato un lavoro a Woodlands e mi trasferirò qui in pianta stabile tra due settimane.»

L'espressione scioccata di Brad doveva essere pari alla propria.

«E dove vivrai?»

«Una delle infermiere di Woodlands mi ha parlato delle casette del River Run Cabins, lungo il ruscello Lilac. Erano state progettate per il campeggio, ma ora le affittano anche ai locali.» JoEllen le rivolse un sorrisetto compiaciuto. «Sono molto graziose, sul serio. Due camere da letto, un'area giorno con il camino, e un ampio bagno. Hanno persino un posto auto coperto.»

«Da quant'è che lo sai?» Il tono di Brad era seccato.

«Da qualche giorno. Non volevo dirtelo fino a che non fossi stata certa della casetta. Ma mi piace» disse JoEllen. «Dopo aver visto com'è divertente questa zona mi sono detta: perché no? Così posso tenere d'occhio la situazione.»

Dani si morse il labbro per non replicare, chiedendosi come avrebbe reagito GG trovandosi JoEllen che lavorava a Woodlands. Dani le aveva già raccontato della sua ridicola idea di sposare Brad.

«Non devi tenere d'occhio niente, a parte te stessa. E poi, non so se te ne sei resa conto, ma qui gli inverni sono molto lontani dal divertimento estivo che dici tu» disse Brad in tono asciutto.

«Sono venuta qui anche a Natale, non ti ricordi?» replicò JoEllen. «Immagino che prima dell'inverno avrò già conosciuto qualcuno, comunque. È il mio obiettivo, ora che le cose con te sono cambiate.»

Dani non aveva più bisogno di riflettere su cosa rendesse JoEllen così impopolare. Nel giro di pochi minuti, era riuscita a irritare sia lei sia Brad parlando di dover tener d'occhio le cose, come se ne avesse qualche diritto.

La cameriera arrivò con i loro piatti. Dani guardò il proprio con repulsione, le era passato del tutto l'appetito.

Brad, al suo fianco, le strinse la mano e lei si sforzò di riprendersi, solo per supportarlo.

Dopo l'imbarazzato pasto, Brad lasciò JoEllen davanti a casa sua e proseguì con Dani fino al suo vialetto.

«Ti va di entrare?» gli chiese. Era evidente che fosse arrabbiato.

«Sì. Grazie. Non ne posso più di JoEllen e delle sue stronzate.»

«Lo capisco» rispose Dani. «Vieni dentro. Ti va una tazza di caffè o un bicchiere di tè freddo?»

«Qualcosa di fresco sarebbe il massimo. Ho bisogno di sbollire. Niente limone, grazie. Ho già lo stomaco sottosopra per tutta la rabbia che ho dovuto mandar giù.»

«Proviamo a rilassarci. JoEllen sarà fuori da casa tua domani mattina.»

In cucina, Dani trovò un messaggio di Taylor che la informava di essere andata al cinema con Ross e che sarebbe tornata tardi.

Mostrò il biglietto a Brad.

«Questo vuol dire che abbiamo un po' di tempo per noi.» Fece un passo avanti e la prese tra le braccia. «Mi sei mancata, in questi giorni. Non pensavo che mi sarei mai innamorato di nuovo, ma con te è successo.»

Lei gli lanciò uno sguardo malizioso. «Stai dicendo che mi ami?»

Brad scoppiò a ridere. «Certo che ti amo, Danielle Gilford. Anche se abbiamo potuto stare poco da soli, con tutte queste interruzioni, pensavo lo sapessi.»

«Anch'io ti amo» disse lei, sollevando il viso verso il suo. Non si sarebbe mai stancata di sentire quelle parole dall'uomo che era certa avrebbe amato per sempre.

Quando baciarsi non fu più abbastanza, Dani gli prese la mano. «Vieni con me.»

Salirono al piano di sopra, verso la sua camera da letto.

CAPITOLO 40
DANI

Dani si svegliò aspettandosi di trovare Brad al proprio fianco. Quando si accorse che il letto era vuoto, si ricordò che le aveva detto che si sarebbe alzato presto per salutare JoEllen. Lei aveva prenotato un volo per l'Ohio quella mattina, e Brad voleva assicurarsi che lo prendesse.

Dani rotolò sulla schiena e fissò il soffitto, lasciando uscire un sospiro soddisfatto. Brad era un amante meraviglioso: appassionato, gentile, generoso. Era felice che avessero vissuto quel momento insieme, prima della cena domenicale con la sua famiglia.

Dopo i soliti rituali del risveglio, scese di sotto, dove, con sua sorpresa, trovò sua sorella seduta al tavolo della cucina.

«Oh, finalmente, la principessa si è svegliata» la prese in giro Taylor. «Non mi aspettavo di trovare qui Brad, prima. Ha detto qualcosa sul voler salutare JoEllen.»

Dani si versò una tazza di caffè e raggiunse Taylor a tavola. «JoEllen se ne va oggi, ma tra due settimane sarà già di ritorno. Ha trovato lavoro a Woodlands e andrà ad abitare alle River Run Cabins.»

«*Cooosa*? Ma perché? Non ha nessuno qui. È riuscita a inimicarsi un sacco di gente.»

«Dice che così potrà tenere d'occhio la situazione» spiegò Dani. «Brad non ne può più delle sue assurdità. Nessuno dei due è felice all'idea di averla tra i piedi.»

«Mi dispiace, ma non credo tu debba preoccuparti per Brad. Ti adora. Mi ha raccontato che ti ha invitato alla cena della domenica, con tutta la sua famiglia. È un passo importante, Dani.»

«Lo so. L'idea mi rendeva nervosa, ma adesso sono più fiduciosa. Siamo così innamorati.»

«Conta solo questo ora» disse Taylor. Sollevò la sua tazza di caffè. «Brindo a voi due!»

Anche Dani sollevò la propria tazza. Taylor aveva ragione. Né lei né Brad avrebbero permesso a chiunque di rovinare l'amore che li univa.

«Com'era il film, ieri sera? Ross è carino come dicono tutti?»

«Sì, è fantastico, ma ci accontenteremo di essere solo amici. Essere la ragazza di una famosa star del baseball non fa per me. Sono abituata a starmene rintanata in casa a scrivere, io.»

«Be', magari è arrivato il momento di frequentare il mondo reale.» Dani si alzò, le diede un rapido abbraccio e corse di sopra per prepararsi per la giornata.

Più tardi, quando imboccarono il lungo viale d'accesso, Dani, seduta nel pickup accanto a Brad, ebbe la piena visuale della fattoria dei Collister. La casa a due piani in legno bianco, con le imposte nere e un ampio portico, si ergeva in mezzo a una manciata di aceri. Il viale proseguiva fino a un piccolo e ben tenuto fienile rosso, che veniva in parte impiegato come negozio e in cui, nei mesi estivi, si potevano acquistare le verdure dell'azienda agricola, nonché marmellate, gelatine fatte in casa e altri prodotti alimentari. Dani ricordava anche una serra, dietro il fienile, dove venivano coltivati fiori e arbusti ornamentali, oltre che piantine di ortaggi ed erbe aromatiche, pronte per essere trapiantate.

GG adorava andarci, alla fine dell'estate, per comprare mais appena raccolto e altre delizie. Per quanto fosse una realtà piccola, se paragonata ad altre aziende agricole della zona, ogni centimetro di terra era stato messo a frutto e ben tenuto. Non c'era da stupirsi che i genitori di Brad avessero dovuto assumere del personale. Di sicuro, occuparsi di tutto richiedeva un sacco di lavoro.

Brad si infilò in uno dei parcheggi delimitati e spense il motore, per poi voltarsi verso di lei.

«Non far caso alla mamma. È probabile che tenda a strafare, incontrandoti. Era fin troppo eccitata all'idea che ti avrei portato a cena.»

Dani sorrise. «Finché mi verrai in soccorso tu, andrà tutto bene.»

Scesero dal pickup e si avviarono verso la casa, mano nella mano.

La madre di Brad, MaryLou, venne ad accoglierli sul portico, con un ampio sorriso. Era una donna robusta, con begli occhi nocciola e capelli castano chiaro, appena striati di grigio. Indossava pantaloni blu navy e una maglia a fiori rosa. Dani sapeva che in città godeva del massimo rispetto, per aver cresciuto una famiglia eccezionale, che lavorava duramente insieme.

«Eccovi qui. Sono così felice che tu sia venuta, Dani. È passato tanto tempo dall'ultima volta che ti ho vista, insieme a tua nonna.»

«Lo so» ammise Dani. «È da parecchio che non vengo alla fattoria. Una volta accompagnavo GG a comprare le verdure, ma sono passati anni dall'ultima volta. Immagino di essere venuta in città nei periodi sbagliati.»

Non appena Dani ebbe messo piede sul portico, MaryLou la strinse tra le braccia. «Benvenuta. È la prima volta che Brad ci porta qualcuno a cena, dalla morte di Patti, e sono davvero felice che sia tu. Ricordo te e le tue sorelle, da bambine, e vi ho viste crescere e diventare delle belle giovani donne. Vostra nonna continua a tenerci aggiornati sulle vostre vite e i vostri successi; è così orgogliosa di voi.»

MaryLou fu costretta a prendere fiato e Dani ne approfittò. «Anch'io sono orgogliosa di GG.»

«Cosa c'è per cena?» domandò Brad.

MaryLou abbracciò anche lui. «Alcuni dei tuoi piatti preferiti. Pollo arrosto, piselli appena raccolti e sformato di patate dolci.»

«Oh, grazie. Chi altro c'è?»

«Soltanto la famiglia. Amy e Bill con il loro bimbo, Becca, ovvio, e Aaron. Non è facile riunire tutti quanti, ma oggi io e tuo padre abbiamo avuto fortuna.»

In quell'istante, il padre di Brad aprì la controporta a zanzariera per fare uscire un porcellino rosa.

Dani si scostò per lasciarlo passare. «E questo chi è?»

«Lei è la mia adorata Pansy. Non dar retta a chi dice che i maiali non sono animali da compagnia. Lei è la migliore.» MaryLou si chinò per dare una tenera carezza sul muso di Pansy.

«Mi fa piacere che tu sia riuscita a venire, Dani» disse il padre di Brad.

Il suo aspetto contrastava con quello della moglie: Joe Collister era alto e magro, un bell'uomo dai lineamenti forti su un volto segnato dalle intemperie e una folta capigliatura grigia. Era chiaro che Aaron avesse preso molto da Joe. Brad invece aveva ereditato i lineamenti più delicati e i colori più chiari della madre.

«Grazie a voi, per avermi invitata a cena» rispose Dani.

Joe le rivolse un'occhiata seria e poi annuì in segno di approvazione. «Siamo felici di averti qui, giusto, Brad?» Così dicendo gli diede una vigorosa pacca sulla schiena, sebbene Brad fosse più alto di lui.

«Allora, vieni dentro a conoscere il più giovane dei Collister» disse MaryLou. «Noi pensiamo sia piuttosto speciale.»

Dani seguì MaryLou all'interno, mentre Joe le teneva la porta aperta. In soggiorno, trovò Amy, la sorella di Brad, seduta sul divano con un neonato in braccio. Lei le sorrise. «Che bello vederti, Dani. Sono passati un paio d'anni dal mio matrimonio e guarda un po' cos'è successo.» E le tese con orgoglio il bambino per farglielo prendere in braccio.

Colta di sorpresa, Dani prese il bebè e se lo strinse al petto. Posando gli occhi su quel faccino tondo, si chiese se tutti i neonati Collister sarebbero stati così belli. «È meraviglioso. Come si chiama?»

Amy sorrise. «Lo abbiamo chiamato William, che è anche il nome completo di mio marito Bill. Lui però sarà Will.» Poi si voltò a guardare un uomo che era appena entrato nella stanza insieme all'altra sorella, Becca. «Ah ecco. Ti presento Bill Blanchard, mio marito. Ovviamente conosci già Becca.»

Il bambino cominciò a piagnucolare, per cui Dani lo dondolò tra le braccia sussurrandogli parole dolci. Lui smise di protestare e allungò una manina a toccarle il viso.

«Dani, ci sai fare con i bambini. Mi auguro che ne avrete una squadra» disse Ami.

Dani lanciò un'occhiata a Brad e sentì che le guance le diventavano di fuoco.

«Amy, su,» la riprese MaryLou «non mettere in imbarazzo la nostra ospite.»

«Scusami.» Ami si rivolse a Dani. «So che tu e Brad state solo uscendo insieme?»

Brad si avvicinò a Dani e le cinse le spalle. «È molto più di questo.» Le rivolse uno sguardo pieno d'amore che la fece arrossire ancora di più.

Becca corse ad abbracciare Brad. «Davvero? Sono così felice per voi. Volevo bene a Patti, ma sua sorella è terribile. Ha provato a dirmi che voi due vi sareste sposati. Non le ho creduto, ma sono davvero contenta che non sia vero. Specialmente ora che ti vedo con Dani.»

«Certo che non è vero. Era solo una sua idea. Lei avrebbe voluto diventasse realtà, ma non ho mai preso in considerazione una cosa del genere.» Dani poteva leggergli in viso quanto fosse seccato all'idea che JoEllen se ne fosse andata in giro a diffondere quella notizia.

Will ricominciò ad agitarsi e quella volta Dani lo restituì alla madre.

«Perché non vieni con me in cucina?» le chiese MaryLou. «Puoi aiutarmi a dare gli ultimi ritocchi. Magari ti farà piacere imparare qualche ricetta di famiglia e qualche piccolo segreto.»

Brad le strizzò l'occhio e uscì insieme al padre e a Bill, per accogliere Aaron, lasciando le sorelle insieme al bambino.

«Ti piace cucinare?» domandò MaryLou, dopo averla portata nell'ampia cucina formato famiglia.

«A volte» rispose lei con onestà. «Vivo da sola, o con una compagna di stanza, dai tempi del college e non ho mai cucinato molto.»

«Be', gli uomini che lavorano duramente hanno bisogno di cibo sano e gustoso. Ti mostrerò qualche trucchetto per rendere i piatti più saporiti. A proposito, dovresti sapere che la tua GG ci ha aiutato quando la fattoria ha affrontato un'annata difficile. È una donna così gentile e generosa, le saremo per sempre grati.»

Dani restò in silenzio, indecisa su come replicare. GG non parlava molto delle persone che aveva aiutato.

MaryLou le diede un breve abbraccio. «Non voglio metterti pressione, ma mi sono accorta di quanto è felice Brad, e so che tua nonna sarebbe contenta quanto noi, se le cose tra voi avessero degli sviluppi.»

Dani sentì che le si inumidivano gli occhi. Quella calda accoglienza significava moltissimo per lei.

«Oh, tesoro, non volevo farti piangere.» MaryLou le tese un fazzolettino di carta.

Dani si tamponò gli occhi. «Non ho mai provato niente del genere per nessun uomo prima. È successo tutto molto in fretta, ma Brad è una persona favolosa.»

«Lo è davvero. E si merita di essere felice. Da madre, sono sollevata nel vederlo di nuovo così. Gli uomini della famiglia Collister amano in modo profondo e duraturo. Ora è arrivato il momento che lui sia di nuovo felice.»

«Grazie per questa apertura. Come ha detto Brad, non ci limitiamo a uscire insieme, c'è di più. Vedremo dove ci porterà.»

MaryLou sollevò le sopracciglia e scosse la testa, trattenendo un sorriso. «Io lo so già.»

«Di che parlate, voi due?» Aaron entrò in cucina e cinse le spalle della madre con un braccio.

«Sono discorsi tra donne.» MaryLou gli rivolse un ampio sorriso. «Piuttosto, tu quando hai intenzione di portarci qualcuno alle cene della domenica?»

Aaron scoppiò a ridere, sollevò le mani in segno di resa e fece un passo indietro. «E chi lo sa? Cosa c'è per cena?»

«Lo vedrai. Adesso lascia che insegni a Dani qualcuno dei miei trucchetti.»

Dopo che se ne fu andato, MaryLou estrasse dal forno un pollo perfettamente arrostito. «Lo lasceremo riposare per un attimo, intanto che finisco di cuocere i piselli e controllo lo sformato. Dani, tira fuori il pane dall'altro forno e affettalo, per favore. Poi ti farò vedere cosa ci metto all'interno del pollo per dargli un gusto così delizioso: fette di limone, aglio e i miei condimenti speciali.»

E, di colpo, Dani sentì che aveva trovato una nuova e accogliente famiglia.

Joe tagliò il pollo, mentre Dani e MaryLou disponevano il cibo sull'ampio tavolo della cucina, così che le persone potessero servirsi da sole dalle generose ciotole di verdure, patate e insalata.

Seduta a tavola con gli altri, Dani ripensò alle proprie cene in famiglia. Sua madre era una bella donna che si faceva vanto di servire porzioni ridotte di delizioso cibo sano a figlie che tenevano d'occhio la linea. In quella casa, nessuno sembrava preoccuparsene.

La conversazione spaziò da questioni familiari alle attività della fattoria, al nuovo nato, ai più recenti resoconti di pesca. Dani si divertì a osservare Brad, Aaron, Amy, Becca e Bill che si accapigliavano per dire la loro. Persino il bambino, dal suo seggiolone, sembrava trovare interessanti i discorsi.

Finita la cena, Dani si offrì di aiutare a rigovernare.

«Ti ringrazio, tesoro» accettò MaryLou. «Puoi dare una mano a Amy e Becca.»

Dani aiutò a sparecchiare e poi rimase accanto a Amy che sciacquava i piatti, mentre Becca caricava la lavastoviglie, mettendo da parte i vassoi, le pentole e le teglie che dovevano essere lavati a mano.

Amy riempì il lavello con acqua saponata bollente e passò un canovaccio a Dani. «Tu puoi asciugare. Betta rimetterà tutto a posto.»

«Non fare caso a lei, a Amy piace comandare» commentò Betta assestando un pugno scherzoso alla sorella.

Amy scoppiò a ridere. «Non posso farci niente. Ma adesso, Dani, raccontaci tutto di te e Brad. Ha un'aria così felice. Come vi siete conosciuti? Dettagli, vogliamo dettagli.»

Dani sogghignò. Spettegolare in cucina la faceva sentire proprio a casa. «Ho incontrato Brad alla Lilac Lake Inn, il primo giorno in cui sono arrivata, quest'estate. Lui è così...»

«Sexy? Gentile?» la provocò Becca.

«Entrambe le cose» ridacchiò Dani. «Comunque, stiamo lavorando insieme alla ristrutturazione del cottage che si trova sulla proprietà. La nonna l'ha regalato a me e alle mie sorelle, a condizione che venga occupato almeno sei mesi l'anno. Al momento, pare che tutte e tre abbiamo preso la decisione di venire a vivere qui. Io ho accettato di collaborare con la Collister Construction e intanto faccio anche delle altre consulenze di architettura e design.»

«E che ci dici di Whitney? È vero che lei e Zane sono tornati insieme? Com'è avere una star del cinema come sorella?» domandò Amy.

«Com'è avere un'attrice e una scrittrice di successo per sorelle, dici? Siamo solo sorelle. Ci trattiamo come abbiamo sempre fatto.»

«Me lo ricordo, quando venivate qui per l'estate, da ragazzine. Io non riuscivo sempre a partecipare alle avventure più divertenti, ma le ragazze Gilford erano sempre in prima linea» ricordò Becca.

«Adoravamo venire a Lilac Lake, ecco perché siamo tutte emozionate all'idea di passare più tempo qui.»

«Quando Danny si congederà, ci sposeremo e continueremo a vivere qui. Lui sogna di rilevare l'azienda agricola, un giorno. Lui e Bill possono lavorare insieme» disse Becca. «O almeno, io me lo auguro.»

«Bill non ne è ancora convinto» intervenne Amy. «Ma la nascita del bambino lo ha portato a rifletterci di più. Al momento, lavoriamo entrambi fuori Boston per aziende hi-tech. Mia madre insiste che dovremmo trasferirci qui.»

«Posso immaginare che prendersi cura della fattoria e dell'azienda agricola sia impegnativo» commentò Dani. Si chiese se avrebbe mai potuto fare dell'agricoltura la propria professione, sapendo quanto fosse condizionata dal clima e da altri fattori che sfuggivano al controllo umano.

«Diamo tempo al tempo» dichiarò Amy. «Non l'ho ancora rivelato a Bill, ma credo che potrei essere di nuovo incinta.»

«Oh, cavolo, è fantastico!» Becca andò ad abbracciarla. «Mamma lo sa?»

«Sì, ma ha fatto voto di segretezza. E quando promette di non dire una cosa non la dice. Alcuni segreti non vanno rivelati, fino al momento giusto.» Strizzò l'occhio a Dani.

«Nessun segreto qui» la rassicurò lei. «Non che io sappia, almeno.»

CAPITOLO 41
WHITNEY

Whitney passò ogni minuto libero a fare le valigie. Aveva deciso di subaffittare l'appartamento, per il momento, finché non avesse deciso del proprio futuro. Le spiagge e il sole della California le sarebbero mancati, ma era tempo di partire per il New Hampshire e dare una svolta alla sua vita. Quando e se fosse arrivato il momento di tornare, l'avrebbe fatto. La sua agente avrebbe continuato a cercare film e altri progetti adatti a lei.

Mindy le trotterellava accanto sulle sue zampette corte, annusando gli scatoloni, giocando con la carta da pacchi e in generale comportandosi da adorabile seccatrice. Pur avendola da poco tempo, l'esigente bassottina era riuscita a trasformare Whitney nella sua devota genitrice.

Il cellulare squillò e Whitney controllò chi la cercava. *Mamma.*

Per fortuna, aveva tempo per parlare. «Ciao, mamy.»

«Ciao, cara. Ho visto il tuo messaggio. Che succede?»

Whitney si lasciò cadere sul divano e prese un bel respiro. «Ho preso la decisione di trasferirmi a Lilac Lake in pianta stabile. O, almeno, finché non avrò una buona ragione per tornare in California. Non ci sono progetti lavorativi in vista, per un po', e sento il bisogno di rimettere in sesto la mia vita, dopo tutti i guai con Zane. In questo momento, vorrei vivere in mezzo a persone che condividono i miei valori e i miei interessi.»

«E quali sarebbero?» chiese la madre, con la lenta cantilena e l'accento del sud che le erano venuti dopo tutti quegli anni in Georgia.

«Fin qui ho guadagnato abbastanza e ho fatto qualche buon investimento. Posso permettermi di concedermi del tempo per decidere cosa fare. Nel frattempo, voglio stare all'aperto, godermi l'aria fresca, uscire con amici e amiche a cui non importa del mio aspetto, e magari farmi una famiglia. Qualcosa come quello che avete tu e papà.» Whitney lottò per trattenere le lacrime. Era così stanca di quella cavolo di vita da attrice.

«Cara, mi sembra meraviglioso. Finora hai tenuto alta la tua reputazione di attrice professionale, con i piedi per terra. Non dev'essere stato facile, in quell'ambiente, e sono orgogliosa di te. Quando pensi di trasferirti?»

«Ho quasi finito di fare i bagagli e progetto di prendere un volo dopodomani. Ho già spedito un sacco di roba nel New Hampshire e ho dato in affitto il mio appartamento qui.»

«Nessuno ci ferma, a noi donne Gilford, quando prendiamo una decisione» ridacchiò la mamma. Era una frase che tutte loro avevano sentito pronunciare da suo padre, un'infinità di volte.

Chiacchierarono ancora un po' e quando Whitney chiuse la chiamata si sentiva più sicura che mai di avere preso la decisione giusta.

CAPITOLO 42
DANI

Un paio di giorni dopo, Dani era seduta sul patio da GG e le stava raccontando della cena a casa della famiglia di Brad. «Sono persone deliziose» concluse.

«È vero» confermò GG. «Sono davvero contenta che ti abbiano preso in simpatia. So che perdere Patti è stato un duro colpo per tutti.»

«Sì, però a nessuno di loro piace JoEllen e non erano felici di scoprire che ce la ritroveremo qui.» Afferrò la mano della nonna. «Voglio che tu stia attenta a quel che dici, quando c'è lei in giro, e devi mettere al sicuro le tue cose di valore. C'è qualcosa che non va in quella donna. Ne è convinto anche Brad. Hai saputo che le è caduto un muro addosso, al cottage? È stato molto strano.»

«Cosa? Si è fatta male?»

«Non proprio, è solo rimasta intrappolata tra le macerie, quasi come se la casa avesse voluto avvertirla di stare fuori dai piedi. Tanto per cominciare, non aveva alcuna ragione di trovarsi lì. Non pensavo di credere ai fantasmi, ma sono accadute cose inquietanti in quella casa, che non hanno una spiegazione razionale. Eppure Nick l'ha perquisita e non ha trovato nulla di allarmante.»

GG scosse la testa. «Dovremo dirgli di ripassare a dare un'occhiata, di tanto in tanto. Ma non possiamo permettere che la paura dell'ignoto ci impedisca di fare ciò che è giusto. E io sono profondamente convinta che la cosa migliore per voi tre, ragazze, sia ricominciare da capo qui. E ne sono convinta perché ognuna di voi mi aveva confidato di essere infelice.»

Dani si alzò per baciare la guancia di GG. «Sei sempre così generosa. MaryLou Collister mi ha raccontato che hai aiutato anche loro.»

Il volto di GG si illuminò. «È stato mio padre a darmi l'idea di condividere la nostra fortuna, quando mi ha soprannominato Genie, come la creatura magica che esaudisce i desideri. Sono riuscita a tenere fede al mio nome, fino a poco tempo fa. È stata una vera gioia.»

«Hai aiutato un sacco di gente. Sono orgogliosa di essere tua nipote.»

«Ti ringrazio. Ora vediamo cosa ci porteranno i prossimi mesi. Nel frattempo, cosa ne dici di mangiare qualcosa insieme, prima che tu debba rimetterti al lavoro?»

«Mi fa piacere. Al cottage stiamo facendo progressi. In questo momento stiamo aspettando gli interventi degli idraulici e degli elettricisti. E intanto sto lavorando a quel progetto a Rhode Island.»

Dani seguì la nonna nella sala da pranzo e sedette accanto a lei. Un sacco di persone vennero a salutarle e la cosa la divertì. «Sei proprio popolare» le sussurrò.

GG ridacchiò. «Non sono io. Sono felici di vedere te e le tue sorelle qui. Siete una ventata d'aria fresca.»

Arrivata a casa, Dani trovò un'auto sconosciuta nel vialetto. Confusa, parcheggiò ed entrò.

«Sorpresa!» Seduta sul divano del soggiorno c'era sua madre, che si alzò per accoglierla. Anche Taylor e suo padre saltarono in piedi, con identici sorrisi stampati sul volto.

Dani corse ad abbracciare la madre e poi il padre. «È meraviglioso rivedervi. A cosa devo questa visita?»

«Ho parlato con Whitney. Mi ha detto che sarebbe arrivata oggi» spiegò la mamma, abbracciandola forte. «Mi ha anche raccontato che frequenti qualcuno e secondo lei è una cosa seria. Così ho deciso che era arrivato il momento di venire a vedere cosa stavate combinando, mia madre e voi tre.»

«E io spero di riuscire ad andare a pescare, già che ci sono» aggiunse il padre.

«Dove pensate di alloggiare?» chiese Dani. «Mi dispiace, ma qui non abbiamo stanze libere.»

«Non preoccuparti. Ci siamo sistemati al Lilac Lake B&B» replicò la mamma. «Tra un giorno o due, papà andrà per qualche giorno al suo *fishing lodge* preferito, mentre io me ne resterò qui in città a rilassarmi. Ho bisogno di passare un po' di tempo con GG, per essere sicura che si trovi bene in quel posto.»

«Ho appena pranzato con lei. Ha già stretto un sacco di amicizie a Woodlands, e anche alcuni dei suoi vecchi amici del posto vanno a trovarla.»

La madre sospirò. «Il problema è proprio questo. Non ne vuole sapere di trasferirsi vicino a me.»

«Ci prenderemo noi cura di GG» assicurò Taylor.

«Sì, mamma. Taylor, Whitney e io siamo pronte ad aiutarla» aggiunse Dani. Poi si guardò attorno. «Dov'è Pirata?»

«L'ho chiuso fuori» rispose Taylor. «Era troppo carico. Aspetta, vado ad aprirgli.»

«Non pensavo che mi sarei mai affezionata tanto a un animale, ma Pirata è così dolce.» Dani scoppiò a ridere, travolta dalle effusioni del cane. Lo abbracciò per poi dargli il "seduto".

Pirata appoggiò il sedere a terra e la fissò.

«Gran bel cane» commentò il padre. «È ancora un cucciolone.»

«Ha imparato un sacco di cose» dichiarò orgogliosa lei. «Pirata, zampa!»

Il labrador nero sollevò la zampa anteriore destra.

«Bravissimo» commentò il padre, e Dani sentì un'ondata di orgoglio. Diede qualche pacca affettuosa a Pirata e poi si rivolse alla madre. «Ti va di fare un giro della casa? È carina. La proprietaria ha intenzione di venderla.»

Dani fece fare il giro della casa ai suoi, e poi uscirono sul patio.

Taylor indicò l'abitazione accanto. «Lì abita Brad, il ragazzo di Dani.»

«Capisco» commentò la madre. «Whitney mi ha aggiornata con qualche dettaglio, ma perché non ci dici qualcosa di più su di lui, Dani? Dev'essere speciale, per riuscire a farti brillare gli occhi così.»

Dani ridacchiò. «È vero, è speciale.» Raccontò ai genitori dell'impresa edile in società con il fratello, della sua famiglia, e anche di come si era preso cura della moglie malata. «Se n'è andata troppo giovane. Dopo la sua morte, Brad non ha frequentato nessun'altra, in pratica. Non so bene cosa dirvi, ma ci siamo sentiti attratti l'un l'altra dalla prima volta che ci siamo visti, quest'estate, e il sentimento tra noi ha continuato a crescere.»

«Sono davvero carini insieme» intervenne Taylor. «E molto innamorati.»

«Sono ansioso di conoscerlo» dichiarò il padre di Dani.

«Uno dei miei doveri paterni è assicurarmi che l'uomo che mia figlia ama sia degno di lei.»

«Papà» gemette Dani. «Ti prego, non mettermi in imbarazzo davanti a Brad, quando te lo farò conoscere.»

«Che ne dite se andiamo tutti fuori a cena, domani sera?» propose la madre. «Voglio fare le cose in grande. Non capita ogni giorno di avere tutta la famiglia riunita. Prenoterò la saletta privata da Fins.»

«Va bene» replicò Dani, contagiata dall'entusiasmo materno. «E stasera magari possiamo fare una cenetta tranquilla da noi. Sto imparando a cucinare.»

«Stupendo, cara. La cosa più importante per noi è essere qui, insieme alle nostre tre meravigliose ragazze.»

Pirata cominciò ad abbaiare e corse dentro.

«È arrivato qualcuno» annunciò Taylor. «Vado io. Speriamo sia Whitney.»

Taylor tornò dopo pochi istanti, insieme a Whitney che portava in braccio Mindy.

«Sìì! Sei arrivata.» Dani si mise in fila per abbracciarla. I suoi genitori erano arrivati prima di lei, quindi si chinò a coccolare Mindy. La bassotta scodinzolò allegra, per poi bloccarsi a fissare Pirata, che indietreggiò e si sedette in disparte a guardarla.

Dani abbracciò Whitney. «Che bello averti a casa. Sembra che tra i cani si sia creata una situazione di stallo.»

Mindy abbaiò e Pirata si schiacciò sul pavimento e attese che lei si avvicinasse e gli sfiorasse il naso con il proprio, per poi trottare via, tra le risate di tutti.

«Vieni a sederti con noi» propose a Whitney.

«Grazie, ma prima voglio togliermi questi vestiti e portare le mie valigie in camera.»

Il padre fece un passo avanti. «Lascia che ti aiuti con i bagagli.»

Dopo che Whitney e il padre se ne furono andati, Dani lasciò uscire un piccolo sospiro. «Ha un aspetto tremendo.»

«È un bene che abbia lasciato la California. È sempre stata sensibile allo stress. Penso che sia cominciato quando io e suo padre eravamo sposati. Tu eri troppo piccola per ricordartelo, Dani, e per tua fortuna, Taylor, tu non hai dovuto vivere quella situazione caotica.»

«Be', sono felice che ora sia qui» disse Taylor. «L'aria buona, il sole e la gente amichevole di Lilac Lake la rimetteranno in sesto.»

«Okay, ragazze, pensiamo a una cena rilassante» intervenne la madre.

«Sì, ma una cosa semplice» l'ammonì Taylor. «Ti va di invitare Brad? Potrebbe tenere compagnia a papà.»

Dani ripensò alla cena con la famiglia di Brad e a tutto quello che aveva significato per lei. «Grazie. Mi va.»

Uscì sul portico a chiamarlo, augurandosi che riuscisse a venire malgrado il periodo difficile. Con le giornate più lunghe, spesso la squadra lavorava fino a tardi.

Quando rispose, Brad sembrava senza fiato. «Ehi. Che succede?»

«I miei genitori sono venuti a trovarci per qualche giorno e mi chiedevo se volessi unirti a noi per cena, stasera. Faremo una cosa semplice da me, così che possiate conoscervi.»

«Va bene, lasciami sistemare due cose. A che ora?»

«Va bene alle sette? Ce la fai a prepararti?»

Lui scoppiò a ridere. «Prepararmi? È forse un avvertimento?»

«No» sorrise lei. «Sul serio. Sono sicura che gli piacerai.»

«Ci vediamo alle sette.»

Più si avvicinava l'ora della cena, più il nervosismo di Dani cresceva. L'opinione dei suoi su Brad era importante per lei; era l'uomo che amava e voleva che si accorgessero di che bella persona era.

Come al solito, Pirata si accorse del suo arrivo prima degli altri. Mindy lo seguì e Dani si affrettò dietro di loro alla porta.

Alla vista di Brad, il cuore le si sciolse. «Sei andato a tagliarti i capelli.» Spalancò la porta e lo baciò.

«Scusa, sono un po' in ritardo. Dovevo sistemare delle cose e ho fatto del mio meglio per fare una buona impressione ai tuoi.» Le porse una bottiglia di vino. Indossava una polo dello stesso verde brillante dei suoi occhi e un paio di jeans che gli stavano benissimo. Ma Dani sapeva che l'apparenza aveva poca importanza; quello che contava era come si sarebbe comportato con lei di fronte ai suoi.

Gli prese la mano e lo accompagnò sul patio. «Mamma, papà, vi presento Brad Collister.»

Brad sorrise e fece un cenno con il capo a sua madre, per poi stringere la mano a suo padre, che si era alzato.

«Piacere di conoscerti» disse quest'ultimo, rivolgendogli uno sguardo d'approvazione.

«Vieni, siediti qui, vicino a me» lo invitò sua madre.

Dani e Brad si scambiarono un'occhiata divertita. MaryLou l'aveva invitata in cucina, e lei faceva un gesto che ne era l'equivalente.

«Vado ad aprire il vino» dichiarò suo padre. «Dani, perché non mi fai vedere dove trovo il cavatappi e i bicchieri?»

Dani sapeva riconoscere un ordine quando ne riceveva

uno. «Certo.»

Lo seguì in cucina e gli passò il cavatappi. «Allora?»

«Voglio solo essere sicuro che tu sia felice. Brad mi sembra un bravo ragazzo, e da quel che mi dicono ha intenzioni serie nei tuoi confronti, come le tue, del resto.»

Sorpresa dalla sua aria preoccupata, lo scrutò. «Sono molto felice con Brad. Ci frequentiamo solo da poche settimane, ma so che se mi chiedesse di sposarlo direi di sì. Questo ti fa sentire meglio? È accaduto in fretta, però ricordo che anche tu e la mamma vi siete innamorati subito.»

Il padre l'abbracciò. «Sì, so che queste cose succedono. Volevo solo essere sicuro. Ti voglio bene, Dani.»

«Anch'io ti voglio bene, papà.»

Dopo una piacevole cena, Whitney annunciò che sarebbe andata in camera a cercare di mettere via un po' delle sue cose, e Taylor propose ai genitori di accompagnarli in città. «Avete detto di essere stanchi per il viaggio, mentre io ho promesso a Crystal di uscire con lei, stasera.»

«A Crystal o a Ross?» la stuzzicò Dani.

Taylor sogghignò. «Potrebbe esserci anche lui.»

Dani salutò i suoi e, dopo aver dato una rapida sistemata alla cucina, diede una voce a Whitney per avvisarla che stava uscendo con Brad.

Fecero i pochi passi fino a casa sua in un insolito silenzio.

«Cosa pensi dei miei genitori?» Dani era troppo in ansia per attendere oltre.

Brad si voltò verso di lei con espressione seria. «Sono simpatici. Sono contento che ci siamo trovati tutti bene. Io e tuo padre potremmo andare a pesca insieme, un giorno di questi. Gli ho detto che avrei trovato il modo di farlo.»

«Ho visto che vi siete appartati, a un certo punto. È di questo che avete parlato?» chiese Dani.

«Di questo e della vita, in generale. Non sapevo che fosse impiegato come assistente sociale all'interno del sistema giudiziario. Mi ha raccontato anche che gli piace lavorare il legno, nel tempo libero, e che devi a lui il tuo interesse per le costruzioni.»

Dani sorrise. «In realtà lui è il mio patrigno, anche se ha adottato Whitney e me. Il modo in cui ci ha conquistate e ha vinto le nostre resistenze è stato trascorrere del tempo con noi. Con Whitney andava al cinema, invece io e lui abbiamo costruito una casa sull'albero.»

«Tua madre è bella e intelligente.» Brad si voltò a guardarla. «Come te.»

Dani gli sorrise. «Mi fai felice.»

Brad le prese la mano. «Andiamo dentro, dove possiamo avere un po' di privacy.»

Le pulsazioni di Dani accelerarono al pensiero di stare con lui. Per fortuna, aveva lasciato a casa Pirata, che avrebbe potuto interrompere i loro progetti.

CAPITOLO 43
DANI

Brad aprì la porta e la accompagnò in soggiorno.

«Siediti, per favore. Devo dirti una cosa.»

«Che succede?» Dani si lasciò cadere sul divano, con il cuore che le martellava nel petto.

Lui prese posto accanto a lei e le prese la mano. «Oggi non era la prima volta che parlavo con tuo padre. Gli ho telefonato domenica scorsa e abbiamo avuto una lunga conversazione.»

«Sul serio?»

«Sì. Gli ho chiesto la tua mano.»

«Sul serio?» ripeté Dani, consapevole di sembrare un disco rotto. «E lui cos'ha detto?»

«Ha detto che mi avrebbe dato una risposta dopo avermi incontrato. È una delle ragioni per cui sono venuti a Lilac Lake.»

«Come se non avesse molta fiducia in te» si acciglò Dani.

«Tutt'altro. Mi ha detto che l'avrebbe usata come scusa per andarsene a pesca» sogghignò Brad. «In realtà siamo andati d'accordo subito, al telefono, e ancor più di persona. Non vedo l'ora di far incontrare le nostre due famiglie.»

«I tuoi sanno di quella telefonata?» Dani era frastornata.

«Oh sì.» Brad scese dal divano e si mise in ginocchio. «Danielle Gilford, io ti amo. Vuoi sposarmi? Ho sentito una connessione con te dal momento in cui mi sei venuta incontro la prima volta alla locanda, luminosa come un angelo, come se la tua vitalità si irradiasse da te. Mi hai offerto amicizia incondizionata quando mi sentivo perduto, mi hai lanciato la fune di salvataggio di cui avevo bisogno, tanto quanto ora ho bisogno del tuo amore. Tu sei il mio presente, il mio futuro, il mio tutto. Prometto di fare di tutto per renderti felice e di esserci sempre per te, a ogni passo del cammino che faremo insieme.» I suoi occhi diventarono più lucidi. «Ho la sensazione di aver atteso per tutta la vita di incontrarti. Ti amo così tanto.»

Dani gli si gettò tra le braccia, atterrandolo. «Sì! Oh sì, Brad! Lo voglio!» Lo guardò, sdraiato sul pavimento sotto di lei e rise di pura gioia, mentre lui la stringeva forte.

Le loro labbra si unirono e Dani si perse in quel bacio, una promessa reale quanto le parole che l'avevano preceduta. Sdraiati fianco a fianco, gli disse: «C'è soltanto una cosa. Ho promesso a Anthony e Bella Albono che li avrei invitati al nostro matrimonio.»

«Affare fatto!» Brad ridacchiò felice. «C'è altro?»

«Solo che devi amarmi quanto ti amo io.» Gli occhi le si riempirono di lacrime.

«Non sono sicuro di poterlo fare.» Le carezzò la guancia. «Perché io ti amerò sempre un po' di più.»

«Allora andrà tutto bene.» Dani si chiese cosa avesse fatto per meritarsi una tale fortuna.

Brad si rimise a sedere. «Non lo vuoi il tuo anello?» Infilò la mano in tasca e tirò fuori una scatolina, che aprì per mostrarle un diamante rotondo, circondato da altri più piccoli, montato su un anello di platino. «È come un sole circondato da stelle scintillanti, vero? È così che ti vedo: luminosa e calda come il sole.»

Le infilò l'anello al dito. «L'ho comprato un paio di giorni fa e ho aspettato il momento giusto.»

«È perfetto. Lo amo quasi quanto amo te.»

Brad scoppiò a ridere. «Fa' che resti così, mi raccomando.»

«Per sempre» rispose lei. «Sempre.»

«Brad mi ha chiesto di sposarlo, e ho detto sì.» Dani lo disse al telefono a sua madre, con la vista offuscata da lacrime di gioia.

«Congratulazioni! È una notizia favolosa. Io e tuo padre sapevamo che l'avrebbe fatto stasera, per quello abbiamo organizzato la cena per domani. È un ragazzo meraviglioso. Non vediamo l'ora di accoglierlo ufficialmente in famiglia. Lui e tuo padre vanno già d'accordo.»

«E di te dice che sei bella, mamma» aggiunse Dani, ancora tra le nuvole. «Brad sta parlando con i suoi, adesso.»

«Li ho già invitati a cena domani. Io e MaryLou ci siamo parlate poco fa.»

«Vuoi dire che io sono stata l'ultima a saperlo?» Dani era sempre più sconcertata.

«Oh, ma tesoro, è la cosa più dolce del mondo. Due famiglie che vi vogliono insieme.»

«E GG? Anche lei lo sa già?»

«Non ancora, ma l'altro giorno mi ha detto di prepararmi per un fidanzamento. Siamo tutti super eccitati perché era ora che trovassi una persona speciale quanto te, Dani.»

Dopo aver chiuso la chiamata, Dani rimase lì seduta per un momento. La mamma aveva ragione. Era rimasta così a lungo impantanata nella negatività, sul lavoro, da finire per pensare di non meritarsi niente di meglio, in nessun altro aspetto della vita. Le cose dovevano cambiare. Magari, in futuro, lei e Brad avrebbero potuto usare quei biglietti per Parigi per la loro luna di miele.

La sera successiva, Dani osservò la famiglia di Brad che entrava nella saletta privata di Fins e si rese conto che in futuro la sua fortuna sarebbe stata doppia.

MaryLou le corse incontro e le diede un forte abbraccio. «Benvenuta in famiglia. Brad è venuto da me e da suo padre, il giorno dopo la nostra cena, e ci ha raccontato che pensava di chiederti di sposarlo.» Sforzandosi di non piangere, si sventolò il volto con le mani. «Ci ha detto quanto ti ama e che non avrebbe mai immaginato di incontrare qualcuno come te.»

«Anche io voglio darti il benvenuto» si fece avanti il padre di Brad, con un sorriso a trentadue denti. «Non importa quando deciderete di sposarvi, ragazzi. Per quel che mi riguarda, tu fai già parte della famiglia.»

«Grazie» mormorò Dani, sforzandosi di trattenere le lacrime.

«Oh no» intervenne Brad, unendosi al gruppo. «Altre lacrime di gioia?»

«Sì,» ridacchiò Dani «ed è tutta colpa tua.»

Becca, Amy, Aaron e Bill fecero cerchio attorno a loro.

«Benvenuta a bordo» le disse Becca.

«Vi ringrazio tutti, davvero. Significa tantissimo per me.» Dani sollevò lo sguardo e vide che stava arrivando anche sua madre.

«Buonasera a tutti! Su, adesso è ora di festeggiare. Non mi capita tutti i giorni di guadagnare un figlio.»

«Buffo» scherzò MaryLou. «Pensavo che stessimo

festeggiando perché io ho guadagnato una figlia.»

La madre di Dani la prese a braccetto. «Siamo donne fortunate, ci guadagniamo entrambe. Forza, l'occasione richiede un po' di champagne.»

Brad guardò Dani con un sorrisetto sulle labbra. «Scommetto che andrà bene.»

Dani gli prese la mano, sorrise e scrutò le persone riunite nella sala. Le sue sorelle erano occupate a chiacchierare con le sorelle di Brad, mentre il padre parlava di pesca con Joe, Aaron e Bill. GG le sorrideva dall'altro lato della stanza, dove un cameriere le stava versando dello champagne in un calice a tulipano. Guardandoli, Dani si rese conto che costituivano un gruppo eccezionale. Il loro amore sembrava proprio un progetto perfetto.

Più tardi, quella sera, Dani era in piedi sotto il portico, avviluppata nell'abbraccio di Brad. C'erano ancora lavori da fare al cottage, un fantasma da gestire e sorelle che non avevano ancora trovato l'amore, ma l'estate aveva avuto un fantastico inizio.

Sollevò lo sguardo verso lo scintillio delle stelle e sentì che il chiarore lunare le sfiorava il cuore con la promessa di altre cose incredibili destinate ad arrivare.

# # # # #

Grazie per aver letto *Progetto d'amore*. Se questo libro vi è piaciuto, aiutate altri lettori a scoprirlo lasciando una recensione sul vostro sito preferito. È un bellissimo modo per ringraziare l'autore.

L'AUTRICE

Judith Keim, Autrice Bestseller su *USA Today*, è un'autrice ibrida, ovvero ha un editore e si autopubblica. Scrive romanzi che scaldano il cuore, raccontando di donne che vivono sfide inaspettate, le affrontano con forza e trovano l'amore e la felicità lungo la strada. I suoi libri più venduti si basano spesso sui luoghi dove ha vissuto o che ha visitato e sulle persone interessanti che ha incontrato, creando così personaggi credibili e ambientazioni realistiche che i suoi numerosi e fedeli lettori amano.

Ha trascorso l'infanzia e la giovinezza a Elmira, New York, e ora vive a Boise, Idaho, con il marito e il loro adorabile bassotto, Wally, e altri membri della sua famiglia.

Fin da piccola è stata attratta dall'idea di scrivere storie. I libri erano sempre presenti: in lettura, pronti da restituire in biblioteca o ancora da scoprire. Condividere le storie dei libri letti era un'abitudine, in famiglia, contribuendo alla vivida immaginazione di tutti i membri.

Judith ama ricevere messaggi dai lettori e apprezza il loro entusiasmo per le sue storie.

Iscriviti alla sua newsletter:

https://BookHip.com/RRGJKGN

Visita il suo sito: http://www.judithkeim.com/

Trovala su Goodreads:

https://www.goodreads.com/author/show/29990 38.Judith_Keim

LIBRI DI JUDITH KEIM

LA SERIE DELLE DONNE HARTWELL:

L'albero che parla – 1

Chiacchiere dolci – 2

Chiacchiere dirette – 3

Chiacchiere infantili – 4

Le donne Hartwell – Cofanetto

LA SERIE DEGLI HOTEL DELLA CASA SULLA SPIAGGIA:

Prima colazione all'Hotel The Beach House - 1

Pranzo al Beach House Hotel - 2

Cena al Beach House Hotel - 3

Natale al Beach House Hotel - 4

Margarita al Beach House Hotel - 5

Dolce al Beach House Hotel - 6

IL GRUPPO DEI VENERDÌ GRASSI:

Venerdì grasso - 1

I sabati di Sassy - 2

Domeniche segrete - 3

LA SERIE DI SALTY KEY INN:

Trovarmi - 1

Trovare la mia strada - 2

Trovare l'amore - 3

Trovare la famiglia - 4

La serie Salty Key Inn - Cofanetto

LIBRI DEL SEASHELL COTTAGE:

Una stella di Natale

Cambiamento di cuore

Un'estate di sorprese

Un viaggio in auto da ricordare

Le ragazze della spiaggia

LA SERIE DELLA LOCANDA DI CHANDLER HILL:

Andare a casa - 1

Tornare a casa - 2

Finalmente a casa - 3

La serie Chandler Hill Inn - Cofanetto

LA SERIE DELLA LOCANDA DELLA SALVIA DEL DESERTO:

I fiori del deserto - Rosa - 1

I fiori del deserto - Giglio - 2

I fiori del deserto - Salice - 3

I fiori del deserto - Vischio e agrifoglio - 4

LE ANIME SORELLE AL CEDAR MOUNTAIN LODGE:

Sorelle di Natale - Antologia

Baci di Natale

Castelli di Natale

Storie di Natale - Antologia Soul Sisters

Gioia di Natale

LA SERIE DELLA LOCANDA DI SANDERLING COVE:

Onde di speranza - 1

Auguri di sabbia - 2

Baci salati - 3

ALTRI LIBRI:

L'ABC della convivenza con un bassotto

C'era una volta un'amicizia - Antologia

Vincere alla grande - una piccola storia d'amore per tutte le età

Speranze per le vacanze

I biglietti vincenti - (2023)

Per maggiori informazioni: www.judithkeim.com